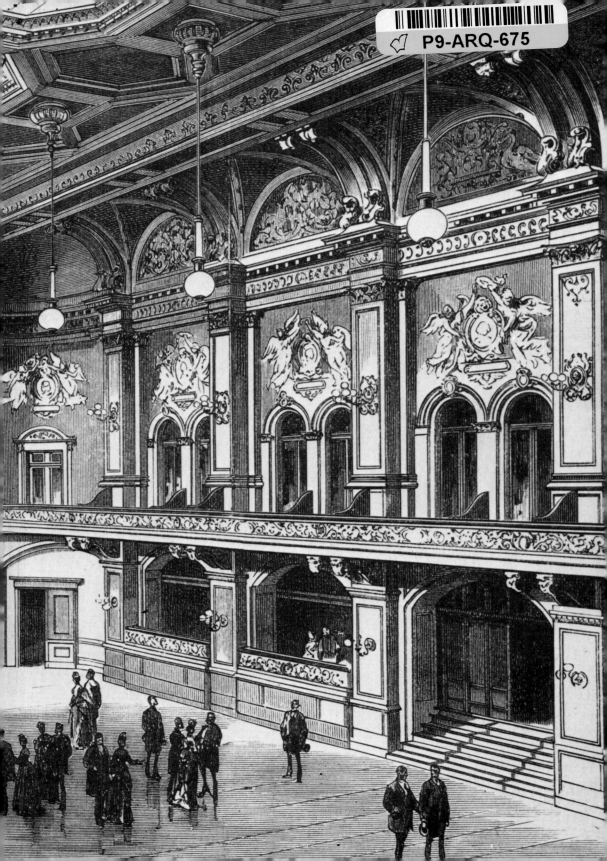

Große
deutsche Dirigenten

100 Jahre
Berliner Philharmoniker

Große
deutsche Dirigenten

Hans von Bülow
Klaus Geitel

Arthur Nikisch
Thomas-M. Langner

Richard Strauss
Ernst Krause

Otto Klemperer
Werner Oehlmann

Bruno Walter
Wolfgang Stresemann

Wilhelm Furtwängler
H. H. Stuckenschmidt

Herbert von Karajan
Joachim Kaiser

Severin
und Siedler

Inhalt

Klaus Geitel
Hans von Bülow

»Zu den interessantesten und geistreichsten Persönlichkeiten
der musikalischen Gegenwart gehört ohne Frage Hans von
Bülow. Zieht er in eine Stadt ein, so spannt freudige Erwartung
alle Musikseelen, denen es um mehr als um liebliche Unterhal-
tung zu tun ist. Wir sind gewiß, von Bülow immer etwas Neues
zu lernen. Was die Meisten spielen und Alle kennen, das interessiert ihn nicht, und was ihn selbst nicht interessiert, das
erzählt er auch keinem Anderen. Sein rastlos funkelnder Geist,
seine rücksichtslose Energie fahren allerwärts wie der Nord-
wind, scharf und erfrischend, durch die brütende Gemächlich-
keit unseres musikalischen Alltagslebens.«

Das schrieb der bedeutendste Musikkritiker deutscher
Zunge seiner Zeit über Bülow: Eduard Hanslick, in dem Verdi
mit feiner Ironie den »Bismarck der Musikkritik« erkannt, den
Wagner indessen weit unliebenswürdiger als Beckmesser kari-
kiert hatte. Hanslick ließ seinen Text am 12. Februar 1881 in
Wien anläßlich eines Klavierabends höchst ungewöhnlichen
Zuschnitts drucken, den Bülow in der Kaiserstadt zu geben sich
unterfing. Er spielte alle fünf letzten Sonaten Beethovens auf
einen Streich.

»Erst in neuerer Zeit«, merkt Hanslick an, »haben maßge-
bende Künstler wie Clara Schumann und Brahms einzelne dieser Sonaten hier [in Wien] öffentlich vorgetragen. Doch blieb
es eine Seltenheit. Alle fünf Sonaten jedoch auf einen Sitz zu
spielen und zu hören, hätte man bis gestern für eine Unmög-
lichkeit gehalten. Herr von Bülow hat dieses Abenteuer helden-
mäßig bestanden und – was nicht minder merkwürdig – das
Publikum auch«.

Das aber ist gerade das Einzigartige an der künstlerischen
Persönlichkeit Bülows. Hanslick stellt es beiläufig, beinahe
blind für die musikgeschichtliche Bedeutung heraus, die er
dennoch, wohl unbewußt, auf seine geschärft feinfühlige Art
konstatiert. Hans von Bülow zwang in der Tat höchsten künstlerischen Anspruch an das Publikum, höchste Unnachgiebig-
keit gegen alle leichtgewichtigen Publikumslüste und höchsten
allgemeinen Respekt für sich und seine Arbeit zusammen,
wenn freilich auch oft mit einer nicht zu unterschätzenden Zahl
von Selbstinszenierungen.

Er war ein Star wie keiner vor ihm am Dirigentenpult. Er
besaß aber auch bereits die leidigsten aller Starallüren, von
denen in diesem Jahrhundert wohl nur noch Leopold Stokowski auf vergleichbar exzentrische Weise überreichlich
genascht hat. Gewiß aber auch ist, daß Bülow es sich – im

Gegensatz zu vielen Stars von gestern und heute – wirklich und
wahrhaftig keine Sekunde lang je leicht gemacht hat und sein
Publikum unersättlich anhielt, es ihm darin gleich zu tun. Er
forderte seine Hörer genauso unnachgiebig heraus wie sein
eigenes Können.

Bülow übte seine tiefste, nachhaltigste Wirkmacht indessen nicht *durch* seine Exzentrik am Pult, sondern *trotz* jener
spektakulären Exaltationen. Seine Anziehungskraft blieb
immer weit größer als seine virtuos geübte Abweisunglust:
seine schier unbezähmbare Neigung zum Affront. Bülow, der
schneidige Aristokrat, liebte es offenbar zu verletzen, sogar zu
beleidigen – dies allerdings meist auf derart geschmeidige Art,
daß sich seine Opfer nur schwer an ihm zu rächen vermochten,
ohne darüber der Lächerlichkeit zum Opfer zu fallen. Auf beinahe schon unlauter herrenhafte Art spielte Bülow seine ihm
auf jedem Gebiet zufallende Überlegenheit aus. Und dabei war
doch er der ein für allemal Unterlegene, der Gezeichnete,
Opfer der grausam lächerlichsten Affäre der Musikgeschichte
bis auf den heutigen Tag.

Carlo Gesualdo, Fürst von Venosa und Komponist,
ermordete am 16. Oktober 1590 doch wenigstens seine Frau
und ihren Liebhaber – oder ließ sie zumindest ermorden –,
nachdem er sie in flagranti überrascht hatte. Bülow dagegen
schloß behutsam den Wagenschlag der Kutsche, in der er
Cosima, seine Frau, in den Armen Richard Wagners gefunden
hatte. Hineingeboren in eine andere Zeit, blieb ihm wohl keine
andere Wahl, als zum Cocu zu werden, auf den man heimlich
mit Fingern wies.

Man hatte ihn vor der ganzen Musikwelt auf monumentale, geradezu denkmalsträchtige Art betrogen. Das haftete
unverlierbar. Fortan schien Bülows Leben einzig darauf gerichtet, die Welt derart auf Distanz zu halten und ihr solche Furcht
einzuflößen, daß niemand die Tollkühnheit aufbrachte, ihm
kränkend ins Gesicht zu lachen oder – schlimmer noch – ihn
zu bemitleiden. Hans von Bülow brachte gewissermaßen alle
Voraussetzungen mit, in die Geschichte der noch nicht begründeten Psychoanalyse einzugehen und nicht einzig in die der
Musik.

»Kannst Du Dich denn gar nicht in meine Seele hinein-
denken?« fragt er noch 1882 Eugen Spitzweg, den Freund und
Musikverleger, und zwar in einem Brief, den er erschreckender-
weise auf die Anzeige seiner Vermählung mit der Meininger
Schauspielerin Marie Schanzer schreibt. »Bald werdens 15
Jahre, daß ich *krampfhaft* danach ringe, die Vergangenheit zu
tilgen, meinen Namen, mein Individuum aus der Berühmt-
heitskruste zu erlösen, in welche er durch die ›Beziehungen‹
zu Weimar und Bayreuth einverurteilt worden ist. Die
Beschleunigung meiner Heirat – kein Zeitpunkt konnte subjek-

tiv ungeeigneter sein – ist demselben Bedürfnisse entsprungen: dem eines möglichst expeditiven Schwiegervater-Wechsels. Ich *will nicht mehr* zu der Gralsschaft gerechnet werden können…«

Die Musikwelt hat sich seit eh und je auf durchaus gesunde, geradezu vitale Art als klatschsüchtig erwiesen. Sie war es natürlich auch im Paradefall Hans von Bülows, und dies ganz gewiß nicht zu knapp. Aber Bülow machte den Klatsch kuschen durch Kunst und noch dazu eine ganz neue: er wurde buchstäblich aus dem Nichts zum ersten professionell bedeutenden Dirigenten, ohne gleichzeitig ein noch bedeutenderer Komponist zu sein.

Denn das waren alle zuvor gewesen, Berlioz wie Wagner und Liszt. Sie waren Kapellmeister von Rang dank kompositorischer Gnaden, und in gewisser Weise taten es ihnen Gustav Mahler und Richard Strauss gleich, obwohl sie immerhin eine eminente Karriere als Dirigenten, unabhängig von ihrer kompositorischen Arbeit, gemacht hatten. Doch mit Hans von Bülow tritt ein neuer Professionalismus des Dirigententums in den Dienst am musikalischen Werk. Obwohl auch Bülow hin und wieder Notenpapier beschreibt, bringt er es im Grund nicht einmal zu jener vielbewitzelten Kapellmeistermusik, die man hinter vorgehaltener Hand begähnt oder bekichert. Bülows Kompositionen leben dahin ohne angestammtes Recht auf Öffentlichkeit. Sie wiegen nichts in der Waagschale der Kunst. Was einzig wiegt, ist Bülows interpretatorische Leistung als Pianist wie als Dirigent.

Sie ist ertrotzt, hier wie dort, aber mit geradezu genialischem Trotz. Nichts ist Bülow zugefallen. Alles hat er sich mit zusammengebissenen Zähnen erarbeiten müssen und zwar bis zum letzten Tag: ein Genie, das nun wirklich von sich sagen konnte, es gründe auf Fleiß. Richard Strauss, dem das schönste Gedenkwort auf Bülow, den großen Förderer seiner jungen Kunst zu danken ist, sagt: »Wer ihn einmal Beethoven spielen oder Wagner dirigieren hörte, wer je einer seiner Klavierstunden beiwohnte oder ihm bei einer Orchesterprobe lauschte, für den mußte er das Vorbild aller leuchtenden Tugenden des reproduzierenden Künstlers sein«.

Aber dieses Reproduktionsvermögen war Bülow durchaus nicht in den Schoß gefallen. Keine gute Fee hatte es ihm in die Wiege gelegt. Er hatte sich krumm gesessen am Klavier und seinen relativ kleinen Händen, die keine Oktave zu greifen vermochten, weltweit bewunderte Virtuosität abgetrotzt, die Tschaikowsky beinahe sprachlos machte. Im März 1874 schreibt er über Bülows Klavierspiel: »Vor allem verblüfft seine unglaubliche technische Vollkommenheit. Die Reinheit seines Spiels ist absolut; auch beim kritischsten Hinhören wird man kein Danebengreifen, keine überhasteten Läufe, keinen falschen Sprung feststellen können. Bülow hat Hände, elastisch

Karikatur auf Franz Liszt mit seinen Gefolgsleuten Hans von Bülow (links) und Richard Wagner (rechts)

9

Bülow dirigiert »Tristan und
Isolde« – diese anonymen Kari-
katuren entstanden zur Zeit der
Uraufführung im Jahre 1865.

wie Gummi, ausdauernd wie Stahl, leicht wie Flaumfedern, und wenn es nötig ist, massig wie Granit... Fehlt seinem Spiel auch die ausgeprägte Subjektivität und hinreißende Leidenschaft..., so bezaubern bei ihm die vollendete, immer geschmackvolle Eleganz und die tiefe Durchdachtheit sowohl des Ganzen als auch der Details«.

George Bernard Shaw freilich hatte es anders gehört. Er notiert am 7. März 1894, daß er gestehen müsse, sich ein frühes Vorurteil gegen Bülow zugezogen zu haben, »weil seine Bach-Ausgabe mir unverschämt schien und sein Beethoven-Spiel vulgär. Vielleicht hatte ich Unrecht, aber ich glaube es nicht: ich kann mir nicht vorstellen, wie jemand jemals seine widerliche Familiarität mit den späten Klaviersonaten Beethovens für Einsicht in sie hat halten können. Sein kontrapunktisches Spiel war überaus klar und intelligent, aber sein Gedächtnis würde jetzt nicht als gut angesehen werden; wenn er nicht weiter wußte, pflegte er Schubertsche Baßfiguren in Stücken von Händel zu improvisieren mit einer Skrupellosigkeit, die sich durch alle seine Darbietungen zog«.

Die »widerliche Familiarität« in den Interpretationen Bülows, die Shaw konstatierte, war vielleicht nichts anderes als jener Mangel an »ausgeprägter Subjektivität und hinreißender Leidenschaft«, die schon Tschaikowsky aufgefallen war; der didaktische, aufklärerische Zug im Spiel Bülows, das Besserwisserische und Oberlehrerhafte von pianistischen Darlegungen eher informatorischen als gestaltenden Charakters, und dieser pädagogische Elan Bülows kennzeichnete auch seine Arbeit als Dirigent. Seine Bewährungsprobe hatte er schließlich am 10. Juni 1865 mit der Münchener Uraufführung des »Tristan« bestanden.

Jahrelang hatte sich Bülow in das Werk wie mit roten Ohren versenkt und Wagner den Klavierauszug gefertigt, der nun den Proben zugrunde lag, die Bülow dann freilich auswendig zu dirigieren verstand, auf Du und Du mit jeder Pause, jedem Intervall, jedem Notenwert, jeder Stimme. Gründlicher hat sich wohl nie ein Dirigent auf eine künftige Aufgabe vorbereitet. Aber diese gigantische Vorbereitung gründete andererseits auch auf dem ausgesprochenen Nichts. Erstaunlicherweise besaß Bülow so gut wie keine ernstzunehmende dirigentische Praxis, als er sich an den »Tristan« wagte, ein Werk, an dessen Einstudierung selbst ein kapellmeisterlicher Routinier wie Wagner gescheitert war, und dies nach siebenundsiebzig intrigenreichen Proben in Wien.

Bülows einzig nennenswerte dirigentische Erfahrung war ihm in St. Gallen zugewachsen, als blutjungem Menschen und krassem Anfänger. Er hatte an der Spitze eines Amateurorchesters gestanden, das sich das Stadttheater aus kunsteifrigen Bürgern rekrutiert hatte: den Musikliebhabern unter den Apothekern, Juristen, Kaufleuten der Stadt, den Bürgern von Stand, die man natürlich mit Samthandschuhen anpacken mußte, aber gerade die führte Bülow schon damals nicht im Reisegepäck.

Zudem war das Repertoire, das er zu dirigieren hatte, durchaus landläufig. Die Spieloper deutscher wie französischer Herkunft, von Auber bis Lortzing, bildete das unerschütterliche Fundament der Stadttheatermusik. Welten lagen zwischen ihr und dem »Tristan« – und dennoch: Wagner, der hellsichtige, traute gerade Bülow die erste Einstudierung des »Tristan« zu, wie später, 1868, auch die Uraufführung der »Meistersinger von Nürnberg«.

Man muß sich nur einmal vor Augen halten, was dieser »Tristan« und seine Einstudierung damals bedeuteten. Er war im wahrsten Sinne des Wortes unerhörte Musik, unvorstellbare Musik, Musik scheinbar ohne Sinn und Verstand, zusammengestückelt aus unzusammenhängenden, befremdenden Noten, die indessen nach dem erklärten Willen des Komponisten eine unendliche Melodie bilden sollten. Doch die las kaum jemand aus den Noten heraus, niemand verstand, sie mit den Augen zu hören.

Und natürlich gab es auch weit und breit kein Orchester, das sie hätte spielen können ohne die strikteste Einweisung, Erklärung, Ausdeutung, Vermittlung, Beschwörung. Es war eine pädagogische Aufgabe der allerschwierigsten Art, die Bülow auferlegt war. Er stand sie durch – und mit Glanz.

Er hatte aber schließlich nicht nur die Orchesterproben zu halten. Er hatte mit den Sängern zu korrepetieren, er hatte mit den Korrepetitoren zu korrepetieren. Er war weit und breit, abgesehen von Wagner, der ihm auf seine gefährliche Weise den Rücken deckte, der einzige, dem das künstlerische Ziel der halsbrecherischen Aufgabe klar und deutlich vor Augen, Ohren und Seele stand. Bülow war also durchaus ein Mann der künstlerischen Vision, nicht allein ein Notenpedant und Richtigsteller: die eisige, temperamentlose Korrektheit am Pult.

Bülow war vielmehr der Entdecker eines Klanges von bis dahin niemals gehörter Sensualität, dessen Erfinder Wagner sich gerade auf Bülows nachschöpferische musikalische Imagination mit vollem Entzücken verließ. Und nicht weniger anspruchsvoll war die Aufgabe, die »Meistersinger« in ihrer reichen Polyphonie dem Publikum vorzustellen und sie nicht nur dem Orchester, sondern nun auch dem Chor einzuzwingen.

Das Einzigartige an Bülows Dirigenten-Laufbahn war, daß sie sich nicht kontinuierlich vollzog, sondern in drei mächtigen Sprüngen: von München über Hannover nach Meiningen und von dort über Hamburg nach Berlin. Fünf Jahre aber nur waren Bülow in München vergönnt und fünf weitere auch nur in Meiningen. In diesem einen Jahrzehnt allerdings gelang es

ihm, sich an die Spitze der Weltmusik zu setzen. Bülow installierte sich in diesen zweimal fünf Jahren als erster Pultstar der Welt.

Im wagnerianischen München Ludwigs II. hatte Bülow sich die Sporen als Dirigent auf musikhistorisch geradezu einzigartige Weise verdient, ohne allerdings dafür wenigstens auf dem Programmzettel zur Uraufführung des »Tristan« bedankt zu werden. Tatsächlich nennt der den Namen des Dirigenten nicht. Bülow fiel sonderbarerweise die seltsame Ehre zu – und zwar als einzigem an diesem denkwürdigen Tage – anonym tätig zu sein. Was man damals kaum hätte erwarten können: selbst der Name eines Regisseurs wurde genannt, nicht aber der Bülows, des Dirigenten, und ausnahmsweise darf man dahinter keine Intrige wittern, keine Verschwörung gegen ihn und seine Leistung, sondern jene schlichte traditionelle Unehrerbietung, die nur das eine unter Beweis stellt, daß es zur Zeit der Uraufführung des »Tristan« so etwas wie einen professionellen Dirigenten eben nicht gab.

Im Grunde also hatte sich in diesem entscheidenen Punkte seit den Tagen Mozarts wenig geändert. Der Kapellmeister, auch wenn er sich seit Bülows Auftreten nun Dirigent nennen durfte, wurde noch immer als das bescheidenste Glied in der musikalischen Kette betrachtet. Im Notfall hatte man ja bis dahin sogar ganz auf den Dirigenten verzichten und sich mit einem bloßen Taktschläger begnügen können, der von altersher jede Aufführung verläßlich über die musikalischen Runden zu bringen verstand. Wie diese Kapellmeister alter Schule allerdings mit dem »Tristan« zurechtgekommen wären, darüber schweigt, dank Bülow, die Geschichte sich aus. Bülows allen unlauteren Einflüsterungen gegenüber taubes Ohr, sein musikalisches Pflichtbewußtsein, sein sattelsicheres Wagnerianertum, von dem er bis ans Ende selbst hinter der Maske des Brahmsianers nicht ließ, verhinderten diese Erfahrung. Buchstäblich aus dem Nichts erzwang er eine Dirigiertradition, auf der die Zukunft zu gründen vermochte.

Das Münchener Orchester kam aus dem Staunen nicht heraus, als es Bülow bei den »Tristan«-Proben erlebte. Er dirigierte sie auswendig. Er nahm schon bei den Proben die Partitur nicht mehr zu Hilfe. Er trug das ganze als unaufführbar gescholtene Werk verläßlich im Kopf. Er war in ihm auf die beweiskräftigste Art musikalisch zuhaus, ein Faktum, das noch heute jedes renitente Orchester schlagartig kuriert. Man begann Bülow selbst dort zu bewundern, wohin Bewunderung am allerseltensten dringt: im Orchestergraben.

Die Münchener Musiker unterwarfen sich Bülow und seiner unerbittlichen Leidenschaft. Sie begannen, dieses atemberaubende Spiel, das »Tristan« hieß, plötzlich mitzuspielen, mitzuerleben, mitzuleben. Sie gaben ihren Widerstand gegen

Wagner zeitweilig auf. Bülow, damals erst Mitte der Dreißig, stand darüber hinaus in einem Alter, in dem man nach heutigem Spruch sich für einen gehobenen Posten im Musikbetrieb längst deutlich qualifiziert haben muß. Gerade das aber hatte Bülow versäumt. Er war noch immer ein ziemlich unbeschriebenes Blatt: ein Musiker, einzig vom Vertrauen Wagners getragen.

Erstmals gewann er sich nun die Hochachtung eines Orchesters, und den Musikern begann es auf künstlerisch fruchtbare Art Spaß zu machen, unter Bülow zu arbeiten. Denn so ist es nun einmal: selbst dem hochmütigsten, eigensüchtigsten, interesselosesten Orchestermusiker ist ein Gran Künstlertum eingeboren, das unvergänglich ist und sich jederzeit mobilisieren läßt. Das gelang Hans von Bülow. Er war nicht nur Pianist und Dirigent, er war ein Pädagoge von Rang und zwar einer der bissigsten wie der brillantesten Art. »Er war der geistreichste Conférencier, der je im Gewande eines genialen Schulmeisters gesteckt hat«, vermerkt Richard Strauss.

Bülows Herrenhaftigkeit, die strikte Distanz, auf die er zu allem mittelmäßigem Musikertum hielt, charakterisieren ihn denn auch entscheidend. Er war nun einmal ein unnachgiebig brillanter Mann, dem freilich der Schliff seines Witzes immer wieder auch zum bloßen Effektmachen geriet. Bülows gefürchteter Witz hatte nicht nur Schmiß, er zeigte mitunter auch so etwas wie studentische Schmisse, als sei der Witzbold Bülow Mitglied einer schlagenden Verbindung gewesen, in der man das Wort als Rapier nutzte. Das unermüdliche Wortspiel, die linguistische Alberei nehmen in seinen Briefen breiten Raum ein, neben einem pointierenden Formulierungsvermögen allerdings, einer Wortgewandtheit und sprachlichen Prägkraft, um die heutige Literaten, und zwar selbst solche der höheren Kategorie, Bülow beneiden könnten.

Tatsächlich zählt Bülow in das rare Genre der deutschen Briefschreiber von Rang: ein anderer Alexander von Villiers sozusagen. Und das wäre sicherlich noch deutlicher geworden, hätte Marie von Bülow nicht geglaubt, die Briefe ihres Gatten gleich in sieben dicken Bänden der Nachwelt überliefern zu müssen. Nie zuvor, aber auch niemals danach ist einem Dirigenten ähnlich ausführlich und anhaltend das Wort erteilt worden wie Hans von Bülow, dem Dauerredner in Briefen, der indessen genau das war, was das Zeitalter liebte: eine Theaterfigur der Musik.

»Ich habe keine Lust mehr an diesem Komödiantenmetier«, klagt er 1884 in einem Brief. Aber er war es schließlich gewesen, der das biedere, taktschlagende, herkömmliche Kapellmeistertum in jenes funkelnde Dirigententum überführte, in dem er, vielleicht sogar wider Willen, zum Star wurde. Denn das war doch Startum: ein Orchester derart zu drillen, daß es ihn, Bülow, den Pianisten, ohne jeden Dirigenten zu begleiten verstand, und Bülow verkniff es sich noch dazu überaus augenfällig, den Musikern vom Klavier aus auch nur die geringste Hilfe zu leisten. Weder mit der Hand, noch mit einem schnellen Blick, nicht einmal bei den Klavierkonzerten von Brahms, den Novitäten im Repertoire, gab er Einsätze.

Er agierte vor aller Augen wie der Dompteur, der den Kopf in den Rachen des Löwen steckt. Musik und ihre Darbietung wurden unversehens zur Zirkusnummer. Und natürlich dirigierte Bülow herrenhaft in weißen Glacéhandschuhen, die er vor Beginn des Trauermarsches der »Eroica« jedoch gegen schwarze auswechselte, die er sich vom Orchesterdiener auf einem Silbertablett reichen ließ. Er wagte es, Aufführungen der 9. Symphonie Beethovens nach einer kurzen Pause zu wiederholen, worin der witzige Hanslick denn doch eine Verstiegenheit sah: eine musikalische »Taufe von Ungläubigkeit mit dem Feuerwehrschlauch«. Doch scharf dekretierte Bülow ein für allemal: »In der Musik hört die Gemütlichkeit auf«. Aber offensichtlich tat sie es nicht nur dort. Noch am 22. Juli 1900 klagt Cosima Wagner in einem Brief an Karl Pohling, es wäre besser für Bülow gewesen, wenn er »nicht bloß Herzensgüte, sondern auch Temperamentsgemütlichkeit gehabt hätte«. Die aber ging Bülow nun einmal vollkommen ab.

Er maß sich nur »als reformatorischer Musiker Existenzberechtigung« bei, und diese Reformen vollzog er ausgerechnet im geographischen Abseits, nicht etwa in einer der Welthauptstädte der Musik, sondern ausgerechnet in Meiningen, im Herzogtum Georgs II., und die Stadt Meiningen hatte schließlich damals in der ersten Hälfte der achtziger Jahre nur gerade zehntausend Einwohner – einschließlich des Militärs, wie Bülow sarkastisch vermerkt. Jetzt aber, unter Hans von Bülows Leitung, legte es sich eine Kapelle zu, die alles überflügelte, was die Musikwelt bis dahin an Orchestern gekannt hatte – sogar die Wiener Philharmoniker.

»Die herzogliche Hofkapelle«, schreibt Bülow, »hat, entsprechend den nur bescheidenen Mitteln Seiner Hoheit, eine quantitativ auch nur bescheidene Stärke… Einer unserer Kontrabässe ist Tubaist, ein ditto Baßposaunist – ein Bratschist bläst Piccolo, ein ditto Tenorposaune – ein Geiger drittes Fagott. Somit ist bei einem Werk wie der Faust-Ouvertüre unser Streichquartett reduziert auf: 3 Bässe, 4 Celli, 4 Bratschen, 7 Sekundgeiger, 10 Primgeiger.«

Bülows Meininger Kapelle kam also – und dies auch nur aufgrund seines Insistierens – auf 45–48 Musiker. Das aber waren immerhin schon entscheidende zehn mehr, als sie der Herzog zwanzig Jahre zuvor bei der Gründung seiner Kapelle bewilligt hatte. Bülow machte sie nun in nur fünf Jahren zur

Unübertrefflichkeit, und dies, obwohl ihm die Musiker nicht einmal ganzjährig zur Verfügung standen. Fünfeinhalb Monate Urlaub wurden der Kapelle vom Hofe gewährt, um das Budget des Zwergstaates zu entlasten, und das führte zwangsläufig immerfort zu Vertragsbrüchen. Denn selbst Musiker wollen natürlich, auch wenn sie nur halbjährig spielen, wenigstens ganzjährig essen.

Das Ergebnis war, daß Bülow die besten Musiker davonliefen, der Probendrill immer aufs neue begann. Und was für Drill! Lange vor dem Beginn einer Konzertreise beklagt sich Bülow, er habe mit seinem Orchester nur noch fünfundsiebzig Tage Zeit für Proben. Kein Wunder eigentlich also, daß es ihm bei diesem Zeitaufwand und bei der ihm eingeborenen schonungslosen Intensität des Probierens gelang, seinen Musikern die Werke derart einzutrichtern, daß sie ebenso auswendig zu spielen vermochten wie er auswendig dirigierte. Und dabei spielte das Orchester höchst überflüssigerweise auch noch im Stehen.

Das aber waren schließlich nur augenfällige Erfolge, die Bülow, der Showman am Pult, noch dadurch unterstrich, daß er gerade an den bekannt kniffligen Stellen die Arme ganz sinken und die Kapelle allein spielen ließ. Dabei wandte er sich halb zu den Zuhörern, um sie auf das musikalische Mirakel nachdrücklich hinzuweisen.

Diese Bravourleistung der Kapelle war freilich nur ein beinahe zwangsläufig anfallendes Nebenprodukt der künstlerischen Arbeit Bülows in Meiningen. Was ihr vor allem entsprang, waren Interpretationen von einer Umsicht, Geschlossenheit, Werktreue und Hingabe, wie sie vor hundert Jahren eben noch durchaus nicht an der Tagesordnung waren. Die Meininger Hofkapelle wurde zum Sonderfall. Sie wurde zum Vorbild diesseits wie jenseits der deutschen Grenzen. Sie wurde mit Recht bestaunt. Was überhaupt möglich war in der musikalischen Wiedergabe, wurde mit einem Schlag deutlich gemacht. Bülow forderte durch seine künstlerische Energie die Musikwelt des ausgehenden 19. Jahrhunderts in die Schranken. Er dirigierte in die Zukunft hinein. Stand er am Pult, hatte das 20. Jahrhundert begonnen. Aus längst klassisch gewordener Musik hörte er die Musik der Zukunft heraus: ständig neuer interpretatorischer Auseinandersetzung entwachsen.

Und hier, in Meiningen auch, begann sich Bülow nachdrücklich für Johannes Brahms einzusetzen. »Ich habe ihn mir erobert«, schreibt er der Mutter 1882, »und erobere ihm einen Teil der Nation, der noch nichts hat von ihm wissen wollen, trotzdem der Mann 48 Jahre alt ist und so vieles Hohe, Meisterliche, Unsterbliche geschaffen hat. Ja, es wird mir gelingen, ihm eine Nachwelt schon in der Mitwelt zu schaffen.«

Schön gesagt, doch das wäre Bülow freilich schon viele

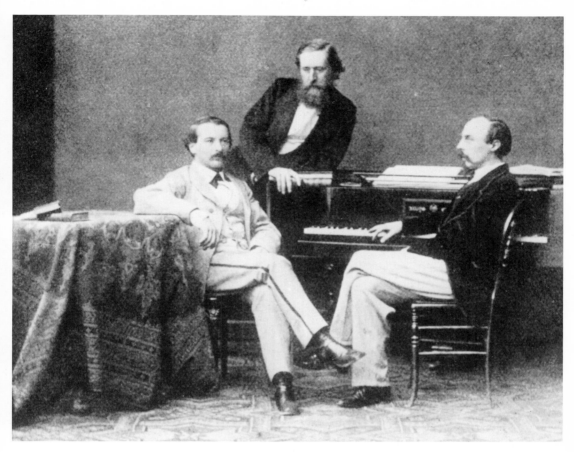

Bülow mit zwei Kollegen. Links
Carl Tausig, Klaviervirtuose und
Komponist; in der Mitte Karl
Klindworth, Pianist und Diri-
gent, an dessen Berliner
»Klavierschule« Bülow eine Zeit-
lang Unterricht gab.

Hans von Bülow um 1880

»Schon sein Äußeres erregte
mein Interesse – wäre er größer
gewesen, so hätte man beim
Anblick des hageren Mannes
mit der hohen Stirn und dem
ergrauenden Spitzbart an Don
Quixote denken können, wozu
auch vortrefflich die Exzentrizität, der streitbare Idealismus
und die Ritterlichkeit paßten, die
er im Leben bewährte und die
seine Erscheinung ahnen ließ.
Jedoch er war von kleiner
Gestalt und die Beweglichkeit
seiner Gesten, die hohe Geistigkeit seiner Stirne und nament-

lich seine anfallhaften Launen
wiesen auf eine andere und
nähere Verwandtschaft hin, auf
Hoffmanns Kapellmeister Kreis-
ler, an den vielleicht jeder wahre
Musiker in einem oder anderen
Zug erinnern wird.« So erlebte
der vierzehnjährige Bruno
Walter Hans von Bülow.

Richard Wagner im Kreise seiner
»Getreuen«. Die Freunde waren
zu Proben und zur Uraufführung
von »Tristan und Isolde« nach
München gekommen. Wagner
sitzend (mit seinem Hund Pohl),
hinter ihm steht Bülow.

»Glimmt für die Kunst in Ihnen
eine echte, reine Glut, so wird
die schöne Flamme Ihnen sicher
einst entbrennen. Das Wissen
aber ist es, was diese Glut zur
kräftigen Flamme nährt und
läutert.« Diese Widmung schrieb
Richard Wagner in das Stammbuch des jugendlichen Hans von
Bülow.

Zur selben Zeit, 1864, erschien in München eine Karikatur, die auf Wagners Beziehungen zu Bülows Frau Cosima anspielt. Cosima lebte bereits seit Juni 1864 zeitweise mit Wagner.

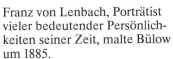

Franz von Lenbach, Porträtist vieler bedeutender Persönlichkeiten seiner Zeit, malte Bülow um 1885.

Bülows Partner als Dirigent und Solist: Johannes Brahms am Flügel.

Ein Bülow-Konzert – am Flügel
vermutlich Teresa Carreno, die
zweite Frau von Eugen d'Albert.
Zeichnung von L. Lehrmann,
um 1890.

Jahre früher möglich gewesen. Damals aber schlug er Brahms noch unnachsichtig und uneinsichtig den Schumannianern zu, für die er, fasziniert vom Werk Wagners, eher eisige Ablehnung als auch nur das geringste Interesse aufbrachte.

Ähnlich eisig ist auch seine Ablehnung Bruckners gewesen, und es ist wohl eine der erheiterndsten, gleichzeitig erschütterndsten Geschichten der neueren Musikgeschichte, im Erinnerungsbuch Edith Stargardt-Wolffs nachzulesen, wie sich der siebzigjährige Bruckner vor der vierjährigen Lilli Wolff, der kleinen Tochter des Impresarios, auf die Knie warf und sie beschwor: »Gnädiges Fräulein, bitten's halt den Herrn von Bülow vielmals, daß er meine Symphonie aufführen tut.«

Bülow aber tat ihm nicht den Gefallen. Er konnte ihn Bruckner auch nicht mehr tun. Einen Monat nach dem Besuch Bruckners in Berlin zu Aufführungen seiner 7. Symphonie durch die Königliche Kapelle und des »Te Deum« in Anwesenheit des Kaiserpaares durch den Philharmonischen Chor ist Hans von Bülow 1894 im Alter von vierundsechzig Jahren gestorben. Im April des Vorjahres hatte er unwissentlich bereits sein Abschiedskonzert in Berlin dirigiert.

Mit Bruckner wußte er ebenso wenig anzufangen wie mit Gustav Mahler. Und wenn er von den »Mächtigen Fünf«, den Komponisten der jungrussischen Schule, sprach, die bei seinen Konzerten in Moskau und St. Petersburg seinen Weg kreuzten (Borodin, Mussorgsky und ihre Mitstreiter), dann schimpfte er sie schlankweg »russische Bruckners« und hielt sich lieber an Tschaikowsky, dessen berühmtes Klavierkonzert er als Pianist in Boston zur Uraufführung gebracht und das ihm Tschaikowsky gewidmet hatte.

Schon Bülow ließe sich also leicht vorwerfen, was man heutzutage gern Dirigenten nachsagt, daß sie sich nicht jeder Musik mit gleicher Perfektion, Hingabe und innerem Engagement stellen. Das aber tut schließlich einzig das Metronom. Gerade mit dessen Taktschlag aber hatte das Dirigieren Bülows in das Publikum oft sogar befremdenderweise wenig zu tun. Es war sich darüber weitgehend einig, daß Bülows Dirigieren nicht schön sei. Man genieße es »bei der nervösen Unruhe seiner Direktion am ungestörtesten mit geschlossenen Augen«.

So allgemein war die Abneigung gegenüber seiner durchaus neuen und ungewohnten Dirigiertechnik, daß er sie anläßlich des Auftretens eines Brüsseler Dirigentenkollegen verteidigen zu müssen glaubte. »Mich stört diese Dirigentenpantomimik um so weniger«, schreibt Bülow in einem kritischen Reisebericht, »als ich die Gründe seiner Notwendigkeit bei modernen, komplizierten Werken kenne. Deutsche Kleinresidenzler, gewöhnt an unerbittliche Metronome von Fleisch und nicht allzu viel Blut, die z.B. niemals einer guten Opernaufführung in

Italien beigewohnt haben, stoßen sich lebhaft daran, und da sie den Mut nicht haben, über den Dirigenten hinwegzusehen, so klagen sie gern über Genußstörung. Il est difficile de contenter tout le monde et son père – damit hat sich der Bezüchtigte eben zu trösten, der das Schielen nicht gelernt hat und sein Amt, nach den vier Himmelsstrichen Vorbereitungs-, Belebungs- und Beschwichtigungszeichen zu geben, mit einer Stylobatenhaltung des Oberkörpers nicht vereinigen kann.«

Bülow hatte sich also für Brahms entschieden. Spät, aber nicht zu spät, wie er es sich zum Selbsttrost gestand. Aber im Grunde seines Herzens blieb er natürlich bis zum Schluß Wagnerianer, trotz allem. Aber wenn er auch nur notgedrungen und spät zu Brahms bekehrt war, so war es doch zweifellos eine aufrichtig vollzogene Konversion. Überhaupt vollzogen sich Bülows künstlerische Kehrtwendungen überraschend abrupt, gleichzeitig aber auch mit dem Charakter von Konfessionen, die man mitunter geradezu als peinlich empfand.

Noch 1874 hatte Bülow öffentlich in einem Artikel für die »Augsburger Allgemeine Zeitung« Giuseppe Verdi als den »allgewaltigen Verderber des italienischen Kunstgeschmacks« apostrophiert. 1892 entschuldigt er sich bei Verdi brieflich dafür, nennt sich einen »zerknirschten Sünder«, bekennt seine »journalistische Riesendummheit«, stellt Verdi frei, den Brief veröffentlichen zu lassen und schließt mit dem Verdi sicherlich befremdenden Ruf: »Hoch Verdi, der Wagner unserer lieben Bundesgenossen.«

Der liebe Bundesgenosse Verdi konstatierte mit dem ihm angeborenen bon sens brieflich ganz schlicht: »Er ist verrückt.« Aber er antwortete Bülow offiziell sehr höflich und psychologisch hilfreich: »Vielleicht haben Sie recht gehabt damals«, spricht ihn von jeder Schuld frei und unterzeichnet den Brief als »Ihr [Bülows] aufrichtiger Bewunderer G. Verdi«.

Derartige Vorfälle, mit denen das pathetische 19. Jahrhundert nicht geizt, sind für alle im professionellen Dauerirrtum dahinlebenden Musikkritiker von heute natürlich höchst trostreich. Sie können sich daran delektieren, daß schließlich nicht sie allein konstant irren, sondern in nicht geringerem Maße Interpreten wie Komponisten und diese auf weit gnadenlosere, oft geradezu hämisch verletzende Art.

Man muß schließlich nur an die sogenannten Kritiken denken, die Hugo Wolf über den Kollegen Brahms veröffentlichte. Da heißt es: »Auffallend ist der Krebsgang in dem Produzieren von Brahms. Zwar hat sich dasselbe nie über das Niveau des Mittelmäßigen aufschwingen können; aber solche Nichtigkeit, Hohlheit und Duckmäuserei, wie sie in der e-Moll-Sinfonie [der 4. Symphonie also] herrscht, ist doch in keinem Werke von Brahms in so beängstigender Weise an das Tageslicht getreten. Die Kunst, ohne Einfälle zu komponieren, hat entschieden in Brahms ihren würdigsten Vertreter gefunden. Ganz wie der liebe Gott versteht sich auch Herr Brahms auf das Kunststück, aus Nichts etwas zu machen...«

So also klang es Brahms aus Hugo Wolfs Feder in Wien entgegen, noch fürchterlicher aber beinahe war das Echo vom Norden. In Hamburg nahmen 1500 Zuhörer Brahmsens Violinkonzert mit geradezu tödlichem Schweigen auf. Hermann Wolff, der Berliner Impresario, schreibt über das Desaster ebenso erstaunt wie entsetzt: »Nicht eine Hand hat sich gerührt, nicht einmal um Joseph Joachims herrliches Spiel zu applaudieren.«

Man kann sich denken, wie wertvoll also Brahms die Unterstützung durch einen Dirigenten vom Schlage Bülows sein mußte, eines Musikers von weltweiter Reputation, einzigartigem Rang, an der Spitze des schlagkräftigsten Orchesters der Zeit: der Meininger Hofkapelle. Aber auch mit anderen Orchestern wußte Bülow, noch dazu in lebhaftestem Gegensatz zu Brahms, wahre Wunder zu wirken.

Willy Burmester, der später berühmte Geiger, hatte sich als junger Musiker aus Begeisterung für Bülows Arbeit in das

Johannes Brahms
am Klavier,
Zeichnung von
W. v. Beckrath

Hamburger Orchester aufnehmen lassen, um unter Bülow spielen zu können, der ihm im übrigen auf das Großzügigste Privatunterricht im Kammermusikspiel erteilte. Burmester schreibt in seinen Lebenserinnerungen: »Für eines der Bülow-Konzerte war Brahms als Gastdirigent gewonnen worden. Er sollte die Erstaufführung seiner damals letzten Symphonie dirigieren. Das zu jener Zeit noch schwer verständliche Werk wurde uns in der ersten Probe unter der unroutinierten Leitung des Meisters mit seinen schwerfälligen Armbewegungen und seinem tiefen Hineinstarren in die Partitur noch unverständlicher. Als auch die zweite Probe keine Klärung brachte, sahen nicht nur wir, sondern auch der Meister selbst einer Katastrophe entgegen. In dieser seiner äußersten Not wandte sich Brahms bittend an Bülow – der, mit der Partitur in der Hand, den Proben beiwohnte – die Leitung des Werkes zu übernehmen. Gütig sagte Bülow zu und entließ das Orchester, *ohne weiter zu repetieren!*

Am nächsten Tage sollte vor ausverkauftem Hause die Generalprobe stattfinden, der wir begreiflicherweise mit Angst und Zagen entgegensahen. Doch sollte uns diese Probe das Unglaublichste an Gedächtnisstärke und Kunst des Dirigenten bringen. Bülow hatte, wie er mir später erzählte, die Partitur während der Nacht, nur lesend, studiert und dirigierte die Symphonie am anderen Tage – *auswendig!* Und wie er sie leitete! Jeder Einsatz wurde gegeben; mit seinen mandelförmigen Augen hypnotisierte er das Orchester derartig, daß es seine äußersten Kräfte hergab. Wir hingen an seinem Zauberstabe – mit Handbewegungen schwächte er Streicher ab, wenn Bläser vortreten sollten, und umgekehrt. Das ›unverständliche‹ Werk erstand vor uns kristallklar, die herrlichsten Motive traten leuchtend aus dem früheren Chaos hervor, der tiefsinnige Brahms wurde uns durch Bülow so klar wie Mozart! Dementsprechend war auch der Erfolg. Beide Meister verbeugten sich Hand in Hand wohl zehnmal vor dem jubelnden Publikum, und wir Musiker waren ergriffen von dem musikhistorischen Augenblick eines eigentlichen Sieges reproduktiven Könnens über produktive Kunst!«

Damit aber legte Burmester unversehens den Finger genau auf die Wunde. Interpretatorische Allmacht drückt in der Folge das musikalische Schöpfertum immer mehr in den Schatten. Der Interpret gibt in Zukunft dem Komponisten gnädig etwas von seinem Erfolg ab, und dies war wohl so stark schon zu Bülows Zeit, daß Brahms gelegentlich sogar das Zerwürfnis mit Bülow riskierte und auf seine Mitwirkung verzichtete, selbst dort, wo sie ihm lange schon zugesagt war. Bülow, der Interpret, sah das schmollend als einen Affront an von seiten des Komponisten, in dessen Dienst zu stehen er indessen weiterhin vorgab. Tatsächlich aber hatte sich mit Bülows dirigentischer Virtuosität der Interpret am Pult ein für allemal emanzipiert. Aus Dienern waren Herren geworden, denen man sich in Zukunft demütig zu nähern hatte, wenn man überhaupt aufgeführt werden wollte, und Bülow erwies sich gleich auf Anhieb als ein besonders exzentrischer Herr.

Bei seinen gemeinsamen Konzerten mit Brahms, in denen sie abwechselnd am Pult standen und am Klavier saßen, liebte es Bülow, die schließlich nicht ganz unwichtige Frage, wer nun dirigieren, wer von ihnen am Klavier sitzen würde, bis zum Betreten des Podiums aufzuschieben und dies improvisatorische Moment als zusätzliches Reizmittel für seine Wiedergabe zu nutzen. Brahms dagegen brachte dieser Flirt mit der Spontaneität naturgemäß leicht in Verlegenheit. Er haßte jede Aufregung vor Konzerten, die Bülow offenbar von Herzen genoß. Das Leben auf dem Konzertpodium war ihm zur zweiten Natur geworden, und das stellte er nun nicht mehr allein am Klavier, sondern deutlicher noch an der Spitze der Meininger aus.

Die Meininger Hofkapelle unter Bülow begründete ein ganz neues Phänomen. Sie präsentierte sich als Reise-Orchester. Sie ging auf Tourneen. Sie trug ihren Ruhm durch die Lande, ein strapazenreiches Unternehmen, das zudem nicht nur die Unkosten einspielen mußte, sondern auch noch Gewinn machen sollte. Aber selbst diese Quadratur des musikalischen Zirkels brachte Bülow zustande. Eduard Hanslick schreibt 1884 aus Wien: »Ein ganzes Orchester, das auf Reisen geht, nicht mit Tanzmusik, sondern mit den größten symphonischen Werken, ist jedenfalls eine neue Erscheinung, ein unserer Eisenbahn-Epoche vorbehaltenes Unikum… An Präzision bis ins kleinste Detail wird die Meininger Kapelle von keinem Orchester der Welt übertroffen, ja schwerlich von einem erreicht.

…Worin sich die Meininger mit Wiens ›Philharmonikern‹ nicht messen können, das ist die sinnliche Schönheit und Fülle des Klanges, die Blutwärme, das Temperament des Vortrages, endlich der Glanz der Massenwirkung… Es mag ebensosehr an der Qualität der Instrumente wie an den Spielern liegen, daß der berauschende Glanz und das warme Kolorit, welches von dem Philharmonischen Orchester ausströmt, den Meiningern fehlt. Der Kenner wird die Wirkungen um so höher anschlagen, die Bülow mit dieser schwächeren Kapelle hier durch weises Aussparen der Lichter, dort durch Konzentration aller Kräfte auf einen Punkt erzielt… Dieses Orchester führt Bülow, als wäre es ein Glöckchen in seiner Hand. Bewunderungswürdigste Disziplin hat es in ein großes Instrument verwandelt, auf welchem Bülow mit voller Freiheit spielt und wechselnde feine Nuancen, in die sich ein vielköpfiges Orchester sonst nicht biegen läßt, hervorbringt.«

Aber auch der sachverständige Hanslick kreuzt Bülow an: »Sein persönliches Gebaren beim Dirigieren dürfte wohl niemandem gefallen. Wenn jener Kapellmeister der beste ist, der sich so unmerkbar als möglich macht, eine Art unsichtbarer Dirigent, nach Analogie von Wagners unsichtbarem Ideal-Orchester, dann haben wir in Bülow das gerade Gegenteil davon...«

Bei all seinen vielfältigen Begabungen blieb Bülow jedoch gerade in der für Dirigenten besonders schwierigen Kunst, sich unsichtbar zu machen, bis zuletzt ein blutiger Anfänger. Er schuf das Bild des dirigierenden Virtuosen, wie es zum Guten wie zum weniger Guten aller Welt heute geläufig ist. Er blieb dabei ein stachlig widerborstiger Mann, der hinter seinem Sarkasmus indes mehr als nur Verletzbarkeit verbarg: einen unabweisbaren Hang zur Sentimentalität, von dem Bülow nur allzu gut wußte.

1869 schreibt er in Florenz, wo er sich sogar mit Schumann versöhnte, da er im glücklichen Italien »keine Schumannianer mehr zu duften bekam«, die Erkenntnis nieder: »Es ist ein altes Pech von mir, für pikanter und ironischer gehalten zu werden, als ich es meiner Natur nach bin. Letztere ist eigentlich sentimental.« Dieses geheime Wissen hinderte ihn freilich nicht, immer wieder mörderisch sarkastisch zu werden, und ausgerechnet Friedrich Nietzsche, wenn auch nicht der Philosoph, sondern der Amateur-Komponist, fiel seiner gnadenlosen Attacke zum Opfer.

Er hatte Bülow eine musikalische »Manfred«-Mediation geschickt. Bülow quittierte die Sendung erbarmungslos: »Ihre Manfred-Mediation ist das Extremste von phantastischer Extravaganz, das Unerquicklichste und Antimusikalischste, was mir seit langem von Aufzeichnungen auf Notenpapier zu Gesicht gekommen ist... Abgesehen vom psychologischen Interesse... hat ihre Mediation vom musikalischen Standpunkte aus nur den Wert eines Verbrechens in der musikalischen Welt.«

Ein Mann wie Bülow mußte bei dem hohen Anspruch an sich und die Umwelt sich freilich von Verbrechern – und zwar meist wohl von solchen schlimmerer Art als Nietzsche – umgeben fühlen, und die schlimmsten waren in seinen Augen zweifellos jene, die ihn und seine Kunst anscheinend zur bloßen »Ware« herabzuwürdigen suchten. Gerade das trieb ihn auf die Barrikaden. Hellsichtiger als selbst viele Künstler von heute, hatte er bereits vor hundert Jahren den Warencharakter der Kunstausübung erkannt. 1886 dekretierte er in einem Brief: »Ich will nicht Ware sein. Ich muß ebensowohl absolut Herr sein über meine Programme als über die Anordnung der Tournee.«

Das gerade hatte bei der größten, die er je als Pianist

unternahm, zum vorzeitigen Abbruch geführt. Die amerikanische Klavierfirma Chickering hatte für ihn in der Saison 1875/76 eine Serie von sage und schreibe 172 Konzerten arrangiert. Die Eröffnungswoche allein schon brachte Bülow mit ihren vier Konzerten sechstausend Dollar ein, eine höchst luxuriöse Gage. Aber Bülows explosives Temperament, seine raffiniert hochentwickelte Kunst, sich für nichts und wieder nichts Feinde zu machen, seine Arroganz auch dem gutmütig kleinbürgerlichen Deutschtum Amerikas gegenüber brachten bald einen Umschwung der öffentlichen Meinung zuwege. Zunächst überschwenglich gefeiert, geriet Bülow allmählich in Mißkredit, nicht durch sein Spiel, wohl aber durch sein Auftreten. In aller Öffentlichkeit ging er gegen Chickering, den Veranstalter der Tournee, vor, beschuldigte ihn, von ihm nur als »reisende Reklame« für seine Klaviere benutzt zu werden, und gab die Tournee nach 139 Konzerten endgültig auf, nicht gewillt, sich länger noch in die Abhängigkeit von Kaufleuten zu begeben.

Dieses Unabhängigkeitsdogma machte ihn natürlich zu einem schwierigen Kontrahenten, und Hermann Wolff, dem Mutigen, der Bülow dazu gewann, der erste Chefdirigent des Berliner Philharmonischen Orchesters zu werden, das sich 1882 aus Abtrünnigen der Bilseschen Kapelle gebildet hatte, erschien Bülow denn auch als ein Mann, mit dem es sich alles andere denn gut Kirschen essen ließ. »Sympathischer wird mir Bülow gerade nicht«, schreibt Hermann Wolff von einer Tournee seiner Frau, »weder als Mensch noch als Künstler. Nichts ist mir weniger maßgebend geworden als sein Urteil, von dessen Oberflächlichkeit ich mich täglich mehr überzeuge. Wenn etwas geeignet ist, meine liebende Bewunderung für Rubinstein zu erhöhen, so ist es der Umgang mit Bülow.« Und ein anderes Mal gesteht er: »Es gehört Geduld, Überwindung, Kenntnis seines Charakters und Mitleid dazu, längere Zeit an seiner, selbst mir nicht immer grünen Seite zu weilen. Rasch in der Liebe..., rasch im Haß, ebenso vorurteilsvoll wie -los, ist er einer der merkwürdigsten, selbstlos-egoistischen Charaktere, die die Natur, diese seltsamste aller Erfinderinnen, bisher vielleicht geschaffen hat.«

Wolff hat Bülow wohl richtig erkannt und charakterisiert. In ihm hat er mit spürsicherer Tollkühnheit den Berliner Philharmonikern einen der bedeutendsten Exzentriker verpflichtet, den die musikalische Szene Deutschlands sich je zu leisten erlaubte, und den nachweislich großartigsten Orchestererzieher dazu.

Freilich bestand die Gefahr, daß Bülow eher über kurz als über lang seine neue Position wieder aufgeben würde. Er war wohl von Natur aus geradezu bleibensunfähig, und das Unstete seines Charakters verbunden mit einer zum Schwadronieren neigenden Selbsteinschätzung, die es ihm als innere Pflicht aufzuerlegen schien, stets mit dem Kopf durch die Wand zu gehen, ließen ein ähnliches Fiasko wahrscheinlich erscheinen, wie Hannover es mit Bülow durchexerziert hatte, bevor er nach nur anderthalb Spielzeiten sich als »wegrebellierter Capellmeister« fühlen konnte, den Hannoveranern den Taktstock hinwarf und nach Meiningen ging.

Bülows kurzer Aufenthalt in Hannover war aber höchst charakteristisch für seine künstlerische Wirksamkeit in der Alltagsfron eines Stadttheaters, zu der darüber hinaus auch noch die Durchführung der Abonnementskonzerte kam. Und wenn Bülow später, beinahe achselzuckend, nach seinen Erfolgen in Meiningen anmerkte: »Arbeit ist unser ganzes Geheimnis«, so war das auch schon in Hannover der Fall.

In fünf Wochen nur wurden fünf Opern neu einstudiert, vier weitere kamen allmählich hinzu, darüber hinaus drei Novitäten, unter ihnen so gewichtige wie die deutsche Erstaufführung von Glinkas »Ein Leben für den Zar« und – siebenundzwanzig Jahre nach der Weimarer Uraufführung unter Franz Liszt – Berlioz' »Benvenuto Cellini«. Bülow dirigierte sechsundzwanzig verschiedene Werke in insgesamt 116 Aufführungen, von »Fidelio« bis »Coppelia«, von »Tannhäuser« bis »Titus«, von »Robert der Teufel« bis zur »Entführung aus dem Serail«. Hinzu kamen zweiunddreißig Konzerte mit fünfunddreißig Novitäten für Hannover und sechsundzwanzig Auftritte als Pianist, sieben von ihnen allein für wohltätige Zwecke.

Bülow schonte sich offensichtlich nicht, genauso wenig allerdings wie die Hannoveraner Künstler, die keine Bülows waren. Ihnen hielt er in einem Brief aus Glasgow vom 18. November 1877 vor: »Was sagen sie dazu, daß neulich nach einer dreistündigen Concertaufführung unter einem anderen Dirigenten Chor und Orchester sich mir freiwillig von 11–12 Nachts zu einer Ergänzungsprobe für das Concert des nächsten Abends zur Verfügung gestellt haben?«

In Hannover sagte man nichts dazu, man hielt sogar noch weit weniger davon. Der Anfangselan freudiger Mitarbeit, von dem Bülow sich in Hannover getragen sah, erlosch sehr rasch und machte allmählicher Erschöpfung Platz, die wiederum zu Explosionen des Bülowschen Temperaments führte. Anton Schott, der Hannoveraner Heldentenor, klagte den Dirigenten geradezu an, sich bei einer »Lohengrin«-Aufführung im dritten Akt ostentativ die Ohren zugehalten und schmerzverzerrte Gesichter geschnitten zu haben. Er habe außerdem am Schluß laut geschimpft, den Taktstock weggeworfen und vor aller Ohren die Leistung seines Lohengrin »schweinemäßig« genannt.

Das Orchester schlug natürlich mit Hochgenuß in die Tenoristenkerbe. Gebeten, eine Morgenprobe wegen vorangegangener Überlastung nicht länger auszudehnen, hatte Bülow den Musikern geantwortet, wenn die Herren nicht länger spielen wollten, hebe er die Probe auf, müsse sich dann aber Musiker mit besseren Nerven suchen. Das Schlimme war nur, daß seine eigenen nachweislich die schlechtesten waren.

Er wußte es selbst. Er maß seinen Ausbrüchen daher auch keine große Bedeutung bei. Er puffte sie sich von der Seele und entschuldigte sich immer wieder bei den Opfern seiner Attacken. Er kroch ohne Mühe zu Kreuz, wenn er sich im Unrecht wußte, und das geschah auch in Hannover mehr als einmal. Seine kränkenden Aufwallungen taten ihm zweifellos leid, aber er war nicht der Mann, sie zu unterdrücken. Im Falle des desavouierten Heldentenors war Bülow aber offensichtlich zu weit gegangen. Die Intendanz belegte ihn mit einer Disziplinarstrafe in Höhe von 100 Mark, Bülow zahlte sie ohne Widerspruch, kam aber unverzüglich um seine Entlassung ein, die gewährt wurde, schlug jede weitere Gehaltszahlung aus und dirigierte nicht weiter.

»Wie schlecht muß ein Heldentenor singen, um so bezahlt zu werden, wie ein Capellmeister ersten Ranges?« hatte er einst ironisch gefragt. Nun antwortete die »Deutsche Volkszeitung« gewissermaßen darauf, als sie bei Bülows Abgang schrieb: »Hannover und dessen Theaterkasse ist um einen Heldentenor reicher, ärmer um den Glanz einer musikalischen Celebrität, auf deren Besitz es stolz sein durfte.«

Die Lösung von Hannover war wie durch einen Blitzschlag vollzogen. Als Bülow sich dagegen von Meiningen löste, in dem er mehr und mehr dahinlitt – »Abends bei Mutter, später einsam in Kneipe wegen Pilsener Bier«, vermerkt lakonisch sein Tagebuch – ging sein Lebensatem schon allmählich zu Ende. Pessimismus wuchs rings um ihn auf. »Lerne doch die Welt und ihren Inhalt kennen: Humbug«, schrieb er seiner Frau. »Ich sehne mich nach Menschenentbehrung, nach der Möglichkeit, unbehelligt zu leiden, zu leben, wie es der jeweilige Grad meines Leidens erlaubt. … Ja – wohl ist das Leben ein Traum; was wir dazu können, ist, zu verhüten, daß es kein allzu wüster sei.«

Ein wüster Traum war ihm freilich jeder Anflug von Dilettantismus. Der ging ihm unheimlich an die längst über Gebühr strapazierten Nerven. »Und nun bitte ich Sie, geehrter Herr Wolff«, schreibt er im November 1888 an den Impresario, »kommen Sie mir nicht mehr mit meinem Popularitätsschwindel. Wenn Sie glauben, mich dadurch länger als während meines nassen Hemdes zu berauschen, so verwechseln Sie mich bedenklich mit anderen - confrères… Kann ich die Popularität nicht als Mittel benutzen, das was ich für künstlerisch richtig halte, vernünftig (usw.) halte, durchzusetzen - und Sie belehren mich dauernd, daß ich es nicht kann, habe ich sie als Ziel und Zweck zu betrachten, gewissermaßen als Livree Ihres

Abonnementspublikums – dann huste und pfeife usw. ich auf diese Po-po-pu-pu-larifarität.«

Aber auch das war wohl im Grunde nur ein Ausdruck von genialischer Maskerade, eine steile Geste mehr und nichts weiter. Der Mann, der sich ungeniert als »Deutscher Volkskapellmeister« und »Deutscher Volkspianist« unterschrieb, als »Hofkapellmeister seiner Majestät des Deutschen Volkes«, wußte schon durchaus, wo sein Publikum saß und wie er es packen konnte. Natürlich schlummerte unter Bülows Begabungen auch jene unlernbare, die einzig Genie und das Talent für statthafte künstlerische Demagogie fruchtbar zusammenzwingt.

Bülow war auf seine einzigartige Weise ein großer, kaum je wieder erreichter Verführer zur Kunst. Es schien, als habe sich all seine Lebensenttäuschung zu einem pädagogischen Eros sublimiert, der, was selten ist, ohne Gegenleistung auskam – *un acte gratuit* sozusagen. Richard Strauss war einer jener Musiker einer jungen Generation, dem Bülow auf überwältigende Weise zu Hilfe kam.

Tatsächlich hat Bülow Strauss gefördert, wo er nur konnte, selbst wenn ihm durchaus nicht jede Arbeit des jungen Komponisten gefiel. Mit seinem Gespür für Genie hatte er das des jungen Mannes erkannt und hielt ihm die Stange durch Dick und Dünn. Selten aber auch wurde ein Vertrauen auf die künstlerische Zukunft in ähnlichem Maße belohnt. »Aus Italien«, Straussens erste bedeutende symphonische Dichtung, ist denn auch Hans von Bülow gewidmet.

Bülow fand aber, zumal in den letzten Lebensjahren, nicht nur Bewunderer. Es erhoben sich auch durchaus ernstzunehmende kritische Stimmen und am lautesten die Felix Weingartners. Seine kleine Schrift »Über das Dirigieren« trägt sich wie eine Philippika gegen Bülow vor, der möglicherweise auch kollegiale Mißgunst zugrunde lag, die immerhin aber mit musikalischen Argumenten aufwartet, die sich nicht einfach unter den Tisch kehren lassen. Das Sonderlingshafte im Wesen und Auftreten Bülows machte sich wohl gegen Ende seines Lebens immer stärker bemerkbar, die Exzentrizität einer musikalischen Auffassung, die sich, nach Weingartners Worten, in »geistlose Nüancierungswut« verrannte, eine musikalische Abartigkeit geradezu, die Weingartner in seinen »Lebenserinnerungen« anhand einer »Carmen«-Interpretation Bülows ausführlich belegt.

»Das lehrhafte Element in Bülows Aufführungen«, schreibt Weingartner, »trat in seinen letzten Lebensjahren intensiver hervor; es verband sich mit einer Schrullenhaftigkeit, die wahrscheinlich durch seine körperlichen Leiden und die dadurch hervorgerufenen seelischen Verstimmungen verstärkt wurde und ihn zu Absonderlichkeiten führte, die gar keinen, nicht einmal mehr einen pädagogischen Zweck hatten.«

Mit Bülow, behauptet Weingartner, begann »die Sensationsmacherei in der Musik« und »der leidige Persönlichkeitswahn« – beides zweifellos durchaus Untugenden, die im Falle Bülows sonderbarerweise aber ein Leben lang ausgerechnet auf eine eher analysierende als auf eine impulsiv persönlichkeitstrunkene Wiedergabe der musikalischen Werke zielten, was sie sich bis auf den heutigen Tag sonst nachweislich eher versagen. Mit Bülow war offenbar schon zu seinen Lebzeiten nicht leicht fertig zu werden.

Viel Charakteristisches zu seinem Lebensbild tritt in den wenigen Jahren, in denen er noch den frisch gegründeten Berliner Philharmonikern vorsteht, nicht mehr hinzu. »Macht mich das Alter reaktionär?« fragt er sich selbst. Es hat ihn aber nur müde gemacht, mit dem alten unausrottbaren Schlendrian der Musikausübung weiter und weiter herumzuraufen und vieles weiterhin »Seiner Majestät dem Zufall« zu überlassen, der »selten«, wie Bülow betont, »gnädig zu sein pflegt«. »Infamien darf man nicht euphemistisch als Tradition bezeichnen«, erklärt er. Er warnt: »Überschätzen Sie mich nicht; mein Kopf hat fortwährend fürchterlich zu arbeiten; ich bin keine genialische Natur, welche das Material ihrer Erfolge nur so aus dem Ärmel schüttelt.« Alles, was er unternimmt, ist seiner eher kargen Natur abgetrotzt, erarbeitet, erkämpft.

»Gerade Oberflächlichkeit ist im allgemeinen mein Fehler nicht«, schreibt er einmal. Beinahe gleichzeitig aber auch: »Ich werde alt – ich fühls tief und schmerzlich – der bevorstehende Arbeitsbeginn erfüllt mich nur mit Gleichgültigkeit – die Aufgabe reizt mich nicht im geringsten. Es ist alles dagewesen, wahrscheinlich viel besser, als ichs mühsam werde wieder her- und hinstellen können. Das ganze kommt mir so zwecklos vor für die ›Kunst‹, somit auch für mich, – der einzige sichere Gewinn wird sein: Zeitvertreib, Berauschung, bestenfalls – Selbstbelügung.« Das einzige, an dem er die Seele noch notdürftig zu wärmen vermag, ist Enthusiasmus.

»Nichts verjüngt mehr als Enthusiasmus«, – diesen gloriosen Ausspruch hat Bülow Agnes Sorma, der großen Schauspielerin, einst ins Stammbuch geschrieben. »Ich kann nur fraternisieren mit enthusiastischen Charakteren«, hatte es später bei ihm geheißen. Nun fraternisiert er nur noch mit dem Tode, der alte Bülow, die das Jahrhundert durchfröstelnde zierliche Gestalt, das Mongolengesicht mit den schweren Augenlidern über die Zukunft gebeugt, der Musikgeschichte erstes Genie ohne Genie, dadurch zum Interpreten gebrandmarkt und auf die stolzeste Weise herabgekommen, ein Décadent auf der einen Seite, auf der anderen gleichzeitig Stifter einer neuen Religion: dieser Vergötzung des Dirigierens, die das musikalische Schöpfertum inzwischen in den Schatten zu drängen verstanden hat.

34

Thomas-M. Langner
Arthur Nikisch

Schon das erste Konzert, das Arthur Nikisch als Nachfolger Hans von Bülows mit dem Berliner Philharmonischen Orchester am 14. Oktober 1895 gab, war ein »triumphaler« Erfolg, obgleich – wie man richtig erkannte – Nikisch »nicht zu den Naturen [gehörte], die bei der ersten Bekanntschaft blenden und für sich einnehmen. Er ist ein freundlicher Geist« (»National-Zeitung«). »Zwar blieb bei dem gestrigen Konzert noch mancher Platz unbesetzt«, stellte das »Berliner Tageblatt« fest, »aber bei der Generalprobe am Sonntag vormittag war der Saal dicht gefüllt, wie seit den Zeiten Bülows nicht wieder. An beiden Tagen war der Beifall von jener Intensität, die im allgemeinen die Dauer des Erfolges verbürgt.«

Nach dem Tod Bülows im Februar 1894 hatten die Philharmonischen Konzerte schwere Einbußen erlitten, das Publikum schien »das Interesse an diesen Konzerten völlig zu verlieren«, obgleich man Dirigenten wie Ernst von Schuch, Hans Richter, Felix Mottl, Hermann Levi, Raphael Maszkowski und den von Bülow sehr geschätzten und geförderten Richard Strauss – damals schon namhafte Persönlichkeiten – als eventuelle Nachfolger des »Unersetzlichen« vorstellte. Da hatte sich der Impresario Hermann Wolff schließlich an den jungen Dirigenten Arthur Nikisch erinnert, auf den ihn schon Bülow aufmerksam gemacht hatte, und von dessen Konzerten bei dem Musikfest in Magdeburg (1881) Wolff selbst besonders beeindruckt gewesen war.

Nach den bisherigen Mißerfolgen mit arrivierten Persönlichkeiten war man natürlich Nikisch gegenüber – obwohl auch er kein Unbekannter mehr war – zunächst äußerst skeptisch, zumal Nikisch geradezu ein Gegentyp Bülows war, wie schon Peter Tschaikowsky einige Jahre zuvor in Leipzig festgestellt hatte: »Sein Dirigieren hat nichts gemeinsam mit der berühmten und in ihrer Art unnachahmlichen Manier Hans von Bülows. So beweglich und effektvoll in seinen Bewegungen der letztere auch sein mag, so wunderbar ruhig, aber dabei erstaunlich mächtig, energisch und voll Selbstbeherrschung ist Arthur Nikisch. Er dirigiert nicht, sondern es scheint, als ob er sich einer gewissen, geheimnisvollen Zauberei hingibt. Man bemerkt ihn kaum (…) und doch fühlt man, daß sich das ungeheure Orchesterpersonal willig den Anordnungen seines Hauptes fügt. Dieser Dirigent ist klein von Statur, ein sehr blasser junger Mann von gegen dreißig Jahren mit prächtigen, poesievollen Augen, die aber wirklich in der Tat irgendeine bezaubernde Macht besitzen müssen, die das Orchester zwingt, bald

wie tausend Posaunen von Jericho zu donnern, bald wie eine Taube zu girren, bald zu erstarren in atemberaubendem Mystizismus! Und das alles bewirkt, daß die Zuhörer den kleinen Kapellmeister, der sein Orchester wie gehorsame Sklaven beherrscht, gar nicht bemerken.«

Aber gerade diese völlig andere Art »fesselte das Publikum von Anfang an«. Schon von dem zweiten Abend berichtet das »Berliner Tageblatt«: »Das in bedenklichem Maße geschwundene Interesse des Publikums für die Philharmonischen Konzerte wächst, seit Arthur Nikisch dort den Taktstock führt, in erfreulicher Weise. Der große äußere Erfolg, den der neue Dirigent auch gestern errang, ist für ihn vielleicht noch höher zu veranschlagen als der vor vierzehn Tagen, weil das Programm von vornherein weniger geeignet war, Beifallsstürme zu entfesseln…« Auch bei der mit Spannung erwarteten »Gelegenheit, den neuen Dirigenten in einer Beethovenschen Symphonie kennenzulernen«, überzeugte Nikisch weitgehend. »Es stellt sich immer deutlicher heraus, daß man auf Erfüllung der Hoffnungen rechnen darf, die gleich an sein Debüt in der Philharmonie geknüpft wurden. Der Besuch der Konzerte wird zahlreicher und zu den Generalproben herrscht ein Andrang wie zu den Zeiten Bülows. Das Publikum hat die Bedeutung des neuen Dirigenten erkannt und seine Art gefällt Musikern und Laien in gleicher Weise. So hat er schnell eine Stellung in Berlin errungen, die kaum mehr dadurch beeinträchtigt werden kann, ob einmal das eine oder das andere Werk nicht ganz so gelingt oder nicht ganz so aufgefaßt wird, wie es der einzelne wünschen möchte.« »Beethovens c-Moll-Symphonie, die populärste aller Schöpfungen der höheren Instrumentalmusik,« so schreibt die »National-Zeitung« am 13. November 1895, »bildete das Haupt- und Schlußstück des Abends. Mit Begeisterung aufgeführt und aufgenommen, zeigte sie den Dirigenten auf der Höhe der Anforderungen, die ein solches Kunstwerk stellt. Die erste derselben ist Natürlichkeit, Hingabe an das Werk und Beiseitelassen aller eitlen Selbstbespiegelung durch besonderes Herausbringen dieses oder jenes nebensächlichen Momentes, um sich von Anderen zu unterscheiden. In den klassischen Werken ist der Zug des Ganzen, die treibende Bewegung immer das Wesentliche. Die Schönheit des Einzelnen ordnet sich ihm unter. Davon ist der jetzige Dirigent durchdrungen und erreichte eine Aufführung, die sich den besten an die Seite stellt…« Und an anderer Stelle heißt es zusammenfassend, Nikisch dirigierte Beethovens 5. Symphonie »mit so edler wie schwunghafter männlicher Kraft, inniger Schlichtheit der Empfindung und stilvoller Feinheit im einzelnen, daß er nun als einer der bedeutsamsten klassischen Dirigenten sich erwiesen hat«.

Obgleich Nikischs Wirken zunächst immer wieder an

dem Hans von Bülows gemessen wurde, steigerte sich seine Anerkennung von Konzert zu Konzert und so »gewährte das 10. und letzte Philharmonische Konzert [der Saison] den erfreulichen Anblick eines vollen Saales (...) In erster Linie galt wohl die rege Teilnahme dem Kapellmeister Arthur Nikisch, der sein erstes Jahr ehrenvoll bestanden hat und Gegenstand stürmischer Ovationen wurde«. Zwar mögen »sich nicht alle Hoffnungen erfüllt haben, die die zunächst Beteiligten an den Beginn knüpften, der Besuch der Konzerte war kein gleichmäßig starker«, schreibt das »Berliner Tageblatt«, kommt aber zu dem Fazit: »Als zweifelloses Resultat bleibt doch übrig, daß es Nikisch gelungen ist, das gesunkene Interesse an den Philharmonischen Konzerten, das durch mehrere Jahre hindurch stetig abgenommen hatte, wieder zu festigen und zu vergrößern. Er hat eine schwierige Aufgabe glücklich gelöst. Es ist leichter, ein unbedeutendes Unternehmen groß zu machen oder ein blühendes in der Blüte zu erhalten, als ein im Niedergang begriffenes wieder in die Höhe zu bringen. Daß dies Nikisch geglückt ist, kann nur mit Genugtuung konstatiert werden...«

Auch hatte man eine wachsende technische Qualifizierung des Orchesters bereits in dieser ersten Saison feststellen können; so heißt es: »Wie das Orchester im Ganzen sich durch Klangschönheit jetzt hervortut, so hier das Streichorchester für sich« oder »Die Ausführung war vortrefflich und die Philharmoniker spielten mit einer Präzision und Klangschönheit, die früher nicht immer bei ihnen zu finden war.«

Fast ohne Einschränkungen setzt sich diese Begeisterung für Nikisch in den Jahren seiner Tätigkeit als Leiter des Berliner Philharmonischen Orchesters fort. Die von ihm dirigierten Konzerte wurden schon früh – eine Neuheit für die damalige Zeit – schlechthin als »Nikisch-Konzerte« apostrophiert und in Berlin galt er bald als »unser Nikisch«, obgleich er seinen festen Wohnsitz weiterhin in Leipzig hatte. Schließlich konnte man sich »ein Berliner Philharmonisches Konzert ohne Nikisch nicht vorstellen. Orchester und Dirigent sind eins geworden und in ihrer höchsten künstlerischen Inspiration von einander getrennt kaum auszudenken«, lautete das Resümee von seinem Jubiläumskonzert am 1. März 1920.

Nikisch war, als man ihn nach Berlin holte, bereits ein anerkannter Dirigent, der sich auch schon in Berlin mit einigen Konzerten vorgestellt hatte. Seine ersten vierzig Lebensjahre sind von einer zumindest äußerlich ähnlich unbeschwerten und geradezu vorbestimmten positiven Zielstrebigkeit und Erfülltheit ausgezeichnet wie die folgenden siebenundzwanzig Leipzig-Berliner Jahre. Die wichtigsten vorangegangenen Stationen waren: 1866 Studienzeit in Wien und 1874 zweiter Geiger im Wiener Hofopernorchester, 1878 erstes Engagement als Chordirigent und zweiter Kapellmeister am Leipziger Stadttheater, 1879 dort erster Kapellmeister, 1889 Chefdirigent des Boston Symphony Orchestra, 1893 erster Kapellmeister und Operndirektor in Budapest und schließlich 1895 Nachfolger Carl Reineckes als Chefdirigent des Leipziger Gewandhausorchesters und Berufung nach Berlin als Nachfolger Hans von Bülows.

»Mit Nikisch brach eine neue Epoche der Dirigierkunst an«, schrieb lapidar der berühmte Violinvirtuose Carl Flesch in seinen Erinnerungen und wies treffend auf die besonders günstige persönliche Disposition des Dirigenten hin: »In einem rassisch so gemischten Winkel Ungarns geboren, vereinigte seine Persönlichkeit deutsche Musikalität mit ungarischem Feuer und slawischer Morbidezza. Aus dieser seltenen Mischung entstand ein Ganzes, das im Hörer die Empfindung eines in seiner Art Vollkommenen, Einmaligen entstehen ließ, insbesondere, wenn das aufzuführende Werk seiner Eigenart entgegenkam.« Flesch konnte das — abgesehen von gegenseitiger Hochschätzung – beurteilen, da er sich als »engerer Landsmann« von Nikisch fühlte, dessen Geburtsort Lébényi Szent Miklos »bloß zehn Kilometer« von dem seinen entfernt war.

Die Mutter Nikischs stammte aus der ungarischen Familie von Robosz, die Großmutter war Wienerin und der Vater, August Nikisch, kam aus Mähren, wohin die Landwirtsfamilie von Liegnitz in Schlesien übersiedelt war. Im Hause des Oberbuchhalters in Fürstlich-Liechtensteinischen Diensten herrschte die bürgerliche Kultur der späten österreichisch-ungarischen Monarchie mit ihren verantwortungsbewußt aufgeschlossenen Erziehungsidealen, die dem außergewöhnlich begabten Knaben eine vorbildliche Basis für die spätere Entwicklung gab und ihn vor den Gefahren der Zersplitterung ebenso bewahrte wie vor denen eines Wunderkindes.

Schon mit drei Jahren zeigte sich die besondere Freude des Kindes an der Musik. Begeistert hörte es den musikalischen Veranstaltungen zu, die mit bekannten Wiener Künstlern wie Joseph Hellmesberger, Heinrich Röver und Anton Door regelmäßig im elterlichen Haus stattfanden. Und nachdem die Familie nach Butschowitz übersiedelt war, erhielt der Knabe mit sechs Jahren auf eigenen Wunsch den ersten Klavier- und Theorieunterricht. Nun brach die außergewöhnliche Musikalität vollends durch, so daß man von einer »ersten Genietat« gesprochen hat: Auf einem benachbarten Gut hatte der Siebenjährige von einem Orchestrion die Ouvertüren »Wilhelm Tell« und »Der Barbier von Sevilla« von Rossini sowie eine Phantasie über Meyerbeers »Robert der Teufel« gehört und diese Stücke, als man wieder zu Hause war, frei aus dem Gedächtnis aufgeschrieben. Mit der an Mozart gemahnenden genialen Begabung äußerte sich auch bereits sein phänomenales Gedächtnis, das es ihm später ermöglichte, als einer der ersten

38

Dirigenten öffentliche Konzerte auswendig zu dirigieren und schon die Proben auswendig zu leiten. Von seinen ersten vier Konzerten mit der Meyderschen Kapelle im Konzerthaus Berlin im Jahre 1888 berichtet Carl Krebs: »Eine Partitur brauchte er überhaupt nicht, weder bei den Proben noch bei der Aufführung. Er hatte die Programme aller Aufführungen fest im Kopf.«

Inzwischen war sein Klavierspiel soweit fortgeschritten, daß er die damals beliebten Operntranskriptionen von Thalberg öffentlich vortragen konnte. Man beschloß, diese Begabung durch den Besuch des Wiener Konservatoriums zu fördern. Bereits die Aufnahmeprüfung war aufsehenerregend, so daß man den Elfjährigen sofort der oberen Kompositionsklasse zuteilte. Doch schon bald erwies sich, daß seine spezielle Befähigung im Nachschöpferischen lag, weshalb er sich dem Violinspiel widmete. Zunächst besuchte er die Geigenklasse von Heyßler und war dann Schüler von Hellmesberger (Violine), Schenner (Klavier) und Dessoff (Komposition). Seine hervorragenden Leistungen wurden mit Auszeichnungen bedacht: Mit dreizehn Jahren erhielt er die Goldene Medaille, den Ersten Preis für die Komposition eines Streichsextetts, später den Ersten Preis für Violinspiel und den Zweiten für Klavierspiel. Hellmesberger ermöglichte dem von ihm Protegierten bei Erkrankungen im »Hoforchester, in der Oper und den Philharmonischen Konzerten als Geiger [zu] substituiren«, wodurch dem Zwölfjährigen mit der Kenntnis der Meisterwerke – wie er später berichtete – unvergeßliche »überwältigende Eindrücke« vermittelt wurden, die seine künstlerische Vorstellungswelt entscheidend prägten. Vor allem waren es die Werke Richard Wagners, die »sein Innerstes mit elementarer Gewalt aufrüttelten« und ihn nun in ihren Bann zogen, während sein Elternhaus »mehr dem Konservatismus in der Musik« zugetan war.

Zum entscheidenden Ereignis der Wiener Studienzeit wurde für Nikisch Wagners Besuch in Wien im Jahre 1872. Als Sprecher einer Schülerdelegation, der auch seine Kommilitonen Felix Mottl und Emil Paur angehörten, überreichte er dem verehrten Meister im Namen der Studenten des Konservatoriums eine Ehrengabe. Vor allem aber durfte er bei dem von Wagner dirigierten Konzert mitwirken, in dem Beethovens »Eroica«, das Bacchanale aus dem »Tannhäuser« und Wotans Abschied und Feuerzauber aus der »Walküre« von Wagner gespielt wurden. Auch an der von Wagner dirigierten Aufführung der 9. Symphonie von Beethoven zur Feier der Grundsteinlegung des Festspielhauses in Bayreuth mit einem aus Mitgliedern der bedeutendsten deutschen Orchester zusammengestellten Orchester durfte Nikisch als »inoffizielles«, einundzwanzigstes Mitglied der Gruppe des Wiener Hoforchesters teilnehmen. »Was ich in den vier Proben, die Wagner mit uns abhielt, lernte,« so bekannte Nikisch später, »ist für meinen ganzen künstlerischen Werdegang von ungeheurem Einfluß gewesen. Ich kann sagen, daß Wagners ›Eroica‹ in Wien und dann die ›Neunte‹ in Bayreuth für meine ganze Beethoven-Auffassung, ja für meine Orchesterinterpretation überhaupt entscheidend geworden ist.«

Am Konservatorium war es der dem »Alten« wie dem »Neuen« aufgeschlossene Johann Herbeck und vor allem sein »geliebter Lehrer Otto Dessoff«, der sich schon damals für den verkannten Bruckner einsetzte, denen Nikisch »als Dirigent am meisten nachzueifern trachtete«. Zugleich wurde durch sie jene bereits vorgezeichnete Aufgeschlossenheit und Breite seiner musikalischen Interessen, die sein Wirken bestimmen sollten, unterstützt und weiter ausgebaut. In dieser Ausbildung stand das Schaffen von Brahms neben dem Wagners und die enthusiastische Wagner-Verehrung wurde durch intensive Kammermusikpflege, der sich der junge Nikisch mit Eifer widmete, konfrontiert, was nicht zuletzt von Hellmesberger bewußt gelenkt wurde, den Nikisch als den »bedeutendsten Musiker Wiens in jener Zeit« verehrte.

Obgleich während dieser unbeschwerten, glücklichen Studienzeit noch einige Kompositionen entstanden, eine Violinsonate, ein Streichquartett, eine Cantate »Christnacht« für Soli, Chor und Orchester und eine Symphonie, stand das Berufsziel des Dirigenten durch die prägenden Erlebnisse des Studiengangs weitgehend fest, definitiv entschied sich Nikisch aber erst 1876. Von April bis September dieses Jahres hatte er zeitweise in Butschowitz an einer h-Moll-Symphonie gearbeitet, die »alle Kennzeichen symphonischer Melodik und glanzvoller Orchesterbehandlung« aufwies. Doch wurde das Werk von den Wiener Philharmonikern, denen Nikisch es im Herbst zur Aufführung angeboten hatte, abgelehnt, was den Einundzwanzigjährigen nun zu der endgültigen Entscheidung brachte. Jetzt hatte er erkannt, daß er die ihm eigenen Maßstäbe nur als Dirigent erfüllen und aufgrund seiner Doppelbegabung dieses Wirkungsfeld als wirklich Nach-Schaffender, als schöpferischer Interpret überhöhen konnte, während ihm als Komponist die Erfindungsgabe fehlte.

Der Entschluß weist auf Nikischs klare Selbsterkenntnis und Kompromißlosigkeit hin. Danach ist er nur noch mit Gelegenheitskompositionen hervorgetreten: 1877 entstand eine weitere Cantate und 1884 die Orchesterphantasie über Victor Neßlers ihm gewidmete Oper »Der Trompeter von Säckingen«, die wahrscheinlich eine Danksagung war. Als Ferdinand Pohl, einer seiner Biographen, ihn später einmal fragte, warum er das Komponieren aufgegeben habe, bekam er die Antwort: »Glauben Sie mir, wenn ich mich nach Tisch bei einer guten Importe und einer Tasse Mocca an den Tisch setzen wollte, könnte ich genauso gut komponieren wie viele andere. Aber ich bin Dirigent. Ich habe alle Musik, von Bach angefangen bis auf die jüngste Gegenwart, im Kopf.

Wenn ich nun komponierte – was würde anderes dabei herauskommen als Kapellmeistermusik! – Und von der gibt es schon genug. Begreifen Sie nun, warum ich nicht komponiere?!«

Zum ersten Mal stand Nikisch öffentlich vor einem Orchester als er beim Abschlußkonzert seiner Studienzeit den ersten Satz seiner d-Moll-Symphonie – eine besondere Auszeichnung – dirigieren durfte. In den folgenden Jahren erwarb er sich praktische Orchestererfahrungen, indem er offizielles Mitglied der Wiener Hofkapelle wurde, in die er am 1. Januar 1874 eintrat. In den vier Jahren, die er hier tätig war, lernte er, wie es Fritz Busch ausgedrückt hat, »die Sprache des Orchesters und die Psychologie der Musiker von Grund auf kennen. Kein noch so intensives Studium in den vier Wänden, an einer Musikhochschule oder einer Universität kann diese lebendige Erziehung ersetzen«. Außerdem aber konnte er hier die bedeutenden Vorbilder Johann Herbeck, Otto Dessoff, Franz Liszt, Anton Rubinstein, Johannes Brahms wie auch wieder Richard Wagner als Dirigenten studieren. Aber auch Verdi faszinierte ihn damals, der 1875 in der Wiener Hofoper seine »Aida« aufführte. »Ich paßte auf wie ein Haftelmacher,« berichtete Nikisch später von diesen Eindrücken, die die Grundlage für seinen Ruf als »einziger authentischer Aida-Dirigent unter den zeitgenössischen Kapellmeistern« legten. »Hier am Geigenpult«, wie Adolf Weissmann treffend schrieb, »ging Nikisch auf, was er am Dirigentenpult werden könnte.«

Die Empfehlung seines Lehrers Otto Dessoff brachte Nikisch das erste Engagement als Dirigent. Angelo Neumann – von Wien kommend und seit 1876 Operndirektor in Leipzig – hatte bei Otto Dessoff nach einem Chordirektor für das Leipziger Stadttheater angefragt und von diesem den Hinweis auf »einen jungen Musiker, einen meiner ehemaligen Schüler am Konservatorium« bekommen. »Er ist augenblicklich bei der Zweiten Geige im Hofopernorchester. Gehen Sie an dem Mann nicht achtlos vorbei, er hat Streben und vor allen Dingen, trotz seiner großen Jugend, ein Können, das mich oft erstaunen macht.« Angelo Neumann berichtet in seinen Erinnerungen, wie der Eindruck Nikischs ihn bei ihrer ersten Begegnung schon »in der ersten Stunde« überzeugt hatte.

So wurde Nikisch Nachfolger Victor Neßlers und trat am 15. Januar 1878 seine Leipziger Stellung an. Durch sein überragendes Können, glänzendes Klavierspiel und erstaunliches Gedächtnis wurde er schnell über seine speziellen Pflichten hinaus aktiv, indem er den ersten Kapellmeister Joseph Sucher,

der ebenfalls aus Ungarn stammte, jederzeit unterstützte.
Angelo Neumann erkannte Nikischs geniale Fähigkeiten und
ernannte ihn bereits vier Wochen nach seinem Eintritt zum
zweiten Kapellmeister, wo sein Weg, wie der zahlreicher Dirigenten, bei der Operette begann. Am 1. Februar 1878 debütierte
er mit einer Aufführung von Paul Lacombes Operette »Jeane,
Jeanette, Jeanetton« im Alten Theater und macht, da er noch
dazu auswendig dirigierte, allgemein von sich reden. Der
gleiche Erfolg war ihm mit einer »blitzsauberen kammermusikalisch feinen und elastischen Aufführung« von Halévys »Der
Blitz« beschieden und so durfte er schon im Sommer Joseph
Sucher an der Oper vertreten. Allerdings weigerte sich hier das
Orchester zunächst wegen seiner Jugend unter ihm zu spielen,
doch konnte er es bereits mit seiner ersten »Tannhäuser«-Probe
völlig überzeugen. Als Sucher im folgenden Jahr nach Hamburg ging, wurde der vierundzwanzigjährige Nikisch dessen
Nachfolger und führte die Leipziger Oper zu einer Glanzzeit:
Die Standardwerke erschienen in mustergültigen Neueinstudie-
rungen, wichtige alte und neue Stücke wurden in den Spielplan
aufgenommen. Zu den hervorragendsten Ereignissen gehörten
die Aufführungen von Wagners »Nibelungenring« (1878) und

»Tristan und Isolde« (1880). Mit Opern von Bizet, Brüll, Bungert, Goetz, Goldmark, Hallén, Holstein, Klughardt, Kretschmer, Neßler und Verdi, zum Teil als Erstaufführungen, wurde ein zeitgenössisches Repertoire aufgebaut.

Auch außerhalb des Theaters konnte Nikisch aktiv werden, so hat er mehrfach anstelle von Carl Reinecke das Gewandhausorchester dirigiert und sich bereits für Robert Schumanns symphonisches Schaffen eingesetzt. 1881 dirigierte Nikisch die Konzerte des Allgemeinen Deutschen Musikvereins zur Feier der Tonkünstler-Versammlung in Magdeburg mit größtem Erfolg, wo er unter anderem Borodins Es-Dur-Symphonie aufführte. Ähnlich erfolgreich war er bei dem Tonkünstlerfest 1885 in Leipzig; dort zeichnete ihn Liszt mit seinem berühmt gewordenen Trinkspruch als »Auserwählten unter den Auserwählten« aus.

Schon in diesen ersten Leipziger Jahren beginnt auch sein systematisches Eintreten für Anton Bruckner, dessen 7. Symphonie er am 30. Dezember 1884 zur Uraufführung brachte – die erste Aufführung einer Bruckner-Symphonie außerhalb Österreichs –, wodurch weiteste Kreise überhaupt erst auf Bruckner aufmerksam wurden. Mit dem Pianisten Martin Krause beteiligte sich Nikisch an der Gründung des Liszt-Vereins und führte in den großen Orchesterkonzerten dieser Gesellschaft die »Faust«-Symphonie und die »Dante«-Symphonie des Meisters auf, womit er entscheidend auch zur Verbreitung des Lisztschen Schaffens beitrug.

Waren es zunächst vor allem wirtschaftliche Gesichtspunkte, die Nikisch zur Übernahme der Leitung des Boston Symphony Orchestra bewogen, so erwiesen sich diese Jahre speziell für seine internationalen Verbindungen von besonderer Bedeutung. Der Vierunddreißigjährige wurde Nachfolger Wilhelm Gerickes, der das 1881 ins Leben gerufene Orchester fünf Jahre geleitet und gediegene Grundlagen geschaffen hatte, auf denen Nikisch aufbaute und durch seinen genialen Klangsinn das Orchester seiner ersten Glanzzeit zuführte. »Ein Dichter ersetzt den Techniker« lautete das Urteil der Bostoner Presse, und Nikisch gelang es, durch weite Reisen dem Orchester über Boston hinaus Ansehen zu verschaffen. Mit der ihm eigenen Gabe, die Musiker zu inspirieren und den Klangkörper dadurch zu Höchstleistungen zu steigern, erwarb er sich Namen und Beliebtheit, die ihn auch später wieder hierher führten. So unternahm er 1912 mit dem London Symphony Orchestra eine Amerika-Tournee, die seinen internationalen Ruf festigte, und noch 1922 war eine Nordamerika-Tournee geplant. In Boston hatte er auch durch zahlreiche Gastdirigate seine Konzerterfahrungen ausbauen können. Allerdings waren die durch Reisen bedingten Anstrengungen so außerordentlich groß, daß Nikisch 1893 dem Angebot der Budapester Oper folgte, wo die Position des Operndirektors und leitenden Kapellmeisters eine Erweiterung seines künstlerischen Wirkungsfeldes versprach. Doch erwiesen sich die dortigen Verhältnisse für ihn so unerquicklich, daß er später die Pester Zeit als die unglücklichste seines Lebens bezeichnet hat, obgleich er in jenen Jahren seine Konzerttätigkeit in Europa aufbauen konnte. Auch das ehrenvolle Angebot als Nachfolger Carl Reineckes das Leipziger Gewandhausorchester zu übernehmen, erreichte ihn während einer Konzertreise in London. Obgleich er noch drei Jahre an Budapest gebunden war, verpflichtete er sich grundsätzlich »mit größter Genugtuung erfüllt, die Kapellmeisterstelle am Gewandhaus den glänzenden Traditionen des Instituts gemäß würdig auszufüllen«. Die vertraglichen Schwierigkeiten wurden ebenso befriedigend gelöst wie die hinzukommende Verpflichtung nach Berlin einbezogen, so daß Nikisch am 10. Oktober 1895 sein erstes Konzert als Gewandhauskapellmeister in Leipzig dirigierte und vier Tage später das bei dem Berliner Philharmonischen Orchester. Die Übernahme dieser Verpflichtung, durch die er nun zwei bedeutende Orchester als Chefdirigent leitete – was bis dahin nicht üblich war –, kennzeichnet ihn als Vertreter eines neuen Dirigententyps.

Ähnlich begeistert wie in Berlin, geradezu enthusiastisch, empfing man Nikisch in Leipzig. Seine Direktionszeit wurde zu einem Höhepunkt in der Geschichte des Gewandhausorchesters. Die angestrebte Vielfalt seiner Programme durch Einbeziehen zu Unrecht nicht berücksichtigter Werke wie Schumanns Symphonik, der Pflege der Symphonien von Brahms und Bruckner zeigt ein neues Bild. Sein kontinuierliches Eintreten für Bruckner krönte er in der Saison 1919/20 mit der ersten zyklischen Aufführung von dessen Symphonien, ebenso brachte er in der folgenden Saison die »Symphonischen Dichtungen« von Richard Strauss in zyklischer Folge. Wie er Max Regers Violin- und Klavierkonzert aus der Taufe hob, so führte er auch die 1. Kammersymphonie und »Verklärte Nacht« von Arnold Schönberg auf. Lediglich die vorklassische Musik fand – bezeichnenderweise – in seinen Programmen wenig Berücksichtigung.

Nikisch prägte den romantischen Typ des Interpreten als den eines subjektiven Nach- und Neuschöpfers vollkommen aus, eine Aufgabe, die er – verbunden mit einem ausgesprochenen künstlerischen Sendungsbewußtsein – mit den Worten umriß: »Der moderne Dirigent ist ein Neuschöpfer, darin besteht die Selbständigkeit und der produktive Charakter seiner Kunst, darum spielt die Individualität des Orchesterleiters eine so eminente Rolle.« Indem er diese Eigenarten zu verbindlicher Einzigartigkeit steigern konnte, wurde er Vorbild und Maßstab, galt er schließlich als »der Dirigent aller Dirigenten« und nahm zugleich eine die Zeiten überbrückende Stellung ein. Schon früh erkannte man den »geborenen Meisterdirigenten», dem das Dirigieren »Lebenselement« war.

Sein Musikverständnis wurzelte im Erlebnis des Klanges. Diesen nach den Gegebenheiten des jeweiligen Werkes und den Aufführungsbedingungen mit äußerster Intensität und harmonischer Ausgewogenheit in möglichst vollkommener Schönheit zu realisieren, war sein künstlerisches Streben. Sein Musizieren wurde getragen und bestimmt von dem melodischen Principium agens der einzelnen Komposition, wie Nikisch auch den Klang aus den Linien und ihrem Zusammenspiel entfaltete, stets »sorgsam das Gewebe der Mittelstimmen auseinander« legte, wodurch sich die wieder und wieder gerühmte Kantabilität und Durchsichtigkeit seiner Klangformen ergab, so daß Wilhelm Furtwängler treffend von Nikisch gesagt hat: »Hier haben wir den Grund der Wirkung Nikischs, von der ich mich selber noch überzeugen konnte, er vermochte es eben, ein Orchester Singen zu machen. Dies ist, darüber möge man sich klar sein, etwas höchst Seltenes.« (»Vom Handwerkszeug des Dirigenten«, 1937) Zum Teil ist hieraus auch seine Vorliebe für breite, ruhige Zeitmaße erklärlich, die ihn jedoch niemals zu pathetischer Schwere oder gar Bombastik verführte; er war der romantische »Klanglyriker«, nicht der spätromantische Ausdrucksmusiker. Deutlich zeigte sich die Absicht, den Klang aus individuell geprägtem Gemeinschaftsmusizieren zu entwickeln und zu verlebendigen, auch bei solistisch hervortretenden Stellen, bei denen er den Spielern mit der Bemerkung Freiheit ließ: »Spielen Sie frei und ungezwungen, ich richte mich ganz nach Ihnen und die andern Herren passen bitte auf!«

Von der »Schönheit und Farbenprächtigkeit des Klanges«, vom außergewöhnlichen »Klangzauber« und »Klangreiz« berichtet fast jede Kritik eines Nikisch-Konzerts. Treffend sagte E. Kühn anläßlich des Konzerts zum 25. Dirigentenjubiläum von Nikisch in diesem Zusammenhang: »Selbst das auf Einseitigkeit, wohl auch das auf Geringfertigkeit gestellte Programm wird bei ihm in irgendwelchen Punkten zu einem Ohrenschmaus, zu einer wertvollen Erinnerung.« Dem ausgesprochenen »Sinnenmenschen« wurde, wie Richard Specht – später – in seinem Nachruf für Nikisch schrieb, »alles Klanggestalt, das letzte Geheimnis, die innigste Zartheit, die wildeste Kraft, die einsamste Größe. Hätte man ihn um all dies befragt, er wäre jede Antwort schuldig geblieben. Aber, er war ein Wissender, während er Musik machte.« Das Musizieren entsprang fast intuitiv dem realen Klangerlebnis. »Wenn mich einer meiner Kollegen nach einem Konzert fragen würde,« so bekannte Nikisch einmal, »wie ich diese oder jene besondere Wirkung hervorgebracht habe, so wäre ich unfähig, ihm darauf zu antworten. Man fragt mich auch, wie ich mein Fühlen meinen

Aus einem Programmheft der Berliner Philharmoniker, Saison 1911/12.

Arthur Nikisch um 1900 in seiner Berliner Wohnung. Beim Partitur-Studium im Arbeitszimmer (links) und mit seiner Familie (oben).

Arthur Nikisch übernahm 1895 die Leitung des Berliner Philharmonischen Orchesters – das Foto entstand um diese Zeit.

»Zum Beispiel Nikisch war ein absoluter Beau. Er hatte wunderbare Hände und ließ immer seine Manschetten weit herausgucken. Der schwarze Frack, die weißen Manschetten, das wirkte natürlich großartig. Es gibt viel Schauspielerisches beim Dirigieren.« Otto Klemperer

Leipzig 1886

Das Festkonzert zu seinem
25jährigen Jubiläum als Chefdirigent der Berliner Philharmoniker dirigierte Arthur Nikisch
am 1. März 1920, sein Sohn Mitja
spielte an diesem Abend das
2. Klavierkonzert von Franz
Liszt. Arthur und Mitja Nikisch
waren 1918 zum erstenmal
gemeinsam mit den Philharmonikern aufgetreten.

Musikern mitteile. Ich tue es einfach, ohne daß ich weiß, wie. Wenn ich eine Komposition dirigiere, so ist es die erregende Macht der Musik, die mich fortreißt.

Ich folge durchaus keinen bestimmten und festen Regeln der Interpretation. Ich setze mich nicht etwa hin und denke mir im Voraus aus, wie ich nun jede Note eines Werkes spielen lassen würde.

So wechselt denn meine Interpretation in Einzelheiten fast bei jedem Konzert, in Übereinstimmung mit den Mächten des Gefühls, die in mir besonders stark erregt werden. Aber ich bemerke ausdrücklich: Nur in Einzelheiten. Eine Beethovensche Symphonie heute in einer bestimmten Weise zu erleben und morgen in einem völlig verschiedenen Stil, das wäre ebenso lächerlich wie unlogisch. Das wäre nur der Trick eines Gauklers und hätte mit Kunst nichts zu tun.«

So kamen seine Interpretationen letztlich erst bei der jeweiligen Aufführung zur vollen Entfaltung. Unter Einbeziehung der verschiedensten Einschlagskräfte überließ er dann die endgültige Gestaltwerdung der Intuition. »Und obgleich seine objektive Auffassung stets die gleiche ist,« so hat man schon früh richtig erkannt, »muten seine Aufführungen dennoch oft ganz verschiedenartig an: Er läßt sich in den meisten Fällen von der Qualität des Orchesters und der Beschaffenheit der Zuhörerschaft beeinflußen. Wer ein und dasselbe Werk von verschiedenen Orchestern unter Nikisch gehört hat, ist erstaunt und verblüfft über die vielen verschiedenartigsten Züge seiner Interpretation.«

Diese Musizierart Nikischs war mit einem Einfühlungsvermögen gepaart, das ihm das schnelle Eindringen in unterschiedliche Stilarten ermöglichte, die »in ihm einen verständnisvollen nachfühlenden Ausleger« fanden, wenngleich er die Stücke stets seinen klangbetonten Vorstellungen unterwarf. Weder bei Werken Haydns und Mozarts noch bei denen der Barockzeit konnte er sich dazu entschließen, auf den großen Orchesterapparat zu verzichten oder gar das Cembalo beziehungsweise das Klavier als Generalbaßinstrument zu verwenden. »So wie mein Pulsschlag mir das Tempo eines Musikstückes diktiert,« schrieb er in einem Aufsatz »Über den Vortrag alter Meister« in den »Leipziger Neuesten Nachrichten«, »so fordert meine Blutwärme leuchtendes Leben, blühenden Klang von meinem Orchester, und keine Rücksicht auf ›historische Treue‹ darf mich an der Erreichung dieses Zieles hindern.«

Natürlich barg dieser romantische Klangkult darüber hinaus Gefahren in sich, wenn er einseitig dominant wurde. So blieb für den Kritiker der »Vossischen Zeitung« selbst bei Nikischs Bruckner-Interpretation »ein ungelöster Rest«, wie er im Zusammenhang mit der Aufführung der 7. Symphonie

Bruckners am 21. Januar 1920 schrieb: »Die Aufführung war in gewissem Sinne mustergültig. Das Orchester klang kraftvoll; Nikisch hatte wieder einmal Gelegenheit, die ganze Schönheit des Klanges zu entfesseln. Immerhin ist es mit der Schönheit des Klanges allein nicht abgetan, und die musikalische Hingabe an Bruckner genügt nicht, um die ihm ureigene Welt der Töne in ihrem Wesenskern zu erfüllen.«

Auch derartige, zwar seltene kritische Äußerungen charakterisieren diesen »Auserlesenen«, wie man Nikisch bewundernd nannte, dem es um die organisch durchgestaltete und vielfältig schattierte klangbetonte Ausdrucksganzheit ging. Um dieses Vorstellungsbild zu realisieren, nahm er gelegentlich sogar Uminstrumentierungen vor, und zwar selbst bei dem von ihm verehrten Wagner, der noch dazu ein bedeutender Instrumentator war. So besetzte Nikisch den Pilger-Chor am Schluß der »Tannhäuser«-Ouvertüre doppelt, was eine so erstaunliche Wirkung erzielte, daß das Publikum »elektrisiert« war. Derartige von unserem heutigen Standpunkt zweifelhafte Eingriffe konnten sogar so weit gehen, daß er die zweite »Leonoren«-Ouvertüre von Beethoven mit dem wirkungsvolleren Schluß der dritten spielte.

Sein sensibles Einfühlungs- und Anpassungsvermögen, gepaart mit einer außergewöhnlichen Geistesgegenwärtigkeit und diesem besonderen Klangsinn, machten Nikisch nicht nur als Dirigenten, sondern auch als Pianisten zu einem bewunderten »einfühlsamen, feinfühligen« Begleiter. In die Philharmonischen Konzerte baute er häufig Liedvorträge ein, die er selbst am Flügel begleitete, wobei »von Nikisch begleitet zu werden« als besondere Auszeichnung galt.

Aufgrund seiner intensiven praktischen Orchestererfahrung und -studien, seiner ausgesprochenen gestischen Begabung und Virtuosität und vor allem der suggestiven Kraft seiner Persönlichkeitsausstrahlung, speziell seiner Augen, ganz abgesehen von einer außergewöhnlichen Gehörschärfe, konnte er seine Intentionen dem jeweiligen Klangkörper nahezu vollkommen übertragen. Doch kam es nicht nur bei dem Berliner Philharmonischen Orchester oder dem Leipziger Gewandhausorchester zu jenem oft gerühmten »innigen Kontakt« zwischen Dirigent und Klangkörper und damit verbunden zu einer stets registrierten Steigerung der klanglichen Qualitäten, wie es aus der langjährigen kontinuierlichen Zusammenarbeit mit diesen Orchestern verständlich war. Vielmehr gelang es ihm durch die Überzeugungskraft seiner äußerst konzentrierten Arbeit und durch die Faszination seiner genialen Persönlichkeit, auch zweitrangige Orchester schon nach kurzer Probe zur allgemeinen Be- und Verwunderung der Hörer über sich hinauswachsen zu lassen. Von seinen knappen Proben berichtet A. Szendrei: »Sein rasches Arbeiten in der Vorbereitung ist sprichwörtlich; wer aber nie einer seiner Proben beigewohnt hat, würde es nicht für möglich halten, in welch unfaßlich kurzer Zeit er das Gedankliche wie Klangliche aus einem neuen Werk herausschält. Er klopft verhältnismäßig selten ab und stets nur bei besonderen Anlässen; was er zu sagen hat, kleidet er in knappe Sätze, seine Bemerkungen sind wie Epigramme, kein Wort zu viel, keines überflüssig. Bietet eine Stelle mehr als gewöhnliche Schwierigkeiten, genügt eine kurze lapidare Erläuterung, ein plastisches Vorsingen, besser gesagt Vordeklamieren einer Phrase: die herbste und sprödeste Polyphonie oder Polythematik erhält im Handumdrehen eine vertraute Physiognomie.

Mit Beendigung der Probe ist erst die vorbereitende Arbeit zum Abschluß gekommen; den letzten Schliff, die kleinen und kleinsten Lichter und Schatten erhält das Werk am Abend. Ungemein charakteristisch für Nikisch ist, daß er in den Aufführungen vieles anders nimmt, als in den Proben, besonders das Dynamische hat oft ein ganz anderes Gesicht: willig überläßt er sich der momentanen Inspiration und seinen wechselnden Empfindungen.« Von einem solchen Erlebnis aus seiner Darmstädter Zeit schreibt Erich Kleiber: »Es war einer der größten Glücksfälle meines Lebens, daß Arthur Nikisch in den Kriegsjahren zu einigen Gastspielen nach Darmstadt kam, wo ich damals als dritter Kapellmeister tätig war. Nikisch dirigierte eine ›Tristan‹-Orchesterprobe – für mich ein künstlerisches Erlebnis, das ich nie vergessen werde. Nur wenige Zuhörer saßen im dunklen Zuhörerraum. Die Sängerin der Isolde war noch nicht anwesend, und Nikisch spielte den Liebestod mit dem Orchester allein und dieses Orchester war plötzlich wie verwandelt. Was er an Ekstase, Leidenschaftlichkeit und Klangschönheit in einer einzigen Orchesterprobe da hervorzauberte, war mir und allen Zuhörern unfaßbar. Immer klangen die Partituren bei ihm so, wie man es sich manchmal im einsamen Arbeitszimmer bei intensivstem Studium träumen läßt. Geradezu unheimlich waren seine gewaltigen Crescendi; wo andere mit beiden Armen turnen mußten, hob Nikisch die linke Hand langsam hoch und das Orchester brauste wie ein Meer auf.«

Diese Eigenart fiel schon bei den ersten Konzerten mit dem Berliner Philharmonischen Orchester auf, so berichtet das »Berliner Tageblatt« am 15. 10. 1895: »...Es ist neben anderen vielleicht der größte Vorzug Nikischs, daß er die Aufmerksamkeit nie durch Äußerlichkeiten von den Werken auf seine Person ablenkt. Unter äußerer Ruhe verbirgt er ein feuriges Temperament und eine glühende Leidenschaft, die er durch das Medium des Orchesters auf den Hörer überträgt. Wie aus Erz gegossen steht der elegante, nicht eben große Mann da; selten, daß er die linke Hand erhebt, um die hochgehenden Tonwogen zu besänftigen; nur der rechte Arm ist in Bewegung und deutet

54

durch energische Zeichen den Musikern, was sie nach den Intentionen des Führers tun sollen. Und so wenig auffällig er den Taktstock handhabt, so klar gibt er doch seinen Willen kund; da kann kein Zweifel sein, und deshalb gab es keine Schwankungen, obwohl Nikisch das Philharmonische Orchester erst wenige Tage vor dem Konzert kennengelernt hat. Er besitzt Gewalt über die Kapelle und erfüllt damit die erste Bedingung, um auch Gewalt über das Publikum zu gewinnen… An Schönheit und Farbenprächtigkeit des Klanges leisteten die Philharmoniker unter ihrem neuen Leiter (…) Außerordentliches.« Und von der ständig gerühmten Sparsamkeit seiner Bewegungen, die ein äußerst plastisches Bild vermittelten, schreibt Richard Specht, ausgehend von dem Hinweis, »daß [Nikisch] zu den wenigen gehörte, die nicht nur das Orchester, sondern auch das Publikum zu dirigieren wußten …Die ungeheure Beredsamkeit seiner Zeichen, die das ganze Melos in die Luft malten, sprach nicht nur zu den ausübenden Musikern. Auch ein Tauber im Saale hätte den Ablauf des Werkes erkennen, hätte mit den Augen hören müssen, wenn Nikisch dirigierte.« Wie keinem zweiten schien ihm »eine eigenpersönliche, unwiderstehliche Kraft der Veranschaulichung eines Kunstwerkes gegeben …, die an Hypnotismus grenzte«. Und ein anderer Bericht lautet: »Auf seinem Gesicht, in seinen Augen spiegelte sich seine Seele wider. Wer je unter seiner Leitung gespielt oder diesen seltenen Mann mit dem brennenden Blick während einer musikalischen Nachschöpfung aus der Nähe beobachtet hat, weiß, daß alles an ihm lebte, daß er selbst personifizierte Musik war, daß von ihm ein glühender Strom floß, der sich tief in Herz und Seele der Ausführenden ergoß, der die Könner zu höchster Inspiration emporriß und die Schwachen zu Helden erstarken ließ. Mit der gleichen Wirkung auf die Zuhörer.«

In vollkommener Weise erfüllte er – wie oft hervorgehoben worden ist – die Forderung Liszts, nicht »Ruderknecht«, sondern »Steuermann« zu sein. Trotz der Sparsamkeit seiner Zeichengebung haben nicht nur die Musiker »seiner Orchester«, die Mitglieder des Philharmonischen und des Gewandhausorchesters, sondern auch die anderer Orchester, bei denen er zum Teil nur einmal gastiert hat, stets betont, daß sie unter kaum einem anderen Dirigenten sich beim Spielen so sicher gefühlt haben wie unter Arthur Nikisch.

Dirigieren war ihm – so hat er es selbst ausgedrückt – »Seelensprache«. Sein Wesen erfüllte sich in der Musik, der Vollblutmusiker, der Urmusikant schuf stets aus dieser Ganzheit des Empfindens heraus. So war er zwar »ungeistig, nicht einmal ›gebildet‹ im Sinne des Bürgerlichen. Und konnte doch zu den höchsten Höhen des Geistes und der Musik führen, ganz ins Urland der Töne, weil dort seine Heimat war.« Nikisch schrieb: »Wenn ich eine Tondichtung aufgenommen habe, so fühle ich es: Nun muß ich dieses Werk noch einmal erstehen lassen, aber aus mir heraus; ich muß aus dem Vollen schöpfen. Und diese Empfindung teilt sich dem Publikum mit; das Publikum begreift es, daß die ganze moderne Instrumentalmusik erst durch die Individualität des Dirigenten Leben gewinnt.«

»Dieses Konzert wird allen,« so berichtet Luise Wolff von der Wirkung des ersten Berliner Konzerts von Nikisch mit dem Berliner Philharmonischen Orchester, »die es miterleben durften, unvergeßlich bleiben: Als der kleine blasse Mann mit dem schwarzen Haar und Bart und den tiefen Augen vor das Publikum trat, ruhig, ohne jede Pose, aber mit der ihm eigenen Grazie und Würde – und seine Hand hob – da war atemlose Stille in dem großen Saal, in dem Bülows Geist bisher jeden Nachfolger unmöglich gemacht hatte (...) Das Dämonische in Nikischs Natur – seine Technik – sein Zauber – hatten alle Gedanken an diesem Abend weggefegt: ›Vive le roi‹ hieß es nun endlich. Als glückstrahlender Sieger verließ Arthur Nikisch das Podium – nicht geringer war die Genugtuung meines Mannes, der ihn gefunden hatte!

(...) Arthur Nikischs faszinierende Art zu dirigieren, seine Grazie, die Schönheit seiner Linienführung, der Ernst seines Auftretens waren so etwas Neues für Publikum und Presse, daß er als ›affektiert‹, als ›Poseur‹ von einem Teil derselben angesehen wurde – seine berühmten Hände sollten geschminkt, sein Auftreten, Grüßen, Danken einstudiert sein. Aber nicht allzu lange hielt dieser Mangel an Verständnis, diese kleinliche Art zu kritisieren an. Bald empfand man das Siegreiche, Einzigartige seiner Persönlichkeit, und Arthur Nikisch wurde im besten Sinne des Wortes populär. Nicht nur die Tagespresse besprach ihn, auch Meister der Feder, des Pinsels und der Karrikatur veröffentlichten ihn. – Nicht nur der große Musiker – auch der Mensch kam allen nahe, denn in der Musik gab sich sein reinstes Menschentum kund; bei all seiner bestrickenden Liebenswürdigkeit war er doch eine verschlossene Natur – nur wenn er am Pult stand, fiel die Hülle seiner Seele, zeigte er sich ganz. Die ›Nikisch-Konzerte‹ wurden der Mittelpunkt des Berliner Musiklebens, er war der Pol, zu dem alles strebte – Musiker und Publikum –, ein internationaler Freundes- und Verehrerkreis, der ihm selbst während des Weltkrieges treu blieb.«

Dieser Berliner Wirkungsbereich und der in Leipzig bildeten den Höhepunkt im Leben Nikischs, und den Berlinern – und nicht nur ihnen – war er das musikalische Leitbild schlechthin. »Sie haben fast seine ganze Entwicklung miterlebt,« schrieb Max Marschalk 1916 in einem Aufsatz über Dirigenten, »beobachtet, wie er der Gefahr, der die deutsche Kapellmeisterei ausgesetzt war, den Manieren und den Unmanieren, die wir unter dem Begriff ›Pultvirtuosentum‹ zu sammeln gewohnt waren, nicht vollkommen zu trotzen vermochte, und wie er nach einer Epoche der Müdigkeit und des Niedergangs eine Wiedergeburt erlebte, die ihn als den reifen, in Weisheit überlegenen, von allen Eitelkeiten befreiten Meister erstehen ließ, als den wir ihn jetzt ehren und feiern.«

Der Reifestil Nikischs zeigte, wie wenig er jegliche Pose nötig hatte und daß selbst das, was man dafür gehalten hatte, eigentlich nur Ausdruck seines Wesens war, das sich ganz in der Musik erfüllte. Deutlich wurde jetzt seine Gestik noch sparsamer und zweckbestimmter, die musikalische Gestaltung gewann bei aller Prägnanz an Innerlichkeit und Tiefe. In den siebenundzwanzig Jahren seines Wirkens als Chefdirigent des Berliner Philharmonischen Orchesters gelang es Nikisch, das technische Leistungsvermögen des Orchesters speziell auch in klanglicher Hinsicht nach den zeitlichen Idealen eines reizstarken Klangbildes entsprechend zu steigern und die Intensität seines Spiels sowie seine Auswirkung auf das Publikum zu vergrößern und zu intensivieren. Zugleich aber wirkte sich auch die Ausstrahlung seiner Persönlichkeit auf den Charakter und den Besuch seiner Konzerte aus, wobei seine kosmopolitische Haltung und sein internationaler Ruf der aufstrebenden Weltbürgerlichkeit der Stadt darüber hinaus entgegenkam, so daß die Nikisch-Konzerte zu einem maßstäblichen Mittelpunkt des sich in größerem Rahmen entwickelnden Berliner Musiklebens wurden. Diese besondere Bedeutung Nikischs in dieser Stadt bricht sich auch in den Erinnerungen Bruno Walters, in denen es heißt: »Konzerte der Königlichen Kapelle unter Strauss und Weingartner sind mir nicht erinnerlich, wohl aber einige wirklich herrliche Abende in der Philharmonie unter Nikisch. Sein natürliches, urmusikantisches Wesen erwärmte mich, seine Dirigiertechnik fand ich bewundernswert und seine hinreißende Aufführung der ›Pathétique‹ von Tschaikowsky und eine vollendete, romantisch erfüllte der Weberschen ›Euryanthe‹-Ouvertüre klingen noch in meinem Ohr…

Berlin wurde nach der Jahrhundertwende zu einer Art Weltmarkt des kulturellen Geschehens, in dem vor allem durch Max Reinhardt das Schauspiel zu großer Bedeutung gelangte, die symphonische Musikpflege durch Arthur Nikisch glanzvoll vertreten wurde.«

Besonders auf die Geltung Berlins im Ausland wirkte sich der Ruf des Dirigenten und seines Orchesters aus, wozu die eigenen Gastdirigate ebenso beitrugen wie die jetzt regelmäßig mit dem Orchester durchgeführten Konzertreisen, die zugleich den internationalen Namen des Orchesters begründeten. Schon bei der ersten Frankreich-Reise von 1897 konnte Nikisch Paris geradezu erobern, wie neben vielen anderen Stimmen die

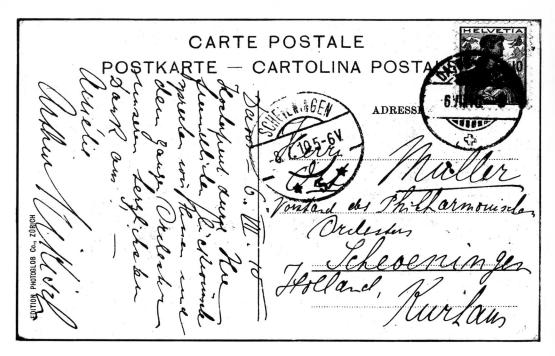

Postkarte
von Arthur Nikisch
an die Berliner
Philharmoniker

bekannte Kritik Claude Debussys zeigt: »…Alles was Paris an berühmten und aufmerksamen Ohren hat, war anwesend, besonders die seltsamen und teuren Damen. Das ist das angenehmste ›gute Publikum‹ für den, der es richtig zu nehmen weiß; es genügt beinahe eine elegante Haltung oder eine kunst- und fantasievoll gedrehte Locke, um begeisterten Beifall zu ernten. Arthur Nikisch hat beides, die Haltung und die Locke, glücklicherweise verbindet er damit aber ernstere Eigenschaften; außerdem ist sein Orchester wunderbar diszipliniert. Man sieht sich Leuten gegenüber, die sich ausschließlich damit beschäftigen, ernsthaft Musik zu machen; sie sind voll einfacher Würde wie die Figuren auf einem primitiven Fresco… Das rührt einen, weil es so selten ist.

Nikisch ist ein unvergleichlicher Virtuose; seine Virtuosität scheint ihn sogar vergessen zu lassen, was man dem guten Geschmack schuldig ist. Ich möchte als Beispiel dafür die von ihm dirigierte ›Tannhäuser‹-Ouvertüre nehmen, wo er die Posaunen zum ›Schleifen‹ zwingt, was sich allerhöchstens die dicke, von Sentimentalität geschwollene Dame im Casino von Suresnes erlauben kann, und wo er die Hörner an Stellen hervortreten läßt, an denen sie eigentlich nichts zu suchen haben. Das sind ›Effekte‹, denen der Sinn fehlt, und über die man sich bei einem so erfahrenen Musiker, wie es Nikisch sonst ist, wundert. Vorher hatte er in ›Till Eulenspiegels lustige Streiche‹ von Richard Strauss seine besonderen Gaben bewiesen(…) Arthur Nikisch hat die stürmische Musik mit bewundernswerter Kaltblütigkeit dirigiert, und die Ovation, die ihn und sein Orchester empfing, war, wie man nicht anders sagen kann, berechtigt...«

Über die Erlebnisberichte hinaus und eine Schallplattenaufnahme – die erste eines vollständigen klassischen Werkes, der 5. Symphonie von Beethoven – vermitteln die Programme der Nikisch-Konzerte ein eindrucksvolles Bild seines Wirkens. Nikisch bevorzugte kontrastreiche Mischprogramme, um durch den Wechsel von Farbe und Stil unterhaltsame Wirkungen zu erzielen. Deshalb bezog er häufig Lied- und Arienvorträge, auch mit Klavierbegleitung, ein. Allerdings ging er beim Aufbau der Programme gelegentlich zu weit – wie man schon damals kritisierte –, indem die Konzertprogramme oftmals zu lang wurden und zu potpourriartiger Reihung der Stücke tendierten, wenn beispielsweise neben der Einleitungs- und Schlußouvertüre des Programms noch weitere Ouvertüren hintereinander gespielt wurden und der Inhalt der Werke unberücksichtigt blieb.

Neben der Pflege der Standardwerke bemühte sich Nikisch in diesen Konzerten den Programmen durch eine Komposition, die »zum ersten Mal« in diesem Rahmen gespielt wurde, besonderen Anreiz zu geben. Seinen musikalischen Anschauungen entsprechend, handelte es sich dabei nicht um zeitgenössische Kompositionen, jedenfalls nicht um ausgesprochen moderne; statt dessen finden sich unbeachtete oder noch nicht berücksichtigte Werke von Antonio Vivaldi ebenso wie solche von Giuseppe Martucci, Johann Sebastian Bach, aber auch von Carl Philipp Emanuel Bach, Anton Dvořák, Karl Ditters von Dittersdorf, Richard Strauss oder Joseph Haydn und Peter Tschaikowsky. Wenn das Schaffen Beethovens augenfällig den dominierenden Platz einnimmt, so geschieht das nicht nur in Fortsetzung der Tradition der Philharmonischen Konzerte, sondern entspricht diesem musikalischen Weltbild. In den Beethovenschen Symphonien erfüllt sich das Idealbild dieser Vorstellungen, die vor allem an der 5., 3. und 9. Symphonie, dem »romantischen« 4. und dem »pathetischen« 5. Klavierkonzert sowie dem Violinkonzert orientiert sind, die am häufigsten gespielt werden, ergänzt von den anderen Symphonien und den bekannten Ouvertüren »Coriolan«, »Egmont« und »Leonore« zwei und drei. Aus der Sicht Nikischs ist es begreiflich, daß die 1. und 2. Symphonie Beethovens erst nach 1900 in das Programm einbezogen werden, das Tripelkonzert und Ouvertüre und Ballettmusik »Die Geschöpfe des Prometheus« erst in der Saison 1919/20 und das 1. Klavierkonzert in dieser Zeit überhaupt nicht berücksichtigt wird.

Dem Romantiker Nikisch repräsentiert sich Beethoven in seiner mittleren Schaffensperiode, während ihm dessen frühere Werke als zu klassisch ferner stehen. So werden von Nikisch in seinen Berliner Konzerten von Haydn nur sieben Symphonien und das Cello-Konzert aufgeführt.

Auch die einheitlichen Komponistenprogramme sind zunächst nur den Werken Beethovens vorbehalten und verliehen ab 1897 drei Jahre lang der jeweiligen Spielzeit den repräsentativen Höhepunkt. Zum 150. Geburtstag von Mozart und zum 100. Geburtstag von Franz Liszt wird dieses Prinzip durchbrochen und auch diesen Meistern ein Kompositionsabend gewidmet, ebenso dem romantischen Klassiker Johannes Brahms, anläßlich der 10. Wiederkehr seines Todestages. Aber schon am 1. 12. 1913 veranstaltete der Klangzauberer Nikisch einen Richard-Strauss-Abend.

Obgleich man an seinen Programmen gelegentlich rügte, daß »die Philharmonischen Konzerte in einigen Punkten vielleicht dem Geschmack des sie bevölkernden vornehmen Publikums mancherlei Konzessionen machen, daß auf der anderen Seite dem neuen Schaffen ein verhältnismäßig zu geringer Raum eingeräumt wird«, war man sich voll bewußt, daß diese Veranstaltungen »unter Nikischs Führung zu den Glanzpunkten [des] Berliner Musiklebens wurden und es bis zum heutigen Tag geblieben sind« und erkannte an, daß er »neben der Pflege Beethovens und der Romantiker weiterstrebte zu Bruckner, Brahms, Strauss, Reger, Schillings, Korngold und vielen anderen Neudeutschen. Daneben bringt er neue russische und französische Werke und auch manch ein vergessenes Stücklein aus längst vergangenen Tagen. Er ist kein Kämpfer, der in die Entwicklung der Musik durch Aufspüren neuer Talente und Richtungen eingreifen möchte. Sein Herz und seine Liebe gehört den Klassikern und den Romantikern. Und doch gibt es keinen Dirigenten, der sich in alle Musikstile so schnell einzuleben vermag wie Arthur Nikisch. In dieser Universalität, die auch die ältere und neue Oper umfaßt, ist er der größte und bedeutendste Dirigent unserer Tage und auch einer der genialsten Musiker und hervorragendsten Techniker«, wie Georg Schünemann zum 25. Dirigentenjubiläum Nikischs 1920 schrieb.

Der unerwartete Tod des Siebenundsechzigjährigen erschütterte die internationale Musikwelt. Die Nachrufe sprachen ebenso von der Unersetzlichkeit Nikischs wie Bülow nach seinem Tode für unersetzlich gehalten wurde. Der geniale und universelle Musiker hat mit seinem Wirken eine Entwicklung krönend zusammengefaßt und wies durch die Vollkommenheit seiner Interpretationen vorbildhaft in die Zukunft. Als Chefdirigent der Berliner Philharmoniker hat er dem Orchester eine bis dahin unbekannte Klangkultur gegeben und ihm internationales Ansehen verschafft, nicht zuletzt dadurch, daß er den Zeitstil in seinen Interpretationen zu gültigem Ausdruck verdichten konnte und damit überzeitliche Maßstäbe setzte.

Philharmonisches Konzert am Todestag von Arthur Nikisch

Ernst Krause
Richard Strauss

Die schöpferische Potenz von Richard Strauss ist untrennbar von seinem Dirigententum. Beides gehört zusammen. Von jung an zum Schaffen getrieben, treibt ihn zugleich die andere Leidenschaft: an der Spitze eines Orchesters wirken zu können. Wir wissen Gleiches von Weber, Wagner, Liszt, Mahler – diese Zweiteilung zwischen produzierendem und reproduzierendem Musiker wird im 19. Jahrhundert fast zum Normalfall. Auch in der Gegenwart greifen Komponisten wie Egk, Boulez, Henze, Stockhausen und andere gern zum Dirigentenstab. Oft genug in der Überzeugung, daß die eigene Hingabe dem Werk eine besondere Authentizität sichere, oft wohl auch als pures Musiker-Hobby. Dirigieren als Spaß an der Sache. Meist geht es gut. Besser: man ist geneigt, sich mit etwas abzufinden, das vielleicht zu einer Mode des modernen Musiklebens geworden ist. Der Fall Strauss liegt anders. Hier drängt es einen der Großen zu einer bezeichnenden, unvergleichlichen Haltung: der Nur-Nachschaffende, der sich im Werk verglüht, hat verzichtet und muß nun in selbstverständlicher Entspannung ein ganz Eigener werden. Davon muß man ausgehen, wenn man sich mit dem Dirigenten Strauss beschäftigt.

Der Beginn seiner Laufbahn vollzog sich mit der blitzartigen Raschheit, wie sie bei großen Künstlern nicht selten ist. Es geschah an einem Novembertag des Jahres 1884. Der junge Strauss saß in dem Dilettantenorchester »Wilde Gung'l« seiner Heimatstadt München unter Leitung des Vaters an einem Pult der ersten Violinen. Als Sohn eines im Orchester aufgewachsenen Solohornisten des Münchner Hoftheaterorchesters gewohnt, dem Dirigenten sein Handwerk abzulesen, als vorwärtsdrängender, impulsiver, jedoch nach außen hin bescheidener Musiker, sah er sich plötzlich von Hans von Bülow aufgefordert, die eigene, mit den Meiningern vorstudierte Bläsersuite selbst zu dirigieren. Noch nie hatte er einen Taktstock berührt und leitete das Stück »in einem leichten Dämmerzustand«. Überraschenderweise gelang ihm das vortrefflich.

Strauss ist wie von selbst in das Kapellmeisteramt gewachsen. Die Welt des Orchesters war von früher Jugend an seine Welt. Gewinnt man nicht den Eindruck, daß der hochtalentierte, allerseits mit Aufmerksamkeit verfolgte Musiker nach seinem verheißungsvollen Debüt in Meiningen, den Lehrjahren an der Oper der Vaterstadt, gehemmt von der Hierarchie des Nationaltheaters, fast zwangsläufig zum Hofkapellmeister in Weimar und München avancierte? Daß diese Zeit gebundener Marschroute durch ein einjähriges Wirken an der Spitze des Berliner Philharmonischen Orchesters unterbrochen wurde, erwies sich als Rückenstärkung des gerade Dreißigjährigen. Umso stärker die innere Entwicklung, umso reicher das Schaffen, umso bemerkenswerter der äußere Erfolg, den Strauss schon damals, vor allem als Interpret eigener Werke, erzielte. So führte ihn, der unaufhaltsam auf die Oper zuschritt, der Weg für zwei Jahrzehnte als Generalmusikdirektor an die Berliner Lindenoper. Man weiß, daß der Mittfünfziger nach dem Ersten Weltkrieg noch die Bürde des Wiener Operndirektors auf sich nahm. Immerhin: in vier Lebensjahren, während ergiebiger Schaffenszeit zwischen »Aus Italien« und »Intermezzo«, war Strauss hauptberuflich Dirigent. Schon der Vierzigjährige konnte nicht ohne Stolz verkünden, die »Orchester fast der ganzen zivilisierten Welt dirigiert« zu haben. Bis ins hohe Alter hat er sich dirigierend betätigt. Das letzte Mal saß er am Pult, als er einige Wochen vor seinem Tode die Mondscheinmusik aus »Capriccio« mit dem Münchner Rundfunk-Orchester musizierte.

Heute fällt es schwer, sich vorzustellen: dieser Komponist von Werken, die Stück für Stück, Schlag um Schlag das Profil der Musik des ausgehenden und anbrechenden Jahrhunderts prägten, war ganz und gar Dirigent. Äußerte er doch später gegenüber Willi Schuh, er sehe die »künstlerische Arbeit quasi als ›Nebensache‹ neben dem eigentlichen Beruf als Dirigenten« an. Zeit seines Lebens entsprach es seiner Maxime: der Künstler müsse eine Existenzgrundlage haben, wolle er künstlerisch tätig sein. Jede noch so flüchtige Vermutung, Strauss habe seine zeitraubende Dirigiertätigkeit als »Last« empfunden, erledigte er praktisch durch jenen Brief, den er kurz vor seiner Berufung zum Direktor der Wiener Oper dem skeptischen Hugo von Hofmannsthal schrieb: »So hören Sie denn, daß es seit dreißig Jahren mein innigster Wunsch war, eine wirklich künstlerische Oberleitung eines großen Hofopernorchesters zu bekommen. Es blieb mir versagt; sei es, daß ich stets als das Gegenteil des so beliebten Routiniers galt, sei es, daß man mir als einer allzu selbständigen künstlerischen Persönlichkeit, als Komponisten von Ruf nicht das genügende Interesse eines rein Reproduzierenden für den Durchschnittsbetrieb des Theaters mit seinen Alltagsbedürfnissen zutraute… Was mich in Berlin noch hält, ist die Pflicht, meinen eigenen Werken die liebevolle Hand des Vaters nicht zu entziehen, die Freude an einem prachtvoll durchdisziplinierten, auf mich vollständig eingespielten Orchesters, mit welchem arbeitend ich als Komponist in steter Fühlung Antäus gleich mit meinem Instrument neue Anregungen sammle.«

Sehen wir den jungen Strauss am Pult. Der schlanke, überschlanke Mann mit dem Lockenkopf sprüht Feuer, ganz Sturm und Drang wie die Epoche, der er angehört. Mit großen gestikulierenden Bewegungen stürmt er auf das Orchester ein; es ist wohl ein Übermaß an Gestik, was da ein jugendlicher Enthusiast produziert. Äußerlich erscheint das gewiß nicht eben anziehend. Die großen Armbewegungen, das Einknicken in die Kniebeuge wirken ernüchternd. Nur muß man wissen, daß die spontane, weitausholende Dirigierart in dieser Frühzeit der Dirigierpraxis generell überwog. (»Man braucht den Taktstockkünstler ja nicht anzusehen, denn entscheidend ist allein das Ergebnis seiner Stabführung«, meinte beschönigend Carl Krebs in seinem Dirigentenbuch.) Erst die Eleganz des Dresdner Grandseigneurs Ernst von Schuch, von dem Strauss fortan so viel absah, entwickelte den neuen Typ des Pultvirtuosen, wie wir ihn heute kennen. Von den Anfängen des jungen Meininger Kapellmeisters zeugt ein Brief vom 20. Dezember 1885 an den Vater: »Durch die täglichen Proben eigne ich mir eine große Gewandtheit im Dirigieren an, ich habe einen sehr guten Sinn für Tempi und habe schon ein paarmal die Schubertsche h-Moll, die ›Manfred‹-Ouvertüre vom Blatt dirigiert, ohne die Partitur vorher angesehen zu haben, und habe die Tempi und alle Modifikationen auf dem Tupfen erwischt, zum Entzücken von Ritter...«

Der Vater freilich hatte gegen das allzu furiose Temperament des Sohnes wohl nicht unberechtigte Bedenken. Unter dem Eindruck eines Briefes des Grafen Seilern, erteilte er dem Richard eine Lektion: »Es ist unschön, beim Dirigieren solche Schlangenbewegungen zu machen, und namentlich bei einem so langen Menschen wie Du einer bist. Es ist bei Bülow schon nicht schön, und der hat doch eine kleine, graziöse Figur. Das Feuer zum Dirigieren liegt ganz woanders... Die linke Hand hat beim Dirigieren gar nichts zu tun, als die Blätter der Partitur umzuwenden, und wenn keine auf dem Pult liegt, sich ruhig zu verhalten. Das Aneifern der Ausführenden durch den Dirigenten liegt in der Handhabung des Taktstockes, und im Auge... Ich bitte Dich daher, lieber Richard, folge meinem Rate und gewöhne Dir das Faxenmachen ab. Du brauchst es nicht...«

Nun: das »Faxenmachen« gab der junge Strauss bald auf. Schon Anfang der neunziger Jahre, als er ans Pult der Berliner Philharmoniker berufen wurde, zeigte sich das Temperament des Feuerkopfes ins Natürliche umgebogen. Noch sind die Bewegungen verhältnismäßig groß und lebhaft. Aber jegliche Pose, die Geste der Selbstvergessenheit, die sich im Laufe des ihm seelisch Nahen einfindet, treten nun merklich zurück. Das Klangsinnliche, für ihn Herzenssache, stellt sich mit weniger körperlichem Aufwand ein, obwohl es bis zur letzten Stufe einer immer knapper werdenden Dirigierweise noch ein Stück Wegs ist. Der junge Kapellmeister, dem sich die Aufmerksamkeit des musikalischen Deutschland und darüber hinaus zuwendet, erobert sich schrittweise einen Darstellungsstil völlig unpathetischer Art. Spätestens in den zwanziger Jahren offenbarte sich in Konzertsaal wie Oper ein Grundzug seines Charakters: die unerschütterliche, fast stoische Ruhe des virtuosen Orchesterbeherrschers, der jedes Geheimnis und jeden Kniff seines Metiers (das man ja bekanntlich nicht erlernen kann, zu dem man geboren sein muß) kennt. Leicht vorgebeugt stand der Vierziger am Pult, wo stets die längst in- und auswendig beherrschte Partitur aufgeschlagen vor ihm lag. Halb lebendiger Kunstverstand, halb bürgerliche Bonhomie! Mit zunehmendem Alter wurde der Dirigierstil noch einfacher. In der Tat konnte die Haltung des reifen Meisters am Pult nicht ökonomischer, sachlicher sein. In typisch würdevoller Gelassenheit betrat er das Pult. Den Schlag auf die ungemein bewegliche, scharfe Auftakte setzende Taktstockspitze konzentriert. Aber es stimmt: die meisten Einsätze gab er mit seinem suggestiven Blick. Wie Strauss mit einem einzigen Augen-Blick eine einzelne Gruppe, ja, ein bestimmtes Instrument unter Kontrolle hielt, ihnen seinen künstlerischen Willen aufzwang, ist oft beschrieben worden. Nichts haßte er so wie das Rudern mit den Armen. Die linke Hand hat nach seiner Meinung beim Dirigieren überhaupt nichts zu suchen; sie gehört am besten in die Westentasche. (»Mit der Krawatte dirigieren« – wie Strauss selbst gern diese äußerst reduzierte Schlagtechnik bezeichnete.) Nur ganz selten gebrauchte er nun die Linke. Hob er sie wirklich einmal, bewirkte die knappe Gebärde ein außerordentliches Fortissimo. Strauss dirigierte aus dem Handgelenk. Aber mit ihm entwickelte er einen so federnden Schlag, daß die geringe Bewegung ihre Spuren im Orchesterspiel hinterließ. Wir kennen keinen Dirigenten, der mit so wenig so viel zu erreichen vermochte.

Anschaulichkeit, Einfachheit, Sachlichkeit waren für den reifen Strauss die Forderungen, denen er sich stellte. Das Phänomen dieses Dirigenten erschließt sich nur dem, der sich vergegenwärtigt, daß hier ein Musiker, der als schöpferische Potenz alle Vorraussetzungen für die Rolle eines Pultstars besitzt, das Beispiel einer nur dem Werk dienenden Darstellung gibt. Was drohte der »romantische« Dirigent in der ersten Hälfte unseres Jahrhunderts zu werden? Ein Schau-Spieler, wenn man das etwas verschlissene Wort nur recht versteht: einer der schaubar macht, was alle zusammen spielen. In ungefährer Erkenntnis dieses Sachverhalts hat der bis heute nicht ausgestorbene romantische Dirigiertypus das Optische bis zur Virtuosität ausgebildet – das »ekelhafteste Pultvirtuosentum, das seiner lieben Eitelkeit willen keinen Komponistenwillen mehr respektiert« (Strauss an die Eltern). Man begreife, was es für eine Zeit, die vorwiegend das Dekorative als schön empfand, bedeutete: ein Mann fern jeder demonstrativen »Schau«, der mit seinem Gestus nicht vom Werke ablenken, sondern zu ihm hinführen wollte. Darum ist es aber Strauss gegangen, als noch unfertiger Meininger Neuling wie in Berlin als Chef der Philharmoniker (für kurze Zeit), als anerkannter Generalmusikdirektor der Hofoper Unter den Linden, als weltberühmter Gastdirigent zwischen den Musikmetropolen London, Paris, Madrid, Rom und Moskau, in der Alten wie in der Neuen Welt.

Noch immer hat das Weimar Goethes und Liszts einen jungen Künstler entflammt. Bei Strauss kam die inspirierende Begegnung mit Pauline de Ahna dazu. Das bedeutet: der junge idealistische Musiker, Schöpfer von damals schon bewunderten Tondichtungen wie »Don Juan« und »Tod und Verklärung«, mit dem weniger vom Glück begünstigten »Guntram« auf dem Vormarsch zur Musikdramatik, stand nun auch als jugendlich-impulsiver Dirigent auf der Tagesordnung des deutschen Musiklebens. Man konnte ihn nicht mehr übersehen: schon 1890 wurde er von den Berliner Philharmonikern eingeladen, seinen »Don Juan« in einem populären Konzert zu dirigieren. Vier Jahre darauf sehen wir ihn gemeinsam mit Pauline, die unter seinen Augen und unter seiner künstlerischen Mitwirkung zur Wagnersängerin heranwächst, als Dirigent des Bayreuther »Tannhäuser«. Wenige Jahre später richtet er den Blick auf die von ihm meisterlich geleiteten Münchner Mozart-Zyklen. Ein süddeutscher Musiker, als Kgl. Preußischer Kapellmeister längst Bürger Berlins, noch von Bülow wärmstens als vorübergehender Leiter der Philharmonischen Konzerte empfohlen, hat als Komponist und Dirigent in Personalunion einen Lebenshöhepunkt erklommen.

Gewohnheits- und Gastdirigent in einem Maße, wie wohl kein zweiter vor ihm, verkörpert der ältere Strauss den Typ des weltgewandten Grandseigneurs am Pult. In der Tat steckt viel Unruhe in diesem Musikerleben, das zwischen Probesaal, Konzertpodium, Oper, Komponistenstube und (nicht zu vergessen) Familie und Skatrunde unaufhörlich wechselt. Ganz sicher: im ersten Berliner Jahrzehnt, zu Beginn des neuen Jahrhunderts, verlegte sich Strauss' Dirigiertätigkeit auf die Oper. Was gehörte nicht alles zu seinem Pensum. Gleich in den ersten Monaten einundsiebzig Vorstellungen von fünfundzwanzig verschiedenen Werken – Mozart und Wagner in jeder Menge, »Robert der Teufel«, »Wildschütz« und »Fledermaus«. Nur gegen wenige Werke, zum Beispiel »Cavalleria rusticana« oder »Mignon«, hatte er eine Aversion; nur Novitäten wie »Mudarra« von le Borne (»Der Schund soll dem wohlverdienten Begräbnis anheimfallen«) konnte er sich nicht aussuchen. Dieser Hofkapellmeister zeigte sich gleichermaßen im Repertoire umgänglich wie er im Umgang mit dem künstlerischen Apparat, mit Solisten und Chor, entschieden auftrat.

Es lohnt sich schon, einen Blick auf einen Werktag des Vielbeschäftigten zu werfen. Die Arbeit scheint Medizin für ihn zu sein. Direkt von einem auswärtigen Gastspiel, vom Bahnhof kommend, stürzt er sich am frühen Vormittag in eine Orchesterprobe. Es macht ihm sogar Spaß, an ein- und demselben Tag vormittags in der Lindenoper zu probieren, nach Tisch Schallplatten aufzunehmen und abends den »Tristan« zu dirigieren. Ob es stimmt, daß er am gleichen Tag noch einige Partiturseiten instrumentiert hat? Warum eigentlich nicht? Dieser Mann verfügte über unerschöpfliche Kraftreserven. Von 1899 bis 1909 stand Strauss genau siebenhundertmal am Pult der Lindenoper. Daß der Musikchef seiner Renommieroper ausgerechnet Bajuware war, störte Wilhelm II. offenbar am wenigsten Es kam zu einem respektvoll-leutseligen Verhältnis zwischen beiden (»Det ist keene Musik für mich!«), an dem Romain Rolland sein Vergnügen hatte. Man schrieb für S.M. Präsentiermärsche und hatte doch wenigstens seinen guten Willen gezeigt.

Der Komponist einer solchen »Scheußlichkeit« wie »Salome« schien sich tatsächlich in der Hauptstadt wohl zu fühlen. Ja, was ihm die Vaterstadt mit ihren vielen Konventionen, Bürgerclique und »ödem Biersumpf« vorenthielt, schenkte ihm Berlin in reichem Maße: gesellschaftliche Großzügigkeit und erregenden Weltstadtgeist. Berlin bedeutete damals Strauss (wie Willi Schuh am Ende seiner Biographie resümiert) »lebendig pulsierende Gegenwart und verheißungsvolle Zukunft«, nachdem sich sein impulsives Temperament »gegen wirkliche und vermeintliche Indolenz, Engstirnigkeit und Engherzigkeit nicht durchzusetzen vermochte«. Endlich lag München, wo Strauss zuletzt vier Jahre ausgeharrt hatte, hinter ihm. Aufatmend verließ er die Stadt, wo er weder als Komponist noch als Dirigent jenes Maß von Anerkennung fand, das er nach Herkunft und Können erwarten durfte.

Die Statistik weist aus: Strauss hat seit Kindheit und Jugend in keiner Stadt so lang wie in Berlin gewohnt. (Die Wiener Aufenthalte lassen sich wegen ihrer vielen kurzen Episoden nicht genau fixieren.) Mögen die Münchner dies Berlin-Bekenntnis ihres großen Sohnes auch nur schwer verkraften: es ist kaum daran zu rütteln. Erst im hohen Alter hat Strauss die Ergebnisse der Opernära Krauss-Hartmann mit Befriedigung registriert. Noch der Mittfünfziger fühlte sich durchaus als Berliner. Hier gewann er den Blick für eine umfassende Kultur der Hauptstadt Deutschlands, hier konnte er Kontakte knüpfen. »Ich hatte niemals Grund, diese Beziehung zu Berlin zu bereuen; habe eigentlich nur Freude erlebt, viel Sympathie und Gastlichkeit gefunden«, faßte Strauss in seinen Erinnerungen die mit Unterbrechungen bis 1919 dauernde Berliner Zeit zusammen.

Berlin Winter 1883/84. Ein geheimer Herzenswunsch wurde dem Neunzehnjährigen vom Vater erfüllt: er »spendierte« dem so hoffnungsvollen Sohn nach einem Dresden-Besuch einen »Winter Berlin«. In fragmentarischen Erinnerungen an diese vier Monate, die den Jüngling in der Lebhaftigkeit und Ungezwungenheit seines Temperamentes tief beeindruckten, erzählt später Strauss weniger von musikalischen Eindrücken als von seinem freundschaftlichen Verkehr mit Literaten, Musikern, bildenden Künstlern und ihren Familien. Am 21. Dezember 1883 traf Richard in Berlin ein, übernachtete im Hotel Fischerdieck und bezog dann in günstiger Lage ein Zimmer in der Leipziger Straße 96. Die Leichtigkeit, mit der dem jungen Mann aus Münchner Musikerhause die Türen zu den Berliner kulturellen Kreisen geöffnet wurden, wie er den Ritus der sonntäglichen Besuche bewältigte und überhaupt überall darauf bedacht war, einen »guten Eindruck« zu machen, war sicherlich Frucht der guten Erziehung.

Strauss nennt den Bildhauer Reinhold Begas, in dessen Haus er »angenehm verkehrte« und dessen Frau er »viele angenehme Plauderstunden« verdankte. Er erwähnt die Maler Anton von Werner, Carl Becker, Emil Teschendorff und Ludwig Knaus. Bei Werner spielt er auch Streichquartett und lernt den alten Menzel kennen. (»Die alte Kratzbürste hat aber den 19jährigen nicht angesprochen.«) Kann man zweifeln, daß der kräftige Kolorismus der Berliner Malerschule damals den jungen, für alles Optische empfänglichen Musiker stark beeinflußte? Das Formal-Schöne verband sich von nun an mit dem Farbigen. Freundlich aufgenommen wurde Strauss auch bei den Musikern Philipp und Xaver Scharwenka, Carl Klindworth und Heinrich Hofmann. Von größter Bedeutung war sicherlich auch die Bekanntschaft von Hans von Bülow, dem baldigen Lehrer und Mentor. »Er war sehr liebenswürdig, sehr gut aufgelegt und sehr witzig und bestellte mich für Mittwoch in die Probe, um mir eigens meine Serenade vorzuspielen. Er lobte sie ganz außerordentlich und forderte danach alle Musiker auf, mich zu applaudieren, wobei er selbst mithalf… Abends saß er während der Aufführung, die Mannstädt dirigierte, unter dem Publikum.« Strauss hat später diese Förderung fast überschwenglich anerkannt. Welches »Vorbild aller leuchtenden Tugenden des reproduzierenden Künstlers!« Welcher Einfluß auf seine künstlerische Entwicklung! Das »einschneidendste Moment« seiner Laufbahn! Zwar kam es in dieser Berliner Frühzeit noch nicht zu Begegnungen mit Schriftstellern wie Mackay, Dehmel oder Henckell, deren Lyrik ihn später fesselte. Aber mit Richard Voß, Julius Rodenberg, Rudolf Lindau und besonders mit Friedrich Spielhagen, dem Romancier Berliner Couleur, trat er in Beziehung. In die Jüngste der Spielhagen-Töchter, das »schönste, pikanteste und klügste Mädchen, das ich seit langem gesehen«, hätte er sich »fast verliebt«.

Gehören die spontan hingeworfenen Eltern-Briefe dieser Berliner Wintermonate nicht mit zum Hübschesten des fleißigen Briefschreibers! »Infolge der riesigen Berliner Gastfreundschaft fast alle Abende eingeladen… wenn dies nicht der Fall ist, eile ich in Concert und Theater, etwas arbeiten muß der Mensch doch, und so vergehen hier Tage und Wochen im Fluge. Hier in Berlin gefällt es mir sehr gut, die Stadt ist sehr schön, hat einen riesigen Verkehr und bietet Vergnügen. In Concerten habe ich schon vieles Neue und Schöne gehört, an berühmten Künstlern obenan Joachim den König aller Geiger, Brahms, d'Albert…« Damals betrat der junge Musiker zum erstenmal das Heiligtum der Philharmonie in der Bernburger Straße, den aus einer Rollschuhbahn hervorgegangenen idealen Konzertsaal. Das verhältnismäßig kleine Podium befand sich noch an der Breitseite des schlanken Saals, als die Meininger ihm seine Bläserserenade vorspielten. In mehreren Wüllner-Konzerten hört er Brahms' Dritte und gesteht, daß sie ihm jedesmal besser gefallen habe, ja, daß er fast begeistert sei. Sicher hat der junge Strauss auch das Philharmonische Orchester bewundert, wenngleich er einmal Holzbläser und Hörner »miserabel« findet. Bülow erlebte er vorwiegend bei Proben und sprach von ihm mit Hochachtung. Auch das Theater zog den jungen Musenfreund an. Botho von Hülsen stellte ihm für die Aufführungen der Lindenoper und des Kgl. Schauspiels Freikarten zur Verfügung. Hier kritische Äußerungen über die Oper, die ihm vor allem bei einer »Zauberflöte« nicht auf der Höhe ihres Rufes schien, da unverhohlenes Entzücken über das Drama »Fedora« von Sardou, den er für den »größten Dramatiker (nicht dramatischen Dichter) seit Shakespeare« hält. Nur »Macbeth« und »Othello« hinterließen in ihm ähnliche Eindrücke.

Wir sehen den jungen Richard fleißig Galerien und Ausstellungen besuchen; es ist nach Dresden die zweite von Strauss' unendlich vielen Galerievisiten. In der Nationalgalerie wundert er sich, aufmerksamer Beobachter der von Preußengeist und Intellektualismus geprägten »Reichshauptstadt«, über die vielen Schlachtbilder. Dem alten Kaiser Wilhelm begegnet er noch auf einem Subskriptionsball des Opernhauses, dessen Besuch ihm auf seine Bitte die Eltern ermöglichten. »Das Gesellschaftsleben ist großartig. Davon hat man bei uns keine Idee.« In den letzten März-Tagen 1884, kurz nach Aufführungen der Konzertouvertüre und der Cellosonate, kehrte Strauss nach München zurück. Wie weit sich die Fülle von Berlin-Eindrücken in seinem kommenden Wirken und Schaffen niedergeschlagen hat, ist schwer auszumachen. Daß dies der Fall ist, dürfte klar sein. Den ersten Schritten auf Berliner Boden konnten zehn Jahre später weitere folgen.

Wer sich mit dem Dirigenten Strauss, seinem geistig-sinnlichen Impuls und seiner Ausstrahlung beschäftigt, sollte nur mit Vorsicht zu Schallplatten greifen. Die hat er in nicht geringer Zahl dirigiert. Aber merkwürdig: sie geben nur ein unvollkommenes, oft glattes Bild seiner hervorragenden Dirigierpotenz. Weniger bei seinen Mozart- und Beethoven-Aufnahmen, recht häufig bei den Darstellungen seiner eigenen Werke geht viel von dem Inspirierten, Spirituellen dieses Musizierens verloren. Ganz abgesehen davon, daß Strauss nie ein Perfektionist war und sich zum pausenlosen Live-Durchspielen bekannt. Für die Beurteilung des Dirigenten Strauss in seiner souveränen, erst langsam erkannten geschichtlichen Bedeutung ist das lebendige Hörerlebnis unentbehrlich. Aber: geht das suggestive Moment der dominierenden Persönlichkeit nicht auch bei anderen Dirigenten jüngster Vergangenheit und Gegenwart verloren, wenn wir ihre Plattenaufzeichnungen wachen Sinnes hören? Ist die Wirkung pro natura nicht doch stärker? Ein weites Feld. Es besteht hier die Gefahr, auf die Joachim Kaiser in anderem Zusammenhang hinwies: Platten können anstelle der Sache selber treten.

Wie auch immer: an Mißverständnissen, dem Dirigenten Strauss gegenüber, hat es nie gefehlt. Schien dem einen der komponierende Dirigententyp verdächtig, weil er meint: der Mann ist doch mit den Gedanken bei seinen Werken, so stoßen sich die anderen an dem, was sie Sachlichkeit, Nüchternheit, Unbeteiligtheit, ja, Routine seiner Einstellung zu den Werken nennen. Dabei ist seine Auffassung, den Begriff des Elementar-Schöpferischen zurückzudrängen, das scheinbar komplizierte Wesen einer Partitur zu vereinfachen, es in den naiven Ausdruck von Musizierfreudigkeit zu verwandeln, jenen romantischen Interpretationen entgegengerichtet, die, meist in virtuoser Aufbereitung, heute noch Konzertsaal und Oper beherrschen. Längst weiß man: Strauss' Mozart- und Beethoven-Interpretationen haben in ihrer geistigen Differenzierung und strukturellen Klarheit viel von dem vorweggenommen, worum sich heute eine junge Generation (wenn auch an anderem Objekt) bemüht. »Am besten wird musiziert, wenn man so ruhig vor sich hindirigiert«, pflegte der reife Strauss zu sagen. Mögen die Anekdoten vom Operndirigenten Strauss stimmen, der, im Dresdner Hotel Bellevue beim zünftigen Nachmittags-Skat festgehalten, nicht allzuviel Lust auf eine nicht eben glänzend besetzte »Salome« verspürte. Eine amüsante Story weiß zu berichten, daß der mit zehn Minuten Verspätung am Pult eintreffende prominente Gast dem Konzertmeister zuflüsterte: »Das holen wir wieder auf!« Es handelt sich wirklich nur um Geschichten. Für Strauss sind sie nur insofern typisch, als sie zeigen, wie das Allzumenschliche nahtlos in das Künstlerische übergeht. Von bürgerlicher »Hast« war hier, im Hotelzimmerdasein ausgedehnter Reisen, im Probenbetrieb keine Spur. Vom langen Probieren hielt Strauss ohnedies nicht allzu viel. Er verstand es, konzentriert zu arbeiten, freilich nimmt man alles, Oper, Konzert, Komposition zusammen, oft von früh 9 Uhr bis vor Mitternacht. Aber er wußte sich zu entspannen. Diese innere Ruhe war ihm auch am Pulte eigen.

Als Dirigent kam Strauss aus der Schule Bülows, also aus der verstandesbetonten, analysierenden Richtung der Interpretation. Von Bülow übernahm er das Ideal der Klarheit, des durchdachten Aufbaus und des geschliffenen, disziplinierten Ausdrucks. »Da war nirgends ein Zug von Willkür, alles zwingende Notwendigkeit, aus Form und Inhalt des Werkes selbst heraus.« Was Strauss über den Lehrmeister schrieb, traf genau auf den eigenen Dirigierstil zu. Strauss neigte, je älter er wurde, im Gegensatz zu Nikisch und dessen Schule, in vielem seinem »Leibdirigenten« Schuch verwandt, dem Apollinischen, der funkelnden Klarheit, dem gebändigten Temperament und dem Primat der Form zu. Der dionysische Klangzauberer, den viele von ihm erwarteten, war er nicht. Auch in seinen Tondichtungen, vom Klang der Jahrhundertwende geformt, fällt auf, wie er die klassische Form gegenüber dem Mutwilligen und Dekorativen in Stücken wie »Don Juan«, »Tod und Verklärung« oder »Don Quixote« betonte. Extrem formuliert: es gab in diesem Bereich des ungemein gelösten, des schönen und kaum je »dick« auftrumpfenden Klanges durchaus eine gewisse Zurücknahme des vorgegebenen spätromantischen Gestus. Während ihm »Ein Heldenleben« in seiner späteren Musizierpraxis merklich entglitt, bevorzugte der Sechziger die auf eine enge Beziehung von Leben und Schaffen verweisenden Werke wie »Sinfonia domestica« und »Alpensinfonie«.

Strauss musizierte mit Liebe seine Partituren; der Vorwurf einer gelegentlichen »Gleichgültigkeit« trifft ihn nicht. In den Opern kam noch ein untrügliches Gefühl für das richtige Verhältnis zwischen Singstimme und Orchester hinzu, die Fähigkeit, komplizierte Musikpsychologie aufzulichten und auf die schlichten Tatsachen des gesungenen und musizierten Theaters zurückzuführen – jener hellwache Sinn einer klanglich pointierten, nie wattigen, spirituell bewegten Darstellung. Auch hier gab es Lieblingskinder, »Ariadne auf Naxos«, »Frau ohne Schatten« vor allem. Am »Rosenkavalier« hatte er im fortschreitenden Leben keine rechte »Freud« mehr; er wich ihm aus.

Beethoven und Wagner sind für Strauss ein Glaubensbekenntnis; Mozart liebt er mit heißem Herzen. Für Strauss ist Mozart natürliches Musikantentum in der Erfüllung. Nichts liegt ihm ferner, als ihm jenen tragischen Beiklang zu geben, den Mahler in Mozart aufsuchte und ausdrückte. Auch eine vom Ethos beschwerte Auslegung ist ihm fremd; selbst beim

»Don Giovanni« – das Stück bleibt unter seinen Händen das dramma giocoso. Dennoch beruht sein weltweiter Ruf als Dirigent auf seiner Mozart-Interpretation. Mit den von allen stilfremden Zutaten gereinigten, bestechend klaren, die zarten und dramatischen Melodielinien mit sicherem Instinkt für rasche, kaum modifizierte Tempi nachvollziehenden Aufführungen des »Figaro«, vor allem mit der quasi von ihm erst ins volle Bewußtsein der Opernfreunde gerückten »Così fan tutte«, schuf er Beispiele. Strauss kann geradezu als Wiederentdecker der »Così« gelten, die er heiß geliebt hat. Sonderbar: der Meister der Orchesterstürme der »Elektra«, der »Heldenleben«-Schlachtbilder und des »Domestica«-Familienstreites besaß wie kaum ein zweiter das feine Gefühl und empfindliche Ohr für die Eigenart der Mozartschen Werke. Das Genie wußte intuitiv Mozarts geheimstes Wesen in Melodie und Klang zu erwecken. Nichts übersinnlich, metaphysisch Verstelltes war hier als störend zu empfinden. Aber auch nichts von der Spiegelglätte eines verkannten Rokoko trat in Erscheinung. Und Strauss faszinierte, bei einer Mozart-Oper am Pult, in der Begleitung der Secco-Rezitative, die man nie vorher so subjektiv und doch mozartisch echt gehört hatte.

Die gleichen Vorzüge eines ungemein lebensvoll und natürlichen, vom Intellekt überwachten Mozart werden bei den Symphonien deutlich, von denen er die späten Meisterwerke bevorzugte. Diese Darstellungen, allen voran die sogenannte »Jupitersinfonie«, haben sich bei jedem Hörer tief eingeprägt. Sie waren con anima und con spirito Sternstunden. Obwohl sich Strauss in seinen »Dirigentenerfahrungen« über die allzu raschen Tempi der Allegri mokierte (die »Figaro«-Ouvertüre, die beiden großen Finales »Così fan tutte« 1. Akt, »Figaro« 2. Akt werden fast immer überhetzt), ging es bei ihm meist geschwind zu. Adolf Weissmann hat darauf hingewiesen, daß die Beschleunigung dieser Opernfinales und fast aller Schlußsätze der Symphonien auf das »innere Tempo des Menschen Strauss« zurückzuführen ist. Diese Neigung hat bei dem reifen und schließlich betagten Meister nur noch zugenommen. Aufschlußreich für Strauss' genaue Vorstellung eines von österreichischer Lebensfreude bestimmten klangkonzisen, auf den Punkt genauen Mozart der Satz: »Bei Mozart und seinem symphonischen Opernorchester müssen die ersten Violinen immer ›führen‹ und dürfen niemals in dieses ausdruckslose ›Begleitpiano‹ verfallen, das bei Mozart meist mit ›Diskretion des Orchesters‹ verwechselt wird.« Die Einfachheit seiner Natur zielte auf Mozart.

Was Wagner anbetrifft, so hat sich der Dirigent Strauss nie von ihm innerlich zu lösen vermocht. »Wagnerianer« war er, durch und durch auf den Meister und sein Bayreuther Werk verschworen. Schon früh finden wir Strauss gemeinsam mit sei-

ner Verlobten Pauline de Ahna auf dem »Grünen Hügel« als Leiter des »Tannhäuser«. Den »Tristan«, der ihn tief bewegte, hat er in Weimar, München, Berlin, Wien und Dresden dirigiert. Den »Parsifal« führte er 1933/34 in Bayreuth auf. Vor allem, was über die Interpretation des Bühnenweihfestspiels überliefert ist, scheint für Strauss charakteristisch und für die Praxis beherzigenswert. Er spricht von einer »sixtinischen Objektivität« für die liturgischen Teile der Partitur, wendet sich gegen »sentimentale Dehnungen« beim ersten Thema des Vorspiels. (Noch 1892 hatte er freilich gegenüber Ritter geklagt: »Wenn ich nur wüßte, wie ich das ›objektive‹ Dirigieren anfangen sollte!«) Als Ideal schwebt ihm eine Verbindung von geistig-seelischer Differenzierung und klanglicher Vereinfachung vor. Solche Worte überraschen und rücken das Werk-Bild des Komponisten, und zwar nicht nur im exponierten Falle »Parsifal«, in die Nähe einer höchst aktuellen, mit dem Namen Boulez verknüpften Wagner-Deutung. Wer je den »Tristan« unter Strauss hörte, erlebte in wunderbarer Weise, wie das strömende Eros seine schöpferische Natur in inneren Aufruhr versetzte, ohne daß er sich nur einen Moment in äußerliche Hektik verausgabte. Daß Strauss den Hymnus der Liebe wie vorher nur »Lohengrin« und danach »Parsifal« über alle Wagner-Partituren stellte, sich eigentlich nie ganz mit dem hohen Pathos des »Rings« befreunden konnte, ist bezeichnend für sein Verhältnis zu Wagner. Es läßt sich mühelos an den Werken ablesen, die er als Dirigent favorisierte.

Muß es nicht verwundern, daß sich Strauss, dem jüngeren Geschlecht der Wagnerianer zugehörend, als Dirigent in diesem Maße zur Klassik Beethovens bekannte? Der Liszt-Nachfolger, Wagnerianer, Spätromantiker? Eine Statistik über die Werke, die er in den Konzerten der Berliner Hofkapelle aufführte, sichert Beethoven eine absolute Vorrangstellung. Es gab in den ersten zwei Jahrzehnten des neuen Jahrhunderts (sieht man von den reinen Strauss-Programmen ab) kaum ein Konzert, bei dem Strauss nicht eine Symphonie, ein konzertantes Werk oder wenigstens eine Ouvertüre Beethovens aufs Programm setzte. Der Kgl. Preußische Kapellmeister und spätere Generalmusikdirektor war in den entscheidenden Jahren seines Lebens Beethovenianer aus Leidenschaft. Er liebte ganze Symphoniezyklen; es geschah, daß er die Ouvertüren aneinanderreihte, was er sich auch für Mozarts vierundzwanzig Klavierkonzerte erträumte, ohne es je verwirklichen zu können. Die Neunte dirigierte er noch einmal zum Beethoven-Gedenken 1927 in Dresden (für den Schreiber eine bewegende Erinnerung) und letztmalig 1936 in München zum 125. Jubiläum der Musikalischen Akademie. Nicht jeder Beethoven war ihm so nahe. Die kraftvolle Fünfte, die poetische Sechste, die dionysische Siebente bildeten seine Welt. Man kann nach den Platten-Relikten greifen; und es stimmt schon, daß Strauss auch hier zu den »Schnellen« gehört. Aber merkwürdig: die raschen Zeitmaße (für die C-Dur-Symphonie beispielsweise nur 29 Minuten und 15 Sekunden statt Weingartners 33 Minuten, für die Neunte bald 7 Minuten weniger als Furtwängler) bedeuten nicht den Charakter seiner Interpretation. Es sind andere Kriterien: ein tiefes Eindringen in das klassische Ingenium dieser großen Musik, weniger Feuergeist als souveränes Walten über Form und Gehalt. Der aus einem hellbewußten Verhältnis zu Beethoven empfindende und gestaltende Dirigent verzichtet auf alles, was dem Notentext nicht immanent ist. Temperament treibt ihn vorwärts, aber nicht über Stock und Stein. Er ebnet sich das Gelände. Rubati und rasche Tempi sprengen nicht die Linie. Ein Musizieren unverlierbarer Gesundheit. »Gelassen die Dämonen meistern«, wie Strauss einmal über den verwandten Schuch sagte.

Nichts ist von Bülows Einfluß in ihm so stark haften geblieben wie dessen Beethoven-Vorbild. In der Tat redigierte der junge Strauss seine Partituren der Beethoven-Symphonien aufs genaueste nach Bülows Interpretationen mit seiner Gegenüberstellung von Haupt- und Seitenthema, seinen unterstreichenden Temporückungen. Der unerbittliche Ernst, die eindringende Genauigkeit, die durch Bülows nervöse Reizbarkeit und gefährdete Lebenskraft gehen, finden in dem jungen, frischen, tatbereiten Strauss ihr Echo. Aus allen Äußerungen Strauss', die sich auf Bülow beziehen, aus den Briefen der Eltern und von Thuilles aus jenen Jahren wie aus den »Erinnerungen«, die ein Vierteljahrhundert später niedergeschrieben wurden, spricht das Gefühl unbegrenzter Verehrung und Dankbarkeit. Er fühlte sich nicht nur als Schüler Bülows; dieses Lehrverhältnis war Grundlage seiner Beziehung zu dessen Beethoven-Ideal, dem er nacheiferte.

Hier ist nicht der Platz, sich mit den individuellen Zügen seiner Darstellung der Werke Haydns, Schuberts, Webers, Schumanns, Brahms' und Bruckners auseinanderzusetzen. Völlig umgangen hat er kaum einen der Meister der Klassik und Romantik. Daß Strauss seinem großen Zeitgenossen Mahler gegenüber Reserve zeigte, ist längst widerlegt. Er war ihm nicht nur freundschaftlich verbunden, sondern hat auch seine Werke, primär die Erste und die von ihm sehr geliebte Vierte, häufig dirigiert. Lange wurde übersehen, daß Strauss in der von ihm geleiteten Philharmonischen Saison 1894/95 drei Sätze der Zweiten in Berlin zur Uraufführung brachte. Eine echte Mahler-Tat! (In dem von Herta Blaukopf herausgegebenen Briefwechsel Strauss und Mahler kann man darüber nachlesen.) Wenigstens auf dem Gebiet der Musikpraxis stimmten beide weitgehend überein. In einem Brief an Guido Adler hat der vier Jahre ältere diese Haltung näher beschrieben: »Ich brauche

Richard Strauss, Frau Pauline,
Sohn Franz und eine Gesell-
schaftsdame in der Garmischer
Strauss-Villa. Die Tantiemen für
»Salome« hatten den Kauf des
Landhauses möglich gemacht.

Hugo von Hofmannsthal und
Richard Strauss 1911.

»Es ist unschön, beim Dirigieren solche Schlangenbewegungen zu machen,« riet Franz Joseph Strauss seinem jungen Sohn Richard. Foto aus Weimar, um 1890.

Porträt von Fritz Erler, um 1905

»Er machte nur sehr kleine
Bewegungen. Aber die Wirkung
war enorm. Er hatte absolute
Kontrolle über das Orchester.«
Otto Klemperer über den reifen
Dirigenten Richard Strauss.

Porträt von Max Liebermann,
1918

»Warum ist er nicht weggegangen? Er war berühmt in der ganzen Welt, und wenn er Deutschland verlassen hätte, hätten die Leute gewußt, daß die Zukunft düster war.« Otto Klemperer

Strauss dirigiert ein KdF-
Konzert in der Deutschland-
Halle

Als Zuhörer bei einem Konzert
der Berliner Philharmoniker
während der Olympischen Spiele
1936. Für die Spiele hatte er
eine Olympische Hymne
geschrieben.

eine praktische Betätigung meiner musikalischen Fähigkeiten unbedingt als Gegengewicht gegen die ungeheuren inneren Ereignisse beim Schaffen.«

Die Pionierarbeit, die der Dirigent Strauss um die Jahrhundertwende in Berlin leistete, ist ein bemerkenswertes Kapitel. Nicht eigentlich zum Orchestererzieher geboren, drängte es ihn nicht nur, gültige Meisterwerke, sondern auch Dokumente seiner Zeit möglichst wirkungsvoll vorzustellen. Da er als Chef der Königlichen Kapelle nur noch gelegentlich am Pult der Philharmonie erscheinen konnte, wich er mit ausgesprochenen Novitätenkonzerten, zunächst sechs in der Saison 1901/02, auf das verstärkte Berliner Tonkünstler-Orchester aus. Hier vor allem setzte er sich mit Talent und Verantwortungsbewußtsein für die Zeitgenossen ein. Daß er seine Macht an der Spitze eines an sich zweitklassigen Klangkörpers weise gebrauchte, wird durch Programme bestätigt, die kaum einen Komponisten der damaligen Moderne ausließen. Als Vorsitzender des Allgemeinen Deutschen Musikvereins hat Strauss bei den alljährlichen Musikfesten nichts unterlassen, den Fortschrittsgedanken in seinem Sinne zu fördern und zu beeinflussen. Besonders hat Strauss für die zu Beginn des Jahrhunderts noch um Anerkennung kämpfenden Musiker wie Schönberg, Pfitzner, Schillings, Hausegger, Reznicek, d'Indy, Elgar, Charpentier und andere viel getan. Was Strauss als Förderer neuer Opern leistete, fällt (sieht man von Humperdincks »Hänsel und Gretel« ab) weniger ins Gewicht, bleibt zeitgebunden. Beinahe hätte es am Ende des ersten Weltkriegs eine aparte Nuance seines Betätigungsdranges gegeben: Strauss als Uraufführungsdirigent des Pfitznerschen »Palestrina«. An der Spitze der Wiener Oper überließ er dann das Neue (»Jenufa«, »Die tote Stadt«, Schreker) doch lieber anderen. Er war wohl schon dem Geist seiner Epoche entwachsen.

Zweiundfünfzigmal hat Richard Strauss am Pult des Berliner Philharmonischen Orchesters gestanden. Das ist im Verhältnis zu der Riesenzahl der Konzerte in hundert Jahren nicht viel. Aber es hat gleichwohl Gewicht. Denn Strauss war eben schon am Ende des 19. Jahrhunderts der erste Musiker Deutschlands, der Mann, der kontinuierlich Orchester und Opernhäuser eroberte, als regelmäßiger Dirigent des repräsentativen Konzertorchesters der Hauptstadt kaum zu entbehren. Grund genug, diesen Künstler, der schon bald als erster Kandidat für die Bülow-Nachfolge galt, in die Phalanx der großen Philharmonie-Dirigenten aufzunehmen. Es ist einer der Glücksfälle seines Lebens: in dieser Zeit des Aufbruchs des großartigen Musik- und Theaterlebens der Reichshauptstadt nach Berlin berufen zu werden. Wie reagierte die anspruchsvolle Musiköffentlichkeit auf die Ernennung eines gerade Dreißigjährigen? Die

80

Übernahme des auf zehn Konzerte geplanten Konzertzyklus des Philharmonischen Orchesters fiel mit der Leitung der Münchner Akademie-Konzerte zusammen, was zweifellos das Vertrauen in die Fähigkeiten des Konzertdirigenten Strauss zu stärken geeignet war. Die Verhandlungen führte, für die Berliner Konzerte verantwortlich, die Konzertdirektion Hermann Wolff. Allerdings endete dieser eine Konzertwinter 1894/95 für Strauss mit einer Enttäuschung. Wolff hielt seine Zusage an den Münchner Debütanten, ihm die Leitung der Konzerte für zwei Jahre anzuvertrauen, nicht ein. Gekränkt suchte er in zwei Briefen gegen diese Änderung der ursprünglichen (von Wolff in einem Telegramm bestätigten) Abmachung zu protestieren. Vergeblich: Wolff hatte, wohl bestärkt durch einige weniger freundliche Pressestimmen, die Leitung im Mai 1895 dem mit Budapester Lorbeer ausgezeichneten, schon damals mit beschwörenden Gesten begabten Arthur Nikisch übertragen. Später zog Strauss das Fazit der vielleicht bedeutendsten Episode seines Lebens: er habe sich »zwar frühreif, aber auch als Dirigent spät fertig, nach dem Großen [Bülow] nicht behaupten« können. Wolffs Wahl galt »dem prächtigen Nikisch«. Eine ähnliche Ernüchterung erwartete Strauss an Münchens Musikalischer Akademie. Hier wurde er nach zwei Jahren von Max Erdmannsdörfer abgelöst.

Zunächst lernten die Berliner Anfang 1888 den dreiundzwanzigjährigen Münchner Hofopern-Kapellmeister und ein Jahr später den Weimarer Großherzoglich-sächsischen Kapellmeister als Gastdirigent eigener Werke kennen. »Aus Italien«, »Don Juan« und »Wandrers Sturmlied« führten den jungen Münchner Komponisten in Berlin ein und brachten die ersten Begegnungen des talentierten jungen Mannes mit dem Orchester, das er seit seinem frühen Berlin-Besuch als höchste Erfüllung seiner Dirigententräume ansah. Vor allem das Populäre Konzert am 4. Februar 1890 mit dem feurigen »Don Juan« hinterließ eine Spur in Berlins lebhaftem Musikleben. In zwei Konzerten 1891 und 1892 folgten auf Bülows Einladung, gleichfalls als lokale Erstaufführungen, »Tod und Verklärung« und »Macbeth«. Strauss plaudert darüber in seinen Bülow-Erinnerungen: »Ich hatte das Stück selbst lange nicht mehr gesehen… auch vor der Probe mich nicht mit der Partitur beschäftigt, so daß ich den braven Philharmonikern das Schauspiel eines fast in den Noten klebenden Componisten bot. Das ärgerte den gewissenhaften Bülow, und machte mir nachher die größten Vorwürfe. ›Die Partitur im Kopf und nicht den Kopf in der Partitur, so gehört sich's (meinen Einwand abschneidend) auch wenn man die Sache selbst componiert hat‹«.

Ein Konzert in der Philharmonischen Reihe übernahm Strauss zum ersten Mal am 29. Januar 1894; es wurde mit »Don Juan«, der sich fortan neben dem »Till Eulenspiegel« besonde-

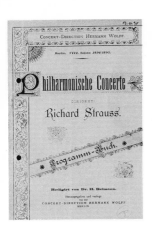

rer Beliebtheit erfreute, eröffnet. Des weiteren brachte dieser Abend neben Liszts Es-Dur-Klavierkonzert und Beethovens Sechster eine »Dramatische Orchesterphantasie« von Theodor Berger, die erste von Strauss in Berlin vorgestellte Neuheit. Ein Mammutprogramm, wie es damals noch gefragt war, dann das Konzert vom 19. März 1894: nach Liszts »Les Préludes« und Schumanns Klavierkonzert Beethovens Neunte. Es war das erste und letzte Mal, daß Strauss das Werk mit den Philharmonikern dirigierte. (Wir entnehmen diese und andere Angaben der Dokumentation von Peter Muck zur Philharmoniker-Hundertjahrfeier, die der Autor freundlichst zur Verfügung stellte.) Der junge, verheißungsvolle Musiker, ganz Sturm und Drang, jeder Zoll ein Künstler seiner Zeit, hatte seine Visitenkarte abgegeben.

Die Programme der zehn Philharmonischen Konzerte 1894/95 unter Leitung von Strauss sind typisch für den Potpourri-Charakter, der damals noch gegenüber einem strengen Stilprogramm bevorzugt wurde. Den Publikumsgeschmack störte das krasse Nebeneinander von Wagners »Tristan«-Vorspiel und Paganinis Violinkonzert, von Mahler-Symphonie und Chopin-Nocturne keineswegs. Die seriösen Konzerte durch Solovorträge, Lieder oder auch Violin- und Klaviersoli aufzulockern, entsprach dem Zeitgeschmack. Die Orchestermusiker konnten nach der Pause draußen bleiben; allein dem Solisten und seinem Klavierbegleiter gehörte das Podium. Auch Strauss fügte sich dem Reglement. (Einmal war er in dieser Programmgruppe mit einem eigenen Werk vertreten: dem beliebten »Ständchen«.) Das Eröffnungskonzert mit Wagners »Faust«-Ouvertüre zu beginnen, dürfte kein Zufall gewesen sein, sondern Bekenntnis. Doch auch die übrige Werkfolge besaß Strauss'schen Zuschnitt: Brahms' Violinkonzert, das Vorspiel zum zweiten Akt der damals noch nicht aufgeführten »Ingwelde« von Freund Max Schillings, Liszts »Mephisto«-Walzer und zum Schluß, wie auch wenige Wochen später beim Münchner Eröffnungskonzert, Beethovens Siebente. Wie konnte es anders sein: der Primat des Symphonikers Beethoven war vom ersten Tag an gewahrt. Die zweite, dritte und fünfte Symphonie standen auf dem Programm der folgenden Konzerte, dazu etliche seiner Ouvertüren. Man könnte darüber nachdenken, ob in diesen zehn Konzertprogrammen zwischen Werken wahrhaft »großer« Musiker (die Symphonien Mozarts, Schuberts und Schumanns völlig ausgespart) und solchen der Liszt-Wagner-Nachfolge die Proportionen stimmen. Die Bevorzugung Liszts ist ebenso evident wie die Wahl von Werken Saint-Saëns', Bruchs oder Ritters. (Johann Strauß' »Perpetuum mobile«, als »musikalischer Scherz« angekündigt, in den Philharmonischen Konzerten aufzuführen, war wohl ein Wagnis. Strauss hatte das liebenswürdige Stück bei der Kur in Reichenhall gehört und Gefallen daran gefunden; schon in Meiningen hatte er sich von Bülow Walzer vorspielen lassen.) Unter den Novitäten war das hervorstechende Ereignis die Uraufführung der ersten drei Sätze von Mahlers Zweiter. (Der Kritiker Otto Leßmann entrüstete sich mit dem Satz: »Den Altar, den Bülow geweiht hat, haben nunmehr Pygmäen besudelt.«) Des weiteren: Smetanas »Sárka«, Gernsheims Violinkonzert, Tschaikowskys Suite Nr. 3, Widors A-Dur-Symphonie, d'Alberts Vorspiel zur Oper »Der Rubin« und Glasunows Tondichtung »Der Frühling«. Im fünften Konzert setzte sich Strauss für das Klavierkonzert des erst dreiundzwanzigjährigen Schweden Stenhammar ein. Bülows und Ritters gedachte er in persona durch Aufführungen der in Berlin bereits bekannten Orchesterphantasien »Nirwana« und »Olafs Hochzeitsreigen«. Nur dem eigenen Schaffen gegenüber zeigte sich der neue Philharmonie-Chef betont zurückhaltend. Es blieb bei vier Fragmenten seines Schmerzenskindes »Guntram« unter Mitwirkung des Weimarer Heldentenors Heinrich Zeller zum Abschluß der Reihe.

Gewiß ist der Verzicht auf die neugewonnene Berliner Position Strauss nicht leicht gefallen - in größerem musikgeschichtlichen Zusammenhang bildete sie aber nur Auftakt zu seinen kommenden Berliner Funktionen. Die Philharmoniker konnten und wollten auch in Zukunft nicht auf den berühmten Mann verzichten. In den folgenden Jahren bis 1900 dirigierte Strauss das Orchester in vier Konzerten der Wagner-Vereine Berlin und Potsdam: repräsentative Abende mit Werken Wagners, Berlioz', Liszts. Vorspiel und Schluß des damals nur in Bayreuth gespielten »Parsifal« führte Strauss an zwei Abenden um die Jahrhundertwende wenigstens im Konzertsaal vor. Ritter, Schillings, Sommer, Hausegger und Othegraven waren mit neuen Werken vertreten. Zum ersten Mal konzertierte Strauss gemeinsam mit Frau Pauline in Berlin: begeistert aufgenommen »Hymne« und »Pilgers Morgenlied« aus den Orchestergesängen op. 33, später auch Klavierlieder mit der merkwürdigen Gegenüberstellung von Wagners »Träumen« und dem eigenen »Traum durch die Dämmerung«. »Also sprach Zarathustra« und »Don Quixote«, von Strauss dirigiert, waren damals für Berlin schon nicht mehr neu.

Die seltene Gelegenheit, zwei so konträre Musikerpersönlichkeiten wie Hans Pfitzner und Strauss an einem Abend am Pult der Philharmoniker zu erleben, brachte ein Konzert des Vereins zur Förderung der Kunst am 19. April 1900. Pfitzner stellte Ausschnitte seiner Oper »Rose vom Liebesgarten« vor, Strauss »Tod und Verklärung« und »Ein Heldenleben«, was wohl kaum zu einem inneren Einverständnis geführt haben dürfte. Auch späterhin, vor allem im Ersten Weltkrieg, hat Strauss mehrere Konzerte mit einem bestimmten gesellschaftlichen Auftrag – zum Besten der Kriegsflüchtlinge aus

Belgien, zugunsten des österreichischen Militär- und Waisen-
fonds und der Deutschen Nationalstiftung, für die Kriegsfür-
sorge – übernommen, bunt gemischt aus Wagnerschem Kaiser-
marsch und Strauss'schem Königsmarsch, aus »Heldenleben«,
dem damals noch neuen »Festlichen Präludium«, »Zerbinetta-
Arie« aus »Ariadne« und Frühlingsstimmenwalzer von Johann
Strauß. Berühmte Sängernamen wie Eva von der Osten, Barbara Kemp und Selma Kurz verliehen den Konzerten »zu
Haus« und in anderen Berliner Sälen vokalen Glanz. Ein reiner
Strauss-Abend unter Beteiligung des Kgl. Opernchores am
2. Dezember 1913 verdient Erwähnung, weil hier die Deutsche
Motette unter Hugo Rüdels Leitung ihre Uraufführung erlebte;
Strauss steuerte »Tod und Verklärung« bei. Überhaupt präsen-
tierte sich der große Komponist, vielleicht ein wenig schon des
gewohnheitsmäßigen Nachschaffens müde, von nun an vorwiegend als Interpret eigener Werke.

Ein Richard- und Johann-Strauß-Abend begann mit den
zwei Militärmärschen op. 57 und endete mit »An der schönen
blauen Donau«, »Perpetuum mobile« und Radetzky-Marsch.
In einem Konzert der Freien Volksbühne präsentierte Strauss
seine »Alpensinfonie«, die er vier Jahre früher am gleichen Ort
mit der Dresdener Hofkapelle uraufgeführt hatte. Man könnte
sich darüber wundern, wie verhältnismäßig häufig in diesen
Jahren die frühgeniale Klavier-Burleske (von der sich Strauss
später merklich distanzierte) in den Strauss-Programmen ihren
Platz fand. Pianisten und vor allem Pianistinnen stürzten sich
damals auf das brillante Stück, des Meisters letzten Gruß an
Brahms. Hatte er sich am 13. Dezember 1904 mit Nikisch in die
Leitung eines Philharmonischen Konzertes geteilt (dem erste-
ren fielen Orchesterlieder mit Frau Pauline und die Erstaufführung der »Sinfonia domestica« zu), sprang er am 10. November
1919 in einem Konzert mit Werken von Haydn, Mozart, Beethoven und Strauss in die Bresche.

Krieg, Revolutionszeit, dann die Weimarer Republik im
Strudel von Wirtschaftskrise und Inflation. Wir schreiben 1921.
Strauss als vielbeschäftigter Wiener Operndirektor, auf Reisen
in Südamerika, nur selten in Berlin, an die nunmehrige Staatsoper Unter den Linden durch einen losen Gastvertrag gebunden. Aber noch einmal musizierte er mit den Philharmonikern
am 19. September 1921 seinen geliebten Mozart, eine Symphonie und ein Klavierkonzert; in einem Konzert am 20. März
1933, für den von den Nazis verjagten Bruno Walter einsprin-
gend, die g-Moll-Symphonie.

Wie ging es weiter? Das Nazi-Regime zeigte seine Zähne,
die Sorgen nahmen zu. Zur Eröffnung der Reichskulturkam-
mer entledigte man sich seiner Pflichten mit dem »Festlichen
Präludium«, von dem ein Kritiker meinte, es passe bei jeder
Gelegenheit. Der Mann, der nie seine Abneigung gegen den

Karikatur
auf Richard Strauss und
Hugo von Hofmannsthal

Sport verleugnete, eröffnete die Olympischen Spiele 1936 mit der Uraufführung seiner »Olympischen Hymne«, die Philharmoniker im weiten Oval des Olympia-Stadions. Dann ist es schon fast genug. Nach einem populären KdF-Konzert Ende des Jahres mit Wagner und Strauss folgte der Schlußstein eines Philharmonischen Konzerts am 16. und 17. April 1939, wenige Wochen vor dem 75. Geburtstag. Mag sein, daß es Zufall war: Das Programm vereinte mit »Don Juan«, »Burleske« mit Alfred Hoehn und »Sinfonia domestica« noch einmal drei eigene Werke, denen er sich vornehmlich als Dirigent der Philharmoniker gewidmet hatte; der große alte Mann nun auch am Pult als Inbegriff von Gelassenheit, Selbstverständlichkeit und Serenitas.

Reisen? Lange mußte sich der junge Strauss darauf beschränken, als Gast andere Orchester zu dirigieren. Auch in Meiningen und Weimar war zu auswärtigen Konzerten mit dem angestammten Klangkörper keine Gelegenheit. Anders nun in Berlin. Als im April 1895 die Philharmoniker drei Tage nach Wien fuhren, übertrug man Strauss (neben den anderen Gastdirigenten Mottl und Weingartner) eines der Konzerte. Sein Programm entsprach wohl seinen Wünschen: »Meistersinger«-Vorspiel, »Mephisto«-Walzer, Beethovens Siebente und Griegs Klavierkonzert mit Teresa Careño. Gewiß, gegen die Konkurrenz aufzukommen war nicht leicht. Ehe es 1908 zur großen Frühjahrsreise mit dem Orchester kam, dirigierte Strauss schon 1897 und 1907 noch Konzerte in Hamburg und Scheveningen. Die sich über die Zeit vom 23. April bis zum 29. Mai erstreckende große Tournee nach Spanien, Portugal, Frankreich, in die Schweiz und nach Westdeutschland forderte mit dreißig Konzerten alle Kräfte. Hannover und Düsseldorf bildeten den Auftakt; es folgten Paris und Bordeaux; von hier weiter nach Madrid, Lissabon, Bilbao und Barcelona, dann zurück über Marseille, Gent, Lausanne, Bern, Basel nach Südwestdeutschland. Das Abschlußkonzert der Reise fand in Wiesbaden statt. Die zur Wahl gestellten vier Programme boten keine Überraschung, ruhten fest in der Bülowschen Tradition. Zwei Komponisten dominierten: Beethoven und Wagner – wie konnte es anders sein. Strauss selbst war mit »Don Juan«, »Tod und Verklärung« sowie »Till Eulenspiegel« berücksichtigt. Noch einmal übernahm er ein Philharmonie-Konzert außerhalb Berlins, 1918 in Stettin.

Der Musiker, Dirigent, Theatermann Strauss, in einem höheren Grade dem Schöpferischen zugewandt, stärkster Typus des in eigener Sache sprechenden Komponisten, gehört zu jenen Persönlichkeiten, welche die Orchesterkultur der Berliner Philharmoniker entscheidend geprägt haben. Die Verknüpfung von Schöpfer- und Dirigententum erscheint hier vollkommener als bei anderen. Wille und Tatkraft sind in starkem Maße, wenn auch nicht ausschließlich, aufs eigene Werk gerichtet. Sicher aber, daß von schöpferischer Zwiespältigkeit in Nachschaffen und Schaffen nichts zu bemerken ist. Seiner absoluten Gradlinigkeit hat Strauss die großen Erfolge zu danken. Dem Strauss-Oeuvre fällt in der hundertjährigen Geschichte des Philharmonischen Orchesters eine bedeutende Rolle zu. Längst gehört es zu den Paradestücken der Dirigenten. Die Liste der Großen und weniger Großen, die sich am Pult des Orchesters seine Werke vorgenommen haben, ist lang. Siebenunddreißigmal hat schon Nikisch Strauss dirigiert. (Die Orchesterlieder jeweils als ein Werk gezählt.) Furtwängler brachte es auf 63, Karajan bis Ende 1980 auf 59, Böhm auf 45, Walter auf 17, Jochum auf 14, Keilberth und Knappertsbusch auf 12, Blech und Krauss auf 10 Strauss-Wiedergaben. Nur dreimal hat Bülow in seiner Amtszeit Strauss dirigiert. Seit 1882 haben 171 Dirigenten Werke von Strauss aufgeführt. Daß »Don Juan« und »Till Eulenspiegel« mit je 133 Aufführungen an der Spitze liegen, dürfte kaum verwundern; es folgen »Tod und Verklärung« (92), »Heldenleben« (48) und »Burleske« (40). Von den Werken altersweiser Hinterlassenschaft widerfährt neuerdings den »Metamorphosen« (8) und den »Vier letzten Liedern« (4) Gerechtigkeit.

Mittlerweile haben auch Berlins Philharmoniker ihre Strauss-Uraufführungen; es sind (die vom Hofsingechor erstmals dargebotene »Deutsche Motette« ausgenommen) immerhin fünf. Am 30. Dezember 1900 sang Baptist Hoffmann in dem von Strauss geleiteten Konzert der Wagner-Vereine erstmals die großen Orchestergesänge op. 44, am 4. November 1921 Barbara Kemp die drei Hölderlin-Hymnen unter Brecher und am 19. Juni 1942 Viorica Ursuleac Brecher das 1935 für die Sängerin instrumentierte »Bächlein« unter Krauss. Die am 1. August 1936 gesungene »Olympische Hymne« gehört gleichfalls hierher. Bei dem »Panathenäenzug«, dem zweiten der Klavierkonzerte für den einarmigen Pianisten Paul Wittgenstein, weisen Biographien, Lexika und Werkverzeichnisse beharrlich als Uraufführung ein Schalk-Konzert der Wiener Philharmoniker nach. Das stimmt nicht. Die Uraufführung erfolgte zwei Monate früher am 16. Januar 1928 in einem von Bruno Walter dirigierten Philharmonischen Konzert mit Wittgenstein als Solisten. Berlins Strauss-Chronik hat viele Kapitel. Sie endet, was des Meisters Anwesenheit betrifft, im Frühjahr 1939 mit der von Karajan geleiteten »Elektra« in der Lindenoper, die Strauss faszinierte. Welch erregendes Stück Berliner Musikgeschichte schließt das lange Leben des großen Komponisten ein!

Werner Oehlmann
Otto Klemperer

Sucht man eine Formel, die künstlerische Natur des Dirigenten Otto Klemperer kurz und summarisch zu bestimmen, so drängt sich die Bezeichnung »Willensmusiker« auf; sie charakterisiert seine Wesensart im Unterschied zu seinen bedeutenden Berufs- und Zeitgenossen, die stürmisch-enthusiastische Hingabe Wilhelm Furtwänglers, die ruhige Innerlichkeit Bruno Walters, die kühle Intensität und Brillanz Erich Kleibers; sie betrachtet seine Leistung als Ergebnis von Bewußtseinsklarheit und Geistesenergie.Freilich birgt eine solche Formel die Gefahr einer Vereinfachung in sich, die eine reiche, lebendige Persönlichkeit in ein enges Schema zwingen würde; mag sie den Kernpunkt der bezeichneten Existenz treffen, so reicht sie doch nicht aus, deren freie und vielfältige Entfaltung im Verlauf eines langen Lebens zu erfassen.

Otto Klemperer hat länger als sechs Jahrzehnte in der Öffentlichkeit gewirkt. Sein Leben ist durch tiefe Einschnitte, durch Emigration und Krankheit zerrissen; der junge, glühende Anwalt der musikalischen Avantgarde war ein anderer als der reife, strenge Interpret der Klassik, der energische, zielbewußte Gestalter des Berliner Musiklebens um 1930 ein anderer als der reisende, zwischen England, Deutschland und der Schweiz vagierende Gast- und Stardirigent der Spätzeit. Es ist schwer, diese verschiedenen Erscheinungsformen eines künstlerischen Willens auf eine und dieselbe Person zu beziehen. Was sie zusammenhält, ist eben dieser Wille, diese ursprüngliche, unwiderstehlich mitreißende Kraft, die in Otto Klemperer bis an sein Ende ungeschwächt lebendig blieb und die Musiker und Hörer 1925 ebenso bezwang wie 1970. Es war die erstaunliche, über Krankheit und Schwäche triumphierende Vitalität seiner Natur, verbunden mit einer geistigen Energie, die stets die schwierigste Aufgabe suchte und stets das Vollkommene realisierte. Der Anspruch, den er an sich selber stellte, war der Grund seiner überragenden Größe; er war es auch, der ihm stets die begeisterte Gefolgschaft der Ernstesten und Besten vorzüglich unter den jungen Musikern sicherte, die in ihm einen zuverlässigen Führer zur Meisterschaft sahen. Immer lag etwas Pädagogisches in seinem Musizieren, das nicht Ausfluß subjektiven Gefühls, sondern objektive Demonstration künstlerischer Wahrheit war, immer wurde seine Interpretation, so eigenwillig sie erscheinen mochte, zum allgemeingültigen Modell, das sich dem Hörer unverlierbar wie ein Dogma einprägte und zum Maßstab seines Erlebens und Urteilens wurde.

Bezeichnend für Otto Klemperers interpretatorisches Wollen ist die fast abgöttische Verehrung, die er als junger Musiker dem Menschen und Dirigenten, nicht so unbedingt auch dem Komponisten Gustav Mahler entgegenbrachte. Er berichtet, daß er als zehnjähriger Schüler in Hamburg auf der Straße einen seltsam unruhig, fast zuckend gehenden Mann gesehen und sofort gewußt habe, »das ist der Kapellmeister Mahler vom Stadttheater«, den er nur vom Hörensagen kannte. Er lernte Mahler kennen im Jahre 1905 bei den Berliner Aufführungen seiner zweiten, dritten und sechsten Symphonie und stand sofort im Banne seiner überragenden Persönlichkeit. Eine von Mahler dirigierte Aufführung der »Walküre« in Wien wurde ihm zur Offenbarung; noch im Jahre 1908 als Opernkapellmeister in Prag bekannte er, als er eine Konzertprobe Mahlers mit Beethovens siebenter Symphonie gehört hatte: »Ich hatte nur die eine Empfindung: den Beruf aufgeben, wenn man nicht so dirigieren könnte.« Der persönliche Kontakt zu Mahler dauerte bis zu den Proben der denkwürdigen Münchener Aufführung der »Symphonie der Tausend« im Jahre 1910, in denen es Klemperer zum ersten Mal zu Bewußtsein kam: »Hier steht ein großer Komponist vor dir.« Mahler erwiderte die Sympathie, indem er den jungen Klemperer als »zur Dirigentenlaufbahn prädestiniert« empfahl und sich für seine Leistung verbürgte, wodurch diesem alle Türen geöffnet waren. In dem Verhältnis der beiden wirkte eine Geistesverwandtschaft, die den Jüngeren als den legitimen Nachfolger des Älteren erscheinen läßt.

In Mahler lebte das Gefühl für die geistige Hochspannung großer Musik. Er war als Interpret Radikalist. Er suchte stets das Äußerste an Ausdruck, an thematischer Plastik, an dynamischem Kontrast, an enthusiastischem Aufschwung; das war die Ursache seiner ungeheueren, aufrührenden und mitreißenden Wirkung. Derselbe Wille zum Absolut-Vollkommenen, dieselbe gebändigte aber nicht gemäßigte Kraft des Enthusiasmus waren auch in Otto Klemperer, und sie gaben ihm unerhörte Macht über Musiker und Hörer. Beide waren Diktatoren, Alleinherrscher in ihrem Arbeitsbereich. Und wie das Jahrzehnt von Mahlers Herrschaft über die Wiener Oper vom legendären Ruhm einer großen Theaterzeit umwittert ist, so stehen die wenigen Jahre der Berliner Krolloper in der Geschichte des Berliner Musiklebens als einer der seltenen Momente, in denen die höchste und reinste Idee des musikalischen Theaters Wirklichkeit wurde.

Otto Klemperer wurde am 14. Mai 1885 in Breslau als Sohn eines kaufmännischen Angestellten, der mehr Neigung und Fähigkeit zur Musik als zu seinem Beruf besaß, und einer hochmusikalischen, als Klavierlehrerin tätigen Mutter geboren.

Otto Klemperer 1917, Holzschnitt von Ewald Duelberg, dem späteren Bühnenbildner der Kroll-Oper

BEETHOVEN-SAAL
Köthenerstrasse 32

Freitag, den 22. Februar 1907, abends 8 Uhr

Konzert des Holländischen Violoncell-
Virtuosen

Jacques van Lier

mit dem

Berliner Philharmonischen
Orchester

(Dirigent: Otto Marienhagen).

PROGRAMM:

1. Ouverture „Don Juan" . . . . W. A. Mozart.
2. Konzert A-moll, in einem Satz . . . . . Camille Saint-Saëns.
   (mit Orchesterbegleitung)
3. a) Adagio und Allegro . . . . Boccherini-van Lier.
   b) Scherzo . . . . Daniel van Goens.
   (mit Klavierbegleitung)
4. Variationen sur un thème rococo . . . . . Peter Tschaikowsky.
   (mit Orchesterbegleitung)

Am Klavier: Otto Klemperer ———— Konzertflügel: Bechstein

Karten zu 5, 4, 3, 2, 1 Mark bei Bote & Bock, A. Wertheim, Leipziger
Strasse 132, und an der Abendkasse.

Otto Klemperers erste, indirekte Begegnung mit den Philharmonikern – als Begleiter des Virtuosen

Er verlebte seine Jugend von seinem fünften Lebensjahr an in Hamburg, wohin die Familie übergesiedelt war, meist in dürftigen Verhältnissen, war ein guter Schüler der Vorschule und des Realgymnasiums und war ein eifriger, wenn auch eigenwilliger Zögling seiner Mutter und später eines tüchtigen Klavierlehrers. Musikalische Eindrücke vermittelte ihm die Hamburger Oper, sein erstes Symphoniekonzert erlebte er mit fünfzehn Jahren, hingerissen von dem Wohlklang der Strauss'schen Tondichtung »Tod und Verklärung«. Sechzehnjährig ging er, dessen Bestimmung für den Musikberuf von vornherein feststand, nach Frankfurt am Main an das Hochsche Konservatorium, wo er in James Kwast den Klavierlehrer fand, dem er bis zum Ende seiner Studienzeit treu blieb; er folgte ihm an das Klindworth-Scharwenka-Konservatorium und später an das Sternsche Konservatorium in Berlin.

Dieses intensive Klavierstudium – er pflegte täglich acht Stunden zu üben – gab ihm die Grundlage seiner künstlerischen Persönlichkeit und Existenz; der feste Besitz der großen klassischen Musik, durch eigene Übung unter der Leitung eines ernsten, gediegenen Lehrers erarbeitet, verlieh ihm die Sicherheit des Urteils und des Geschmacks, die Klarheit und Entschiedenheit der Auffassung, den Gehorsam gegenüber dem strengen Gesetz der Form, die sein ganzes späteres Wirken auszeichnen. Er hat die Klavierliteratur bis zu Beethovens Hammerklaviersonate konzertreif studiert; er hat im Jahre 1905 an dem berühmten Rubinstein-Wettbewerb in Paris teilgenommen, in dem Béla Bartók zum Erstaunen von Klemperer keinen Preis in Komposition gewann. Daneben lief ein gründliches Kompositionsstudium bei Xaver Scharwenka und, am Sternschen Konservatorium, bei Hans Pfitzner, mit dem Klemperer auch weiterhin in Verbindung blieb. Der Komponist Otto Klemperer ist ein Kapitel, das noch der Durchforschung und Erhellung bedarf. Klemperer hat bis in seine späten Jahre immerfort komponiert, hat es auf sechs Symphonien, neun Streichquartette, eine Messe, fünf Opern gebracht. Er nennt Mahler und Schönberg als seine Vorbilder. Weniges davon ist veröffentlicht oder aufgeführt worden. Aber das unbekannte Oeuvre gehört zu seiner Persönlichkeit, es bezeugt einen Reichtum der musikalischen Phantasie, der sich in der reproduzierenden Tätigkeit nicht erschöpfte.

Der Wille zu dirigieren muß jedoch schon in dem jungen Musiker geschlummert haben, denn es bedurfte nur wenig Einwirkung von außen, ihn zu wecken und rasch über alle anderen Ambitionen hinauswachsen zu lassen. Im Jahre 1905 arbeitete Klemperer als Assistent des idealistischen, leidenschaftlich an neuer Musik interessierten Dirigenten Oscar Fried, dirigierte das Fernorchester in Mahlers zweiter und spielte die Celesta in Mahlers sechster Symphonie, wobei sich seine persönliche

Bekanntschaft mit dem Komponisten ergab. Im folgenden Jahr inszenierte Max Reinhardt Offenbachs »Orpheus in der Unterwelt« mit Oscar Fried im Berliner Neuen Theater. Nach der zweiten Aufführung zerstritt sich Fried mit einer Sängerin und legte die Leitung nieder, Klemperer mußte einspringen und dirigierte das Werk fünfzigmal hintereinander, übrigens mit singenden Schauspielern wie Tilla Durieux, Hans Wassmann und Alexander Moissi.

Damit war die Entscheidung gefallen; die Welt des Theaters hatte sich ihm erschlossen und ließ ihn lange nicht mehr los. Mit der ihm eigenen zielbewußten Energie ertrotzte er sich von Mahler eine schriftliche Empfehlung, legte sie, als er in einem Kaffeehaus zufällig am Nebentisch von einer Vakanz in Prag sprechen hörte, dem mächtigen Angelo Neumann vor und wurde als Kapellmeister und Chordirigent an das Deutsche Theater in Prag engagiert; mit einer Einstudierung des »Freischütz« begann im September 1907 seine Laufbahn als Operndirigent. Sie hielt ihn drei Jahre lang in Prag, wo er sich ein beträchtliches Repertoire von der »Lustigen Witwe« bis zu den »Hugenotten« erarbeitete, und führte ihn, wieder durch Mahlers Empfehlung, nach Hamburg. Hier gab es nach kurzer erfolgreicher Tätigkeit, aus der sich die Begegnung mit dem gastierenden Enrico Caruso bedeutungsvoll abhob, ein unerwartetes Hemmnis: zum ersten Mal packte den jungen Musiker der Widerwille gegen die Routine des Opernbetriebs, gegen durchschnittliche, ungenügend geprobte Aufführungen, gegen Oberflächlichkeit und Geistlosigkeit der Wiedergabe. Er verfiel in Depressionen, zog sich in ein Dorf bei Straßburg, in die Nähe seines dort als Operndirektor amtierenden Lehrers Pfitzner zurück und verbrachte ein Jahr in Klausur, ohne zu dirigieren, vertieft in das Studium der Partituren Mozarts, Wagners und Richard Strauss'. Er selber bezeichnete dieses Jahr als das wichtigste für seine ganze Entwicklung; »man lernt eine Menge, wenn man allein ist.« Man mag sich vorstellen, daß ihm hier, in einsamer, ungestörter Betrachtung der Meisterwerke, die festen, bis ins letzte geklärten Leitbilder der Interpretation aufgingen, mit denen er später seine Hörer faszinierte.

In die Praxis zurückgekehrt, nahm Klemperer seine Tätigkeit in Hamburg wieder auf, ging 1913 als erster Kapellmeister nach Barmen und folgte 1914 einem Ruf Hans Pfitzners, der zu seiner Entlastung einen Stellvertreter als Opernleiter suchte, nach Straßburg. Aber die Zusammenarbeit zweier so eigenwilliger, scharfkantiger Persönlichkeiten konnte keine Harmonie ergeben; das Einverständnis ging schon mit Klemperers Antrittsvorstellung »Fidelio« in die Brüche, als Klemperer den Anfangschor des Schlußbildes, den Pfitzner gestrichen hatte, um die Szene mit dem Auftritt des Ministers beginnen

Hamburger Stadt-Theater.
Direktion: MAX BACHUR.
Dienstag, den 18. Oktober 1910.
3. Extra-Vorstellung.
Bei gänzlich aufgehobenem Abonnement.
2. Gast-Vorstellung Enrico Caruso.

Martha.

Oper in 4 Akten von W. Friedrich. Musik von F. Flotow.
Regie: Herr Otto Nowack.
Dirigent: Herr Kapellmeister Otto Klemperer.
Lady Harriet Durham, Ehrenfräulein
der Königin . . . . Fr. Hindermann
Nancy, ihre Vertraute . . . . . . Fr. Mosel-Tomschil
Lord Tristan Mikleford, ihr Vetter . Hr. vom Scheidt
Lyonel . . . . Hr. Enrico Caruso
Plumket, ein reicher Pächter . . . Hr. Loßing
Der Richter zu Richmond . . . . Hr. Belagino
Molly Pitt, } . . . . . . Frl. Schumann
Polly Pitt, } Mägde . . . . . Frl. Loße
Betty Pitt, } . . . . . . Frl. Birkenström
Erster } . . . . . Hr. Bergheim
Zweiter } Pächter . . . Hr. van Weeren
Erster } . . . . . . Hr. Hübner
Zweiter } Lakai der Lady . . Hr. Cordes
Dritter } . . . . . Hr. Richter
Der Gerichtsschreiber. Pächter. Mägde. Knechte. Jäger
Jägerinnen im Gefolge der Königin.
Scene: Theils auf dem Schlosse der Lady, theils in
Richmond und Umgegend.
Zeit: Regierung der Königin Anna.

Otto Klemperer mit seiner
Schwester Marianne, 1908, am
Strand von Westerland.

»Von früh an bestand die
Absicht, mich Musiker werden
zu lassen. Ich hatte bei meiner
Mutter Klavierunterricht, und
mit sechs Jahren konnte ich
schon hübsch Klavier spielen.« –
Der zwanzigjährige Klemperer
1905 in Hamburg.

Von 1914 bis 1917 arbeitete Otto
Klemperer an der Straßburger
Oper als Stellvertreter des
Operndirektors Hans Pfitzner.
»In Musikfragen kamen wir
nicht immer gut miteinander
aus.« – Foto Straßburg 1915

Paul Hindemith, der Pianist
Walter Giesekin und Otto Klem-
perer. Die Uraufführung von
Hindemiths Oratorium »Das
Unaufhörliche« dirigierte
Klemperer 1932.

Klemperer mit seiner Frau
Johanna auf der ersten Amerika-
Reise 1926.

»Strawinsky und Schönberg sind die beiden Höhepunkte in der Musik der ersten Hälfte unseres Jahrhunderts. Aber Strawinsky hat mich vielleicht mehr angezogen.« 1928 inszenierte Klemperer die erste Bühnenaufführung von Strawinskys »Oedipus Rex« in der Berliner Kroll-Oper – Strawinsky, der Bühnenbildner Ewald Dülberg, Klemperer.

Tage für zeitgenössische Musik, Donaueschingen 1924 – Otto Klemperer, Arnold Schönberg, Anton von Webern und der Dirigent Hermann Scherchen.

zu lassen, eigenmächtig wieder einfügte, das Recht Beethovens gegen die Laune seines Vorgesetzten vertretend. Es folgten Jahre der Unzufriedenheit und der Spannungen, aus denen der nach Selbständigkeit Drängende 1917 durch die Berufung zum musikalischen Leiter des Kölner Opernhauses befreit wurde.

Damit war ein Ruhepunkt in Otto Klemperers Entwicklung gesetzt. Er verfügte nun über die Mittel und Kräfte des größten westdeutschen Operninstituts, dirigierte alle Werke des überlieferten Repertoires sowie die wichtigen Novitäten, Pfitzners »Palestrina«, Busonis »Turandot« und »Arlecchino«, Janačeks »Jenufa« und »Katja Kabanova«, Schrekers »Fernen Klang«, »Schatzgräber« und »Irrelohe«, führte Symphoniekonzerte ein und wurde vom Oberbürgermeister Konrad Adenauer mit Titel und Funktion des Generalmusikdirektors ausgezeichnet. Persönlich wichtige Daten fallen in diese Zeit: seine Verheiratung mit der Sängerin Johanna Geissler und die Geburt seiner Kinder Werner und Lotte.

Sieben Jahre wirkte Otto Klemperer in Köln. Ob der nächste Schritt, der ihn 1924 nach Wiesbaden führte, ein Fortschritt war, schien ihm selber zweifelhaft; aber er genoß hier unter dem verständnisvollen Intendanten Carl Hagemann volle künstlerische Freiheit, er konnte endlich das zustande bringen, was immer sein glühender, früher niemals erfüllter Wunsch gewesen war: Aufführungen aus einem Guß, von einem alles durchdringenden Geiste geschaffen, Aufführungen, die auch szenisch seinen Vorstellungen entsprachen. Dazu kam, daß der Vertrag seinem wachsenden Ruf Rechnung trug; er war nur für sechs Monate jährlich verpflichtet und hatte Zeit für Gastspielreisen, die ihn nach Rußland und nach Nordamerika führten. Er stand, wohl ohne es zu wissen, an einer Grenze. Seine bisherige Laufbahn war die normale eines ausgezeichneten, den höchsten Ansprüchen der deutschen Provinz genügenden Opernkapellmeisters. Sollte sie höher hinaus, sollte sie zu absoluter künstlerischer Größe führen? Hier entschied nicht mehr allein das Gewicht seiner künstlerischen Leistung. Diese Frage konnte nur durch den Übertritt in einen weiteren Lebensraum, durch die Resonanz bei einem größeren, empfänglicheren und kritischeren Publikum – nur durch den Schritt nach Berlin beantwortet werden.

Berlin war in den zwanziger Jahren die Hauptstadt eines im Krieg geschlagenen, verarmten und von inneren Unruhen erschütterten Staates; es war zugleich die geistige Hauptstadt Europas, man war versucht zu sagen: der Welt. Es gibt nichts Seltsameres als diesen Gegensatz von politisch-wirtschaftlicher Misere und geistigem Glanz. Mögen Sozialhistoriker, welche die reale und die geistige Welt als ein unteilbares Ganzes sehen wollen, diesen Glanz für eine Scheinblüte, für eine trügerische,

in der Luft schwebende Fata Morgana erklären – für sich
betrachtet war die kulturelle Leistung dieses Jahrzehnts wahr
und echt, sie hat Werte geschaffen, die dem Rest des Jahrhunderts als Richtzeichen voranleuchteten. Die Grundstimmung
der Nachkriegsjahre war trotz der militärischen Niederlage das
Gefühl einer umfassenden geistigen Befreiung. Kräfte, die
lange unterdrückt waren, begannen zu wirken, Stimmen, die
geschwiegen hatten, sprachen, Gedanken, die Utopie gewesen
waren, drängten nach Verwirklichung. Der glühende Atem des
Expressionismus loderte in den Schöpfungen der Dichtung, der
Malerei und der Musik und schmolz die starren Gesetze der
Tradition hinweg. Dichter wie Franz Werfel, Walter Hasencle-
ver, Ernst Toller übten eine ungeheuere Macht aus, die maleri-
schen Abstraktionen Wassily Kandinskis wurden Vorbild, der
Radikalist Arnold Schönberg wies den Weg in die Zukunft der
Musik.

    In Berlin strömte der Glaube an den Fortschritt, an das
Abenteuer der Zukunft wie in einem Brennpunkt zusammen.
Zu Max Reinhardts Deutschem Theater, einer Stätte subtiler
Schauspielkunst, kam das Staatstheater mit den glasklaren, dis-
ziplinierten Klassiker-Inszenierungen Leopold Jessners und
den phantastisch überquellenden Visionen Jürgen Fehlings,
kamen das politische Theater Erwin Piscators und die Menge
der ehrgeizigen, mit Schauspielern von Rang arbeitenden Pri-
vatbühnen; Strindberg, Shaw, Wedekind, Sternheim und die
Dichter der linken Avantgarde waren die bevorzugten Autoren.
Zwei große Musikbühnen, die traditionsreiche Staatsoper
Unter den Linden und das erst 1912 gegründete Deutsche
Opernhaus in Charlottenburg führten das Operntheater aus ver-
alteten Konventionen heraus, wetteiferten mit musikalisch
durchformten, szenisch und malerisch hochkultivierten Aufführungen, die von einer Elite bedeutender Sängerpersönlich-
keiten getragen wurden; Alban Bergs »Wozzeck«, Busonis
»Doktor Faust«, Milhauds »Columbus«, Weills »Bürgschaft«
zeichneten sich als Erfüllung moderner Musikdramaturgie ab.
Im Konzertsaal steigerten die Philharmoniker, die 1922 in Wilhelm Furtwängler einen jungen, ebenso ausdrucksmächtigen
wie enthusiastischen Dirigenten gewonnen hatten, ihre Leistung und ihren Ruf noch über ihre große Vergangenheit hinaus. Bruno Walter, der alternde Weingartner, viele in- und aus-
ländische Gäste erschienen an ihrem Pult. Die Kapelle der
Staatsoper konzertierte unter Erich Kleiber, dessen kühle, klar
disponierte Interpretationen ein neues Musikgefühl ankündig-
ten. Der Pianist Artur Schnabel und der Geiger Bronislav
Huberman bestimmten das Niveau der Solistenkonzerte, die
von den Größen der Liszt- und Busoni-Schule, von jungen
Begabungen wie Arrau, Backhaus, Fischer, Gieseking bestritten
wurde. Das alles wurde getragen vom Anspruch eines ebenso

kritischen wie begeisterungsfähigen Publikums, von der breiten
Bildungsschicht der lebenswilligen, geistig aktiven Weltstadt,
die bereit war, sich allem Großen und Neuen zu öffnen und
alle wirkenden Energien in sich aufzusaugen.

In diese Welt der geistigen Hochspannung und des ehrgeizigen, fruchtbaren Wettstreits trat Otto Klemperer zweiund-
vierzigjährig als fertige, reife Persönlichkeit, und er zählte sogleich, ebenbürtig und gleichgeachtet, zur Prominenz des Berliner Musiklebens. Keineswegs war er ein Neuling auf dem
Boden Berlins. Schon im Jahre 1921 hatte er einen Schönberg-
Abend des Philharmonischen Orchesters dirigiert, ein
anspruchsvolles Programm mit »Verklärte Nacht« und »Pelléas
und Melisande«, und war dann regelmäßig als Gastdirigent zurückgekehrt. Sein letztes Konzert vor seiner Übersiedlung nach
Berlin war ein Beethoven-Abend in der Philharmonie mit der
»Egmont«-Ouvertüre, dem G-Dur-Klavierkonzert mit Walter
Gieseking und der »Eroica«. Der Eindruck war ungeheuer. Der
hochgewachsene, energiegeladene Mann, der mit blitzartig auf-
zuckender Geste den Unisono-Schlag am Beginn der Ouvertüre hervorrief, der das Klavierkonzert mit subtiler Transparenz
musizierte und in der Symphonie Tod und Leben, Tragik und
Spiel, Trauer und Erhebung in harten, klaren Kontrasten
nebeneinanderstellte, bot ein Beethoven-Bild, das neben der
ekstatisch aufgewühlten Interpretation Wilhelm Furtwänglers
als gleich groß, gleich wahr bestehen konnte.

Auch mit der Oper hatte Klemperer schon Verbindungen
angeknüpft. Als Leo Blech im Jahre 1923 die Staatsoper verließ, hatte der preußische Kultusminister Dr. Becker Klemperer
dessen Stellung angeboten. Dieser hatte abgelehnt, weil er mit
dem Intendanten Max von Schillings nicht zusammenarbeiten
zu können glaubte und, was wohl der wichtigere Grund war,
weil er sich für Berlin noch nicht reif fühlte. Man hatte dann
statt seiner Erich Kleiber aus Mannheim geholt. Aber Berlin
blieb als Möglichkeit im Spiel. Als der Minister drei Jahre später bei einem Besuch in Wiesbaden von Plänen berichtete, in
Berlin in dem leerstehenden Haus am Platz der Republik, der
nach einem früheren Vergnügungsetablissement benannten
Kroll-Oper, ein nach modernen künstlerischen Prinzipien gelei-
tetes, volkstümliches Musiktheater zu eröffnen, welches die
Oper aus der feudalen Luxussphäre in den demokratischen All-
tag verpflanzen sollte, griff Klemperer zu: »Geben Sie mir
Kroll!« Er wählte damit eine Aufgabe, die zeitgemäß, idealis-
tisch, aber ins Utopische greifend konzipiert war, eine Aufgabe, die selbständiges, traditionsloses Denken, Glauben und
Optimismus erforderte, die lockende Möglichkeiten, aber auch,
den Initiatoren noch verborgen, den Keim des Scheiterns von
vornherein in sich trug. Klemperer selber hat die Jahre, die er
diesem Institut widmete, als die künstlerisch wichtigsten seines

Lebens bezeichnet. Es ist darum nötig, eingehend über den Charakter und die Arbeit der Kroll-Oper zu berichten, deren kurzes, nur vierjähriges Wirken zwar legendären Nachruhm, aber den heute Lebenden nur ein unklares Erinnerungsbild hinterlassen hat.

Der Plan, in Berlin ein drittes Opernhaus zu eröffnen, der vom preußischen Kultusminister Carl Heinrich Becker und von seinem Assistenten, dem Ministerialdirektor Leo Kestenberg ausging, mochte damals auf den ersten Blick als überflüssiges Luxusunternehmen erscheinen, und wirklich ist er von Gegnern immer wieder so diffamiert worden. Er entsprang aber ernsten und idealistischen Überlegungen. Die Staatsoper war belastet mit dem Erbe ihrer Tradition, wogegen der Fortschrittswille Erich Kleibers mit bewundernswerter Energie, aber doch nur von Fall zu Fall erfolgreich ankämpfte. Die Städtische Oper war durch ihren Leiter Bruno Walter zu einer Pflegestätte der Romantik geworden. Was fehlte, war eine Bühne, welche die Oper unbefangen und bedenkenlos in die Gegenwart stellte, eine Bühne, die sich an das zeitbewußte, aufgeschlossene Publikum der modernen Großstadt wandte, die diesem überkommene und zeiteigene Werte in zeitgemäßer Form mit pädagogischer Bildungsabsicht darbot. Keineswegs sollte nur die moderne Oper gepflegt werden. Der Spielplan war universal, aber qualitativ ausgewogen und auf Unbekanntes, Unverbrauchtes gerichtet. Regie und Bühnenbild jedoch waren bis zur Radikalität modern. Als Regisseure wirkten außer Klemperer selbst Niedecken Gebhard, Fehling und Gründgens, als Bühnenmaler wurden Bauhausmeister herangezogen. Auf glänzende Sängerstimmen verzichtete man, schon weil nur begrenzte finanzielle Mittel zur Verfügung standen, zugunsten einer streng disziplinierten Ensemblekultur; künstlerisches Ziel war die innere Einheit der vom Dirigenten und Regisseur mit diktatorischem Willen geformten Aufführung. Klemperer selber bezeichnete es als das Programm des Hauses, »gute Opernaufführungen zu machen. Wir gaben klassische Opern ohne Engstirnigkeit. Wir gaben Werke von lebenden Komponisten. Wir waren nicht interessiert an Pomp und Spektakel.« Aus solchen lapidaren Zielsetzungen ergab sich ein Stil, der in seiner Originalität, Reinheit und Eindringlichkeit während unseres Jahrhunderts nur in Wieland Wagners Bayreuther Inszenierungen seinesgleichen gefunden hat. Das war das Verdienst Otto Klemperers, seiner klaren, von konventionellen Fesseln befreiten Intuition, seiner unbeirrbaren, fanatischen Arbeitsenergie; es war auch die Leistung einer schöpferischen, an Zukunftsvisionen und Fortschrittsimpulsen überreichen Zeit, die fähig war, Leitbilder aufzurichten und verbindliche, gültige Typen zu schaffen.

Kaum jemals ist ein künstlerisches Programm vollkommener und überzeugender verwirklicht worden, als in der Kroll-Oper mit der Eröffnungsvorstellung »Fidelio« im November 1927. Wer diese Aufführung erlebt hat, dem ist sie noch heute in allen ihren Einzelzügen gegenwärtig; es war, als sei alles Verhüllende und Verfälschende, was Konvention und Gewohnheit dem Werk angehängt hatten, abgerissen und ausgeschieden, als trete Beethovens Idee in reiner Ursprünglichkeit vor Auge und Ohr. Die musikalische Hochspannung hielt ungeschwächt von der intensiv artikulierten, temperamentgeladenen E-Dur-Ouvertüre bis zum stürmisch gesteigerten Schlußchor an. Das ahnungsvolle Dunkel des Kanons, der weiche, volle Hörnerklang von Leonores Arie, die zwielichtige Gefühlsfülle der Gefangenenchöre, im zweiten Akt das stille Leuchten des A-Dur-Terzetts »Euch werde Lohn« und der von wilden, rasselnden Kontrabaßpassagen eingeleitete Höllensturm des Kerkerquartetts – das alles wurde zusammengehalten von einem strengen Stil- und Formgefühl, aus dem kein Ausbruch ins Subjektiv-Willkürliche möglich war; auch die Sänger, die knabenhaft schlanke Rose Pauly als Leonore und der lyrische Tenor Hans Fidesser als Florestan, waren eingefügt in das homogene Gesamtbild der symphonischen Partitur. Das Bühnenbild Ewald Dülbergs war ohne alles naturalistische Detail aus schlichten Elementarformen gefügt und durch Licht charakterisiert; die idyllischen Anfangsszenen in Sonnengelb, der Gefängnishof nebelgrau, der Kerker tief schwarz, das Schlußbild, ein im Halbkreis die Bühne umschließender Stufenaufbau, strahlend weiß. Klemperers Inszenierung hatte große Momente: wenn Pizarro in der Kerkerszene seinen schwarzen, rot gefütterten Mantel auseinanderriß und, rot angestrahlt, als Teufel dastand; wenn beim zweiten Trompetensignal plötzlich ein Lichtquadrat auf den Boden des Kerkerverlieses fiel, als werde oben eine Falltür aufgerissen und dem Retter der Weg geöffnet; wenn der Minister – damals etwas überraschend Neues – ganz in Weiß, in deutlichem Kontrast zum teuflischen Pizarro als irdischer Engel des Lichts erschien; wenn Florestan im Finale bei der raketenartig aufschießenden Triolenfigur der Violinen ekstatisch auf das höchste Podest sprang und, mit ausgestrecktem Arm auf Leonore deutend, den Jubelchor anführte, wenn endlich beim Einsatz des letzten Presto das Volk tumultuarisch die Kette der vorgehaltenen Hellebarden durchbrach und alle Menschen Brüder wurden. Der Freiheitsrausch der Musik und der Szene griff auf das Publikum über, der Beifall war enthusiastisch.

Es folgten, von Klemperer dirigiert und inszeniert, »Don Giovanni« und »Zauberflöte«, es folgte Hindemiths »Cardillac«, und es entwickelte sich, mit der szenischen Uraufführung von »Oedipus Rex« beginnend und in den Symphoniekonzerten des Hauses fortgesetzt, eine kontinuierende Pflege des

Schaffens von Igor Strawinsky, die den zum Klassizisten gewandelten Meister des »Petruschka« und des »Sacre« in Deutschland erst eigentlich bekannt machte und sein Werk dem musikalischen Zeitbewußtsein unauslöschlich einprägte. Hier erklangen »Die Geschichte vom Soldaten«, das erste Klavierkonzert mit Strawinsky als Solisten, »Apollon musagète« und die Psalmensymphonie; hier zeigte sich Klemperer als engagierter, unwiderstehlich suggestiver Anwalt der Moderne, der mit überlegener musikalischer Intelligenz die komplizierten Partituren durchleuchtete und dem Hörer klare, bis in den Grund durchschaubare Klangbilder präsentierte. Der harte, gemeißelte Strawinsky-Klang, mit rücksichtsloser Konsequenz herausgearbeitet und dynamisch intensiviert, war ein Erlebnis, welches das Musikgefühl des Publikums revolutionierte und die weichen, schwellenden Ekstasen der Romantik vergessen ließ. An modernen Werken erschienen neben Strawinskys Stücken Arnold Schönbergs »Erwartung« und »Glückliche Hand«, Paul Hindemiths »Neues vom Tage«, Ernst Kreneks »Leben des Orest«, Darius Milhauds »Armer Matrose«; an älteren unter anderem Glucks »Iphigenie auf Tauris«, Mozarts »Figaro«, Aubers »Stumme von Portici«, Verdis »Luisa Miller« und »Falstaff«, Charpentiers »Louise«; eine revolutionäre, auf das neue Bayreuth vorausweisende Tat war Jürgen Fehlings Inszenierung von Richard Wagners »Fliegendem Holländer«, eine düstere, in Nebel gehüllte Meeresballade ohne alle konventionelle Opernschönheit, von schweren, ärmlichen Gestalten mit harter, wuchtiger Geste agiert.

Vier Jahre lang durfte Klemperer das Experiment einer modernen Volksoper vorwärtstreiben; dann, am Ende der Spielzeit 1930/31, wurde die Kroll-Oper geschlossen, da nicht genug Besucher kamen. Die idealistische Konzeption hatte einen Fehler: das Publikum, das nach einem zeitnahen Musiktheater verlangte, gab es nicht. In Wirklichkeit bestand es aus den Abonnenten der Freien Volksbühne, die kamen, um hergebrachterweise schöne Sängerstimmen zu hören und üppige Szenerien zu sehen, und wegblieben, weil der anspruchsvolle Spielplan und der asketische Zug der Inszenierungen sie enttäuschte. Klemperer selbst sagte, er habe das Theater nie so leer gesehen wie an den Schönberg-Abenden; »was sollte auch ein einfaches Volksbühnenmitglied von ›Erwartung‹ und der ›Glücklichen Hand‹ denken?« Auf begeistert aufgenommene Premieren vor einem Elite-Publikum folgten resonanzlose, schwach besuchte Wiederholungen. Auch die Presse versagte; es fehlte nicht an überzeugten Anhängern, aber die Mehrzahl der Kritiker wollte nicht auf das gewohnte kulinarische Opernerlebnis verzichten und lehnte vereinfachende Reformen ab, wobei politische Motive mitspielten; man hatte sich gewöhnt, künstlerischen Fortschritt mit politischem Linksradikalismus zu identifizieren. So wurde eine hoffnungsvolle, künstlerisch ungemein fruchtbare Entwicklung aus kommerziellen und politischen Erwägungen abgebrochen, eine große Idee wurde begraben.

Otto Klemperer blieb dem ungeachtet einer der ersten Dirigenten Berlins. Er brachte in der Staatsoper Unter den Linden »Così fan tutte« und den »Rosenkavalier« mit Gustaf Gründgens und »Tannhäuser« mit Jürgen Fehling heraus, eine Aufführung, die auf den Protest der inzwischen zur Macht gelangten Nationalsozialisten hin abgesetzt werden mußte. Zeitweise leitete er auch die Symphoniekonzerte der Staatskapelle. Dazu kam die Arbeit mit dem Philharmonischen Chor, dem angesehensten Laienchor Berlins, dessen Leitung Klemperer im Jahre 1929 nach dem Tod von Siegfried Ochs übernommen hatte und dem er viel Zeit und Arbeitskraft widmete. Zwei seiner Choraufführungen sind von hoher zeitgeschichtlicher Bedeutung. 1929 demonstrierte er mit Bachs »Johannespassion« in der Philharmonie ein damals neues Bach-Bild: die Ausschaltung aller subjektivistischen Willkür, die Bändigung des lyrischen Gefühls, die starre, statische Architektonik der Chöre, der Hauch strenger, alttestamentarischer Frömmigkeit standen im äußersten Gegensatz zu der mystisch-inbrünstigen, visionär entrückten Expressivität, mit der Wilhelm Furtwängler kurz zuvor die »Matthäuspassion« zelebriert hatte; zwei glühend inspirierte, mit äußerster Konsequenz geformte Bach-Deutungen standen einander gegenüber, zwei große Interpreten maßen ihre Kräfte an einer der anspruchsvollsten Aufgaben, die die Musik stellt. Die andere Tat Klemperers ist die Uraufführung von Paul Hindemiths Oratorium »Das Unaufhörliche« auf einen Text von Gottfried Benn im Jahre 1932, eines der wichtigsten Geistesdokumente der Zeit, eine Begegnung von tiefschauender, kritisch-kreativer Dichtung und vitaler, selbstherrlich gestaltender Musik, eine Chorpartitur von strotzender Fülle und imponierender Meisterschaft, ein Hymnus auf den Menschen, der der Macht der Zeit, dem Wandel und dem Verfall trotzt. Mit diesen Aufführungen erneuerte Klemperer seinen Kontakt zum Philharmonischen Orchester, der unterbrochen war, weil der Dirigent überwiegend an das Staatsoper-Orchester gebunden war.

Das Schicksalsjahr 1933, das die Geltung und den Glanz der Weltstadt Berlin vernichtete, beendete auch Klemperers Tätigkeit in Deutschland: Durch Verfolgung und Festnahme prominenter Juden gewarnt, floh er im April, zweieinhalb Monate nach der Machtergreifung des Nationalsozialismus, nach Zürich. Seinen Abschiedsbesuch bei Generalintendant Heinz Tietjen hat er selber geschildert. Beide Männer wußten, um was es ging, aber Tietjen erkundigte sich nur, welche Diät

Von 1947 bis 1950 war Klemperer musikalischer Leiter der Oper in Budapest. »Meine drei Jahre in Budapest waren sehr fruchtbar. In meinem dritten Jahr wurde der Einfluß der Politik unerträglich. Immer wenn ich die Bühne brauchte, war da ein bestimmter russischer Choreograph, der den ›Nußknacker‹ probte. Dann wollte ich Schönbergs Thema und Variationen op. 43 b machen. Es ist nicht dodekaphonisch, da ist nichts Revolutionäres dabei. Ich reichte die Partitur beim Kultusminister ein, und der schickte sie zurück: ›Das ist kein sozialistischer Realismus, das versteht kein Mensch…‹ Und als ich dann nach Australien gefahren bin, bin ich nicht mehr zurückgegangen.«

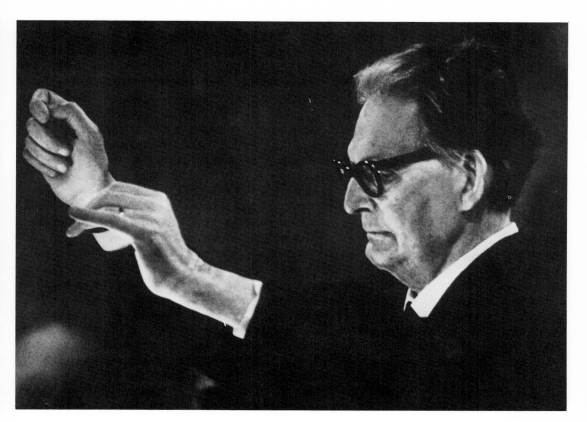

»Die Kunst des Dirigierens liegt
meiner Ansicht nach in der
Suggestionskraft, die der Dirigent sowohl auf das Orchester
wie auf das Publikum ausübt.
Ein Dirigent muß die Aufmerksamkeit wachhalten können. Er
muß die Spieler mit den Augen
und den Bewegungen seiner
Hand oder seines Taktstockes
führen können. Durch diese
Suggestionskraft kann das
Niveau eines mittelmäßigen
Orchesters beträchtlich gehoben
werden.«

Probe mit den Berliner Philhar-
monikern für Klemperers erstes
Berliner Konzert nach seiner
Emigration. Mai 1948.

Besprechung für ein Konzert mit
dem Kölner Rundfunk-Sympho-
nie-Orchester 1954.

Sydney, Oktober 1950

»Ich bin hauptsächlich ein Dirigent, der auch komponiert.
Natürlich würde ich mich
freuen, wenn man sich an mich
als Dirigenten *und* als Komponisten erinnerte. Aber ohne arro-
gant sein zu wollen, würde ich
mich nur dann freuen, wenn
man mich als *guten* Komponisten in Erinnerung behielte.
Wenn die Leute meine Kompositionen schwach finden, dann ist
es besser, daß man sich gar nicht
an mich erinnert.«

Klemperer hat nach seiner Budapester Zeit nur noch sehr selten
Opernaufführungen dirigiert.
»Der Grund, warum ich ›Fidelio‹
und ›Zauberflöte‹ in Covent
Garden selbst inszenierte, war,
zu sichern, daß die musikalische
Gestaltung nicht durch die Vor-
gänge auf der Bühne gestört
werden konnte.« Probe in
Covent Garden 1969.

Mit Pierre Boulez, London 1968.
»Er ist ohne Zweifel der einzige
Mann seiner Generation, der
gleichzeitig ein hervorragender
Dirigent *und* Musiker ist.«

Probe in der Philharmonie, 1964

In Köln, um 1920, »war einer
meiner Korrepetitoren Paul
Dessau. Er hatte mir einige seiner frühen Kompositionen
gezeigt. Ich fand sie gut, und als
eine Stelle frei wurde, nahm ich
ihn.« – Mit Dessau in Zürich
1968.

Otto Klemperer mit seiner Tochter Lotte im Hyde Park, London
1964.

Klemperer im Züricher Sanatorium gebrauchen wolle, und wünschte gelassen-höflich »Auf Wiedersehen« - eine Szene, wie sie damals in Deutschland üblich war, ein schmählicher, dankloser Abschluß einer sechsjährigen Arbeit, die Stürme von Begeisterung erregt, die dem Berliner Musikleben unschätzbare Werte und Anregungen geschenkt hatte.

Damit begann für Klemperer das Wanderleben des Emigranten, dessen Stützpunkte in Nordamerika lagen. Noch im Sommer 1933 erhielt er einen Ruf nach Los Angeles, wo er regelmäßig Symphoniekonzerte dirigierte, außerdem konzertierte er in New York, Philadelphia, Pittsburgh und anderen Städten. Sein und seiner Familie Wohnsitz wurde Los Angeles, er lebte in der Gesellschaft der deutschen Emigranten, die sich in Kalifornien niederließen, nahm Kompositionsunterricht bei Arnold Schönberg; aber er lebte sich nicht ein, er litt unter dem Zwang einer merkantil bestimmten Musikkultur, in der wenig Raum für avantgardistische Programme war. Im Jahre 1938 erkrankte er an einem Gehirntumor, unterzog sich im folgenden Jahr einer Operation, die erfolgreich verlief, aber die Genesung schritt langsam voran. Unfähig zu dirigieren, verlor er den Kontakt mit dem amerikanischen Musikbetrieb. Schon 1946 kehrte Klemperer nach Europa zurück, in Stockholm gab er sein erstes Konzert, dem weitere in der Schweiz und in Baden-Baden folgten. 1947 wurde er als Opernleiter nach Budapest berufen; die anfänglich fruchtbare Tätigkeit wurde ihm nach und nach durch politische Bevormundung verleidet. Es folgten Reisejahre als Gastdirigent in Südamerika und Australien. 1951 erlitt er auf dem Flugplatz von Montreal einen Oberschenkelhalsbruch, einen der Schicksalsschläge, die immer wieder seine Laufbahn unterbrachen und die er mit unbeirrbarer Energie überwand. Jahrelang konnte er nur sitzend dirigieren, aber das tat seiner Aktivität keinen Abbruch. Im Jahre 1954, als sich ein Kontakt mit dem Londoner Philharmonia Orchestra anbahnte, entschloß er sich, endgültig nach Europa zurückzukehren und nahm mit seiner Frau und seiner Tochter Wohnsitz in Zürich. 1959 wurde er auf Lebenszeit als Chefdirigent des Orchesters bestätigt. 1964, als der Manager Walter Legge von der Leitung des Orchesters zurücktrat, wurde er Präsident der nun als New Philharmonia Orchestra bezeichneten Vereinigung, mit der er bis 1971, bis in sein 87. Lebensjahr, konzertiert hat; der größte Teil seiner Schallplatten-Aufnahmen ging aus dieser Verbindung hervor. Daneben dirigierte er regelmäßig in den europäischen Haupt- und Festspielstädten. In Berlin, wo er schon 1949 in Walter Felsensteins Komischer Oper eine »Carmen«-Einstudierung dirigiert hatte, erschien er nun häufig am Pult des Radio-Symphonie-Orchesters, seltener bei den Philharmonikern; eine feste Bindung an die Stadt, der die Arbeit seiner besten Mannesjahre gehört hatte, wollte sich nicht mehr erge-

ben. Noch einmal, im Jahre 1958, wurde seine Tätigkeit durch einen Unglücksfall gestört, eine schwere Verbrennung, die er sich, mit glühender Zigarette einschlafend, selbst zugezogen hatte, aber mit unzerstörbarem Lebenswillen überwand er auch diese Prüfung. Seine Tätigkeit galt nun fast ausschließlich dem Konzertsaal, seine Programme enthielten überwiegend klassische Meisterwerke. Der Opernbühne blieb er, von einigen Aufführungen in London und Zürich abgesehen, fern; Wieland Wagner in Bayreuth verhandelte mit ihm über »Tristan« und »Meistersinger«, aber es kam zu keinem Ergebnis. Später rief ihn Gustav Rudolf Sellner für eine »Meistersinger«-Aufführung nach Berlin, aber der nahezu Achtzigjährige fühlte sich der Aufgabe physisch nicht mehr gewachsen.

Otto Klemperer hatte die Sechzig überschritten, als er, durch die Unrast der Emigration und durch schwere Krankheit hindurchgegangen, aus Amerika nach Europa zurückkam. Das Bild des großen alten Mannes, der, seine körperlichen Gebrechen ignorierend, mit herrischer, fast harter Geste die Musiker leitend, wie ein Priester erhabener Mysterien den strengen, reinen Geist der Klassik beschwor, prägte sich der Nachkriegsgeneration der Hörer ein – das Bild eines Riesen der Vorzeit, der selbstsicher und kraftbewußt in die unruhige, von der Spannung des Fragens und des Suchens vibrierende Gegenwart hineinragte.

Es ist erstaunlich, daß Klemperer sich in einer antiautoritär orientierten Zeit seine Autorität bewahrt hat. Immer war sein Musizieren Gesetz, das akzeptiert und anerkannt wurde; immer siegte die Kraft seiner Persönlichkeit, eine Vereinigung von Geist und Willen, die unangreifbar über der schwankenden Sphäre der Relativierungen stand. Hier wirkte eine der letzten Ausstrahlungen der interpretatorischen Tradition, die sich auf das Werk, speziell auf das Klavierwerk Beethovens gründete und über Franz Liszt, seine Schüler und Nachfolger, über d'Albert, Lamond, Ansorge, Schnabel, Fischer bis in die Mitte des 20. Jahrhunderts führte; einer Tradition, der Beethoven absoluter Maßstab musikalischer Qualität und künstlerischer Größe war, die sich bemühte, sein Geheimnis zu deuten und seine Menschheitsbotschaft gläubig-enthusiastisch zu verkünden. Das Studium bei James Kwast, dem ernsten, stilstrengen Beethoven-Spieler, das den Geist und die Seele des jungen Klemperer gebildet hatte, war die Grundlage auch seiner Altersleistung, in deren Mittelpunkt Beethoven stand – ein Beethoven, nicht wie der Wilhelm Furtwänglers aus individueller Sympathie, in rauschhaftem Aufschwung titanischen Hochgefühls intuitiv-visionär nachgeschaffen, sondern aus dem Bewußtsein seiner Geistes- und Menschengröße, seiner Formstrenge und Spiritualität, seiner extremen, einsamen Position verehrungs- und verantwortungsvoll erkannt, zelebriert und gedeutet. Auch

Mozart erhielt in Klemperers Interpretation einen Anflug von Ernst und Strenge; Schubert und Schumann lagen ihm ferner, Bruckner und Brahms wurden auf ihre thematisch-konstruktiven Elemente durchleuchtet und zu mächtiger tönender Architektur gehärtet. Mahler, vor allem mit der humoristisch-engelhaften Idylle der vierten Symphonie, und Hindemith hielten sich auf seinen Programmen, im übrigen zog sich der Alternde in die Höhenwelt der Klassik, in das zeitlose Reich der absoluten, unantastbaren Werte zurück.

Die Besprechung eines Konzertes mit dem Berliner Philharmonischen Orchester aus dem Jahre 1964 sucht dem Eindruck der Persönlichkeit und der Musizierweise des fast achtzigjährigen Dirigenten gerecht zu werden: »Es ist nicht leicht, die Essenz dessen zu benennen, das uns als musikalische Klassik überliefert ist. Die Wurzeln greifen in die Tiefe anderer Epochen und in die Breite anderer Kunstarten: Namen wie Winckelmann, Klopstock, Kant, Goethe, Schiller deuten ein Netz geistiger Koordinaten an, das bis in die Antike zurückreicht und bis zum Anfang unseres Jahrhunderts das Denken und Wirken der Künste bestimmt hat. Es kommt nicht darauf an, diese Beziehungen zu wissen; es kommt darauf an, in der Welt zu leben, die sie bezeichnen und umgrenzen – in einer Welt, die durch die Revolutionen unseres Jahrhunderts Vergangenheit geworden ist. Darauf, auf der Diskrepanz von Vergangenheit und Gegenwart, beruht die Unvollkommenheit der modernen Klassiker-Aufführungen, die bei aller musikalischen Perfektion ein Gefühl der Leere zurücklassen und die Frage nahelegen, ob es überhaupt noch zu verantworten ist, Beethoven aufzuführen; sind die handfertigen Interpreten unserer motorengehetzten Zeit noch fähig, die Erlebnisse und Entscheidungen zu ahnen, die in der Zeitlosigkeit der klassischen Welt vollzogen werden?
Otto Klemperer, der Dirigent des achten Philharmonischen Konzerts, war es, der uns diese Fragen ins Bewußtsein rief – gerade dadurch, daß sie für ihn, den Neunundsiebzigjährigen, unerschütterlich in seine großartige Geisteswelt Eingesponnenen, nicht existieren. Es ist erstaunlich, daß dieser Fanatiker der künstlerischen Wahrhaftigkeit, der in den zwanziger Jahren als radikaler Verfechter der Moderne auftrat, heute als letzter Bewahrer der Klassik eine einsame, von keinem Nachfolger angestrebte Position einnimmt. Auf den Stock gestützt, noch immer ein Riese, betritt er das Podium; wenn er am Pult, vor der geöffneten, Energie ausstrahlenden Partitur sitzt, ist er der Herr einer anderen Welt. Er begann mit Bachs dritter Orchester-Suite in D-Dur und machte noch einmal zum Erlebnis, was am Anfang der Bachdeutung unseres Jahrhunderts steht: die Linearität. Wie das strenge, klare Liniengefüge der Ouvertüre zwischen den schneidenden Akzentstößen der

Trompeten expliziert wurde, das war eine Meisterleistung interpretierender Logik; sogar das ›Air‹, in ruhiger Ekstase, aber ohne banale Oberstimmen-Melodik als polyphoner, feinfaseriger Satz gespielt, ordnet sich unter das barocke Prinzip. Schon hier kommt dem Interpreten die alte klassische Orchesteraufstellung zustatten, die die ersten und zweiten Violinen, links und rechts vom Dirigenten im Vordergrund postiert, als gleichwertige Gruppen einander gegenüberstellt. Die begnadete A-Dur-Symphonie des achtzehnjährigen Mozart erklingt weich, gelöst, diskret nuanciert in der schönen Künstlichkeit ihres imitationsreichen Satzes; das sordinierte Andante ist ein Glücksmoment träumerisch-klarer Entrückung.

Und dann folgt das vollends Außerordentliche: Beethovens Pastoral-Symphonie. Otto Klemperer hat das Werk vor fünfunddreißig Jahren in der Krolloper, vor zehn Jahren im Titania-Palast dirigiert; es war immer dasselbe, der geistig sublimierte, formgezügelte Naturhymnus, der neben dem Wunder der Furtwänglerschen Pastorale-Interpretation bestand und der heute ohne Vergleich ist. Darf man von Altersreife sprechen, wenn die Vollendung von vornherein da war? Man kann nur immer wieder die absolute Größe dieser Auffassung bezeugen. Der erste Satz zieht gemächlich-beschwingt vorüber als verschlungenes Gewebe naturhafter Stimmen, der zweite, die ›Szene am Bach‹, ist raunendes Rauschen und sonores, tenorales Singen der Violoncelli und Fagotte, in welches das Intermezzo der Vogelrufe, streng austaktiert, als Kadenz einbezogen wird. Das Scherzo wird behaglich-derb, als humoristisch-rustikale Idylle musiziert, das Gewitter, frei von aller opernhaften Theatralik, wird zum kosmischen, von sakralen Posaunen akzentuierten Ereignis, das das Vorbild der Klopstockschen ›Frühlingsfeier‹ durchscheinen läßt. Das war Beethoven, wie er war, ist – wir wagen nicht zu sagen: und sein wird; denn wo sind die jungen Interpreten, die diesem Anspruch gerecht werden? Wir danken Otto Klemperer einen großen Abend des spannungsvoll musizierenden Philharmonischen Orchesters, einen großen Abend noch einmal gegenwärtiger, in ganzer Bedeutungstiefe erschöpfter klassischer Musik.«

So gern wir vor diesem Bild der Altersgröße verweilen, so fest es sich in das Bewußtsein geprägt hat – es sollte doch nicht die Erinnerung an den jungen Klemperer, den musikalischen Protagonisten der zwanziger Jahre verdrängen. Kein anderer Musiker hat den Geist dieser Geniezeit so entschieden und umfassend verkörpert wie er; was sie an Fortschritts- und Erneuerungswillen, an Zukunftsglauben und revolutionierender Formkraft in sich hatte, das konzentrierte sich im Wirken Otto Klemperers, das wurde durch ihn Tat und Gestalt. Es gab Spezialisten der Moderne wie Hermann Scherchen, Erich Kleiber, Ernest Ansermet; es gab aber niemanden, der die Totalität und die Einheit der großen Musik von der Klassik bis zur Gegenwart so souverän überschaute, so überzeugt und überzeugend demonstrierte wie er. Immer wieder hat er gesagt, er unterscheide nicht alte und neue, sondern gute und schlechte Musik.

Das Mozartbild, das seine »Don Giovanni«-Inszenierung in der Kroll-Oper enthüllte, ließ die dunklen Tiefen ahnen, die sich unter dem heiteren Formenspiel der Musik öffnen; die Oper war ein Tanz des rauschenden Lebens über Abgründen, ihr Held ein Gehetzter, Unterliegender im Wettlauf mit der Zeit und dem Tod. Das Beethoven-Bild in Klemperers »Fidelio«-Aufführung harmonierte mit den kühnsten szenischen Entwürfen der Zeit. Seine Schöpfung, die Kroll-Oper, hatte Raum für Gluck, Mozart, Beethoven, Wagner, Schönberg, Hindemith und Strawinsky, sie stellte alle unter das gleiche, übergreifende Stilgesetz lebendig-gegenwärtiger Kunstübung. Klemperer hat die Opernbühne den Bauhausmeistern geöffnet, er hat die Tradition mit dem Avantgardismus der Zeit versöhnt.

Es ist nicht auszudenken, was sich ergeben hätte, wenn die Impulse, die Klemperer gab, sich frei hätten entwickeln können. Aber die Energie seines Vorstoßes erschöpfte sich im Kampf mit der Gleichgültigkeit und dem wachsenden Widerstand der Zeit, das Jahr 1933 entzog ihm den Boden und trieb ihn in die Ferne. Ein tragischer Bruch trennt seine künstlerische Biographie in zwei gegensätzliche Hälften; gemessen an dem Elan und der Zielstrebigkeit seines Aufstiegs ist das Wirken seines Alters Fragment, Produkt mehr der Not als der Neigung und der Freiheit. Es war seine Größe, daß er der Mitwelt in beiden Erscheinungsformen, als zukunftsgläubiger Neuerer wie als rückschauender Bewahrer, gleich verehrenswert erschien; aber der oft bittere, in vielen Witzworten und Anekdoten bezeugte Sarkasmus und die gefürchteten Zornausbrüche seiner Spätzeit scheinen anzudeuten, daß er sich der Tragik seiner Existenz in einer friedlosen, von dissonanten Spannungen zerrissenen Welt schmerzlich bewußt war.

Zu den letzten, eindringlichsten Bezeugungen seines noch immer glühenden, durch reife Kunsterfahrung gezügelten Geistes gehörte die Mitwirkung des Fünfundachtzigjährigen beim Bonner Beethovenfest 1970, wo er am Pult *seines* Orchesters, des Londoner New Philharmonia Orchestra, sitzend und mit sparsam andeutenden, aber noch immer leidenschaftlich aufzuckenden, von innerer Spannung vibrierenden Bewegungen die »Eroica«, das ihm gemäßeste Werk der symphonischen Literatur, dirigierte und inmitten des lebendig-vielstimmigen, von Virtuosen aus aller Welt bestrittenen Musizierens den Geisterklang tagesferner, streng-erhabener Klassik beschwor.

Zwei Jahre danach zog er sich aus dem öffentlichen Kon-

zertleben zurück. Seinen Lebensabend verbrachte er in Zürich, stets in Kontakt mit dem Musikleben und interessiert an den Fragen der Zeit, gepflegt von seiner Tochter Lotte, die sich seit 1956, dem Todesjahr ihrer Mutter, ganz der Sorge für ihren Vater gewidmet hatte. Hier in Zürich entstand auch aus einer Folge von Rundfunk-Interviews das von Peter Heyworth herausgegebene Erinnerungsbuch, das viel Weltbetrachtung, Menschenbeurteilung und Selbstanalyse enthält und als eine improvisierte Autobiographie gelten darf. Otto Klemperer starb am 6. Juli 1973 im Alter von achtundachtzig Jahren, der letzte der legendären, durch Namen wie Walter, Furtwängler, Kleiber bezeichneten Dirigentengeneration, die das Musikleben der Weltstadt Berlin zur Zeit der Weimarer Republik geformt haben.

Wolfgang Stresemann
Bruno Walter

Frühjahr 1943, New York, Fifth Avenue Ecke 77. Straße, fünfter Stock. Zwei würdig blickende, nicht nur für amerikanische Verhältnisse offiziell gekleidete Herren haben sich zu Besuch bei einem Dirigenten angemeldet, der sonst stets zu ihnen in ihr Büro in der 57. Straße kommt. Die Besucher: Arthur Judson, »General Manager« des New Yorker Philharmonischen Orchesters, zugleich Präsident der größten Konzertdirektion »Columbia«, einflußreichster Mann im New Yorker und damit amerikanischen Musikleben, mit ihm sein engster Mitarbeiter Bruno Zirato, einst ständiger Begleiter von Caruso. Ihr Besuch gilt Bruno Walter, seit 1940 in New York ansässig, langjähriger Gast bei den New Yorker Philharmonikern, ihnen mit Unterbrechungen seit 1923 verbunden, mehrfach auch Gast bei Toscaninis NBC-Orchester (National Broadcasting Corporation). Zweck des Besuchs: in den Augen beider Herren das größte Angebot, das in der »Neuen Welt« gemacht werden kann – die Leitung des New Yorker Philharmonischen Orchesters, das sich seit Jahren mit Gastdirigenten behilft. Judson und Zirato rechnen fest mit einer Zusage, können an keinen Dirigenten denken, der ablehnen würde. Das Prestige der Position rechtfertigt ihre Sicherheit. Doch Bruno Walter lehnt ab. Nicht aus physischen Gründen, sein Herz schlägt stark, wird noch fast zwanzig Jahre eines bis zum Ende aktiven Lebens schlagen. Er erklärt, daß New York einen jüngeren Dirigenten braucht, dessen Repertoire mehr zeitgenössische Musik umfaßt, von der er sich seit vielen Jahren mehr und mehr zurückzieht. Die Besucher wollen das »Nein« nicht akzeptieren, vermuten, daß sich Walter vor der Übernahme der zahlreichen Konzerte scheut, die eine Spielzeit von sechsundzwanzig Wochen (jede Woche drei, bisweilen auch vier Konzerte) mit sich bringt. Es genüge völlig, dies bringen sie lebhaft zum Ausdruck, wenn Walter lediglich die Hälfte der Konzerte dirigiere. Sie reden auf ihn ein, bedrängen ihn geradezu, und der stets überhöfliche Walter sagt zu, über das Angebot noch einmal nachzudenken. Nach einer Woche wieder »offizieller« Besuch in seiner Wohnung. Die endgültige Antwort: »Wenn ich nur die Hälfte der Konzerte dirigiere, dann bin ich eben nicht der wirkliche Leiter und kann meiner Verantwortung nicht gerecht werden.« Judson und Zirato sind enttäuscht, verwundert. An den freundschaftlichen Beziehungen ändert sich nichts. Wenige Jahre später werden sie sich erneut an Walter wenden und ihn geneigter finden.

Der Mann, der die (Dirigenten-)Krone ausschlug und übrigens kurze Zeit später dem Chicago-Symphonie-Orchester eine ähnliche Absage erteilte, gehörte zu den »dienstältesten« Dirigenten, kam, einer deutschen Tradition entsprechend, von der Oper. 1876 in Berlin geboren, mit zwölfeinhalb Jahren Solist des Berliner Philharmonischen Orchesters (Moscheles Klavierkonzert Es-Dur), entschloß er sich kurz danach unter dem Eindruck eines Bülow-Konzerts, Dirigent zu werden, dirigierte mit noch nicht ganz achtzehn Jahren seine erste Oper in Köln (»Der Waffenschmied« von Lortzing), kam ein Jahr später an die Hamburger Oper, wo er Gustav Mahler begegnete, der ihm Vorbild, Berater und Freund wurde. Weitere Stationen: Breslau (dort änderte er seinen Geburtsnamen Schlesinger in Walter), Pressburg, Riga (erster Kapellmeister mit zweiundzwanzig Jahren), Berlin, Staatsoper, wo sich Richard Strauss, Karl Muck und der jetzt gerade vierundzwanzig Jahre gewordene Neuling das Repertoire teilten. Walter debütierte mit Bizets »Carmen«, dirigierte den gesamten »Ring« und leitete die Erstaufführung von Pfitzners »Der arme Heinrich«. 1901 bis 1912 »K. und K. Hofopernkapellmeister« in Wien, von Mahler gerufen und dort von ihm entscheidend geformt; nach anfänglichen Schwierigkeiten Durchbruch mit Verdis »Maskenball«, Leiter der Wiener Singakademie (1911 bis 1912); 1910 österreichischer Staatsbürger. Ab Januar 1913 Nachfolger von Felix Mottl als »Königlich bayerischer Generalmusikdirektor« an der Münchener Oper mit einem Geheimvertrag, nach Ablauf des sechsjährigen Vertrages, also vom 1.1.1919 an als Hofoperndirektor nach Wien zurückzukehren (eine Position, die es dann nicht mehr gab), 1922 Rücktritt von der Münchener Staatsoper. 1924 Übersiedlung nach Berlin, dort bis Anfang 1933 Leiter der »Bruno-Walter-Konzerte«, alljährlich sechs Doppelkonzerte mit dem Berliner Philharmonischen Orchester, 1925 bis 1929 Generalmusikdirektor an der Städtischen Oper, Berlin, 1929 bis Anfang 1933 »Gewandhauskapellmeister« in Leipzig, während der zwanziger und dreißiger Jahre Gastdirigent (Oper und Konzert) in Amerika, London, Paris, Moskau, Rom, Mailand, Wien, Amsterdam. 1933 bis 1938 künstlerische Leitung der Salzburger Festspiele, 1936 bis 1938 künstlerischer Leiter der Wiener Staatsoper in Zusammenarbeit mit Erwin Kerber, Co-Direktor für geschäftliche Angelegenheiten der Oper wie der Salzburger Festspiele. 1938 bis 1939 Gastdirigent in Amerika, Frankreich, Holland, Skandinavien und anderen Ländern.

Außerordentlich die Leistung des Vielgereisten. Dabei ist er gar nicht zu ewiger Wanderschaft geboren, vielmehr entspricht es seinem Wesen, »Hüter und Bewahrer einer kulturellen Institution zu sein«, wie er in seinen Lebenserinnerungen »Thema und Variationen« schreibt, mit ihr zusammenzuwachsen, sie mit seinem Geist, seinem musikalischen Verständnis zu erfüllen, ein auf ihn eingeschworenes »Walter-

Ensemble« zu bilden. Kein Wunder, daß er in seinen Erinnerungen die Münchener Dekade die fruchtbarste Zeit seines Lebens nennt, während der er im überreichen Maße geben konnte und der »Fülle und Intensität des Gebens die freudige Wärme des Nehmens antwortete« (Erinnerungen). Als der fast Dreiundachtzigjährige vor seinem Wiener Abschiedskonzert – dem letzten in Europa – Ehrungen aus Wien und auch aus München empfing, meinte er lächelnd, daß seine Tätigkeit in München längst »verjährt« sei. Er hat ihrer in seinen Erinnerungen eingehend gedacht. Um die Bedeutung seines Wirkens deutlich zu machen, genügt die Erinnerung, wie nach der Ankündigung vom eventuellen Ausscheiden des Generalmusikdirektors das geistige München in einer von Thomas Mann, Hans Pfitzner, Ricarda Huch, Max Halbe, Olaf Gulbransson und vielen anderen unterzeichneten Bittadresse Walter zum Überdenken seines Rücktrittsgesuches aufforderte, Opernintendanz und Behörden sich diesem Wunsch anschlossen, das Publikum durch wachsende Ovationen seine Sympathie zum Ausdruck brachte. Walter fühlte, wie Mahler am Ende seiner Wiener Operntätigkeit, er habe »seinen Kreis ausgeschritten«, und blieb bei seiner Entscheidung, die später auch von persönlichen Gründen (es handelte sich nicht um antisemitische Strömungen) mitgetragen wurde.

Nach der Abschiedsvorstellung (»Fidelio«) begab sich ein Teil des Publikums zu einem Gasthaus, in dem sich Walter mit einigen Freunden befand, und huldigte ihm solange, bis er von einem Balkon aus eine kurze Rede hielt. – Noch eine bezeichnende Begebenheit. Als Walter einige Jahre später die Städtische Oper in Berlin übernahm, folgte ihm ein erheblicher Teil seines alten Münchener Ensembles, darunter Maria Ivogün, Maria Olzsewska und Emil Schipper. Die Möglichkeit, mit Walter aufs Neue zusammen zu arbeiten, veranlaßte sie zu ihrem so einschneidenden Entschluß in einer Zeit, die den Flugverkehr noch nicht kannte. Friedrich Schorr, unvergessener Wotan, grandioser Hans Sachs, sprach mit Recht von dem »Wunder Bruno Walter«, von seiner Fähigkeit, aus Sängern und Sängerinnen Spitzenleistungen herauszuholen, ihnen ein sonst kaum gekanntes Höchstmaß an Dramatik, aber auch an Schönheit und Ausdruck abzugewinnen. – Schließlich fällt ein musikhistorisches Ereignis in die Zeit von Walters Münchener Wirken: Die Uraufführung von Pfitzners »Palestrina« im Jahre 1917, eine Oper, die auch heute noch zu den bedeutendsten dieses Jahrhunderts zählt. So groß war der Eindruck jener Aufführung (Besetzung: Carl Erb, Emil Schipper, Maria Ivogün, Delia Reinhardt), daß die Münchener Oper inmitten des Weltkrieges eingeladen wurde, in Zürich, Basel und Bern mit dem »Palestrina« zu gastieren, wo das Werk und seine meisterliche Darbietung den gleichen Widerhall wie in München fanden.

Walter zählt diese Uraufführung zu den »größten Ereignissen meines Lebens«.

Sein späteres Wirken in Berlin hat entscheidend jene – nur kulturell »goldenen« – zwanziger Jahre mitgeprägt, die in die Geschichte der ehemaligen Reichshauptstadt eingegangen sind. Kaum war er in die Städtische Oper eingezogen, als sich die Gewichte verschoben, das in Charlottenburg gelegene »zweite« Opernhaus einen gewaltigen Zulauf erhielt und der hochdotierten, weitaus berühmteren Staatsoper Unter den Linden den Rang streitig machte. Viele Opernfreunde lernten nun den innen wie außen höchst unattraktiven Bau in der Bismarck-straße kennen, wurden Stammgäste. Walter-Premieren (so die Berliner Erstaufführung von Puccinis »Turandot«, Donizettis »Don Pasquale«, die selten gespielte Weber-Oper »Euryanthe«, Debussys »Pelléas und Melisande«, die »Zauberflöte« mit den Schinkel-Dekorationen, Verdis »Othello«, vom Wagner-Reper-toire »Tristan« und »Die Meistersinger«), insgesamt sechsund-zwanzig Erst- und Neuaufführungen in vier Spielzeiten, gehör-ten zu den kulturellen Spitzenereignissen Berlins. Für sein ver-frühtes Ausscheiden hat Walter in seinen Erinnerungen mit Recht den zum Intendanten beider Berliner Opernhäuser »avancierten« Heinz Tietjen verantwortlich gemacht, der die Städtische Oper zugunsten der Staatsoper benachteiligte, von Walter entdeckte junge Künstler sogleich an das Haus Unter den Linden wegengagierte. Wiederum wählte Walter für seine Abschiedsvorstellung »Fidelio« (an der der Verfasser teilnahm und sich die Hände wundklatschte), und wiederum konnte er die nach seinen »Erinnerungen« fast noch länger als in Mün-chen andauernden Beifallsstürme erst durch eine Ansprache, diesmal von der Bühne, beenden. Zu den glänzend besuchten »Bruno-Walter-Konzerten« versammelte sich stets eine ihm

Von 1901 bis 1912 war Bruno
Walter Kapellmeister an der
Wiener Oper, bis 1907 unter
Hofoperndirektor Gustav Mahler, der an Walter schrieb: »Ich
weiß niemanden, von dem ich
mich so verstanden fühle wie
von Ihnen, und auch ich glaube,
tief in den Schacht Ihrer Seele
eingedrungen zu sein...« (Foto
1903)

Schon 1895, beim Partitur-
Studium von Hans Pfitzners
Jugendwerk »Der arme Heinrich«, hatte Bruno Walter »die
unzweifelhaft schöpferische
Kraft eines dramatischen Musikers« gespürt. 1917 konnte er
eine Pfitzner-Uraufführung dirigieren: »Ich persönlich zähle die
Aufführung des ›Palestrina‹,
nach meiner Meinung des
gewaltigsten musikalischen Büh-
nenwerks unserer Zeit, zu den
großen Ereignissen meines
Lebens, und die Epoche der Vorbereitungen und Proben ist mir
unvergeßlich geblieben.« Das
Foto zeigt eine Besprechung mit
Pfitzner (Mitte) und Kostüm-
direktor Kirschner (rechts).

Orchesterprobe im Münchener Prinzregententheater. »Nichts glich für mich dem Moment meines Eintritts in den riesigen unterirdischen Orchesterraum…, wo meine Musiker, unfestlich gekleidet, aber in festlicher Bereitschaft, an ihren Plätzen saßen.«

Thomas Mann reiste 1935 aus dem Schweizer Exil nach Salzburg, um einige Festspielaufführungen unter Bruno Walter – Freund aus gemeinsamen Münchener Jahren – zu hören. »Zum Thee per Wagen zu Walters Wohnsitz, Thee auf der Terrasse mit Toscanini…« (Tagebuchnotiz von Thomas Mann)

Nach einer Probe in der Städtischen Oper Berlin (1928), von links Bruno Walter, der Komponist Julius Bittner, der Verleger Fidesser, zwei Schauspieler (oben).

1929 in Berlin: Nach einem Gastspiel der Mailänder Scala, das Arturo Toscanini leitete, gab der italienische Botschafter ein Festessen. Unter den Gästen waren Bruno Walter, Toscanini, Erich Kleiber, Otto Klemperer und Wilhelm Furtwängler. Walter erinnert sich an Berlin in jenen Jahren: »Es war, als ob alle hohen künstlerischen Kräfte noch einmal aufstrahlten und dem letzten festlichen Symposion der Geister seinen vielfarbigen hohen Glanz gaben, bevor die Nacht der Barberei hereinbrach.«

treu ergebene Gemeinde, die seine authentischen Mahler-Auf-
führungen, reine Mozart-Abende (damals eine Neuerung), 1928
eine »Schubert-Feier« (»Unvollendete«, große C-Dur-Symphonie, dazwischen Lieder, Dusolina Giannini mit Walter am Klavier) und viele andere, sinnvoll zusammengestellte Programme
begeistert aufnahm.

In der Philharmonie gab es dann keinen Abschied mehr,
die Nazis drohten, im Saal alles kurz und klein zu schlagen.
Walter begab sich sofort nach Wien, nachdem er über seine
Berliner Konzertdirektion erfuhr, er gelte bei den Nazis auch
politisch als verdächtig. In Wien erreichte ihn ein Notruf: Willem Mengelberg erkrankt, könnte er, Walter, einige Konzerte
im Concertgebouw übernehmen? Schon an der belgisch-hol-
ländischen Grenze (Walter reiste über die Schweiz, Frankreich
und Belgien) stiegen Journalisten in den Zug. Die Nachricht,
Bruno Walter dürfe in Deutschland nicht mehr dirigieren, hatte
überall, auch in Holland, wo er besonders beliebt war, größtes
Aufsehen hervorgerufen. Am Bahnhof in Amsterdam erwartete
Rudolf Mengelberg, ein Vetter des holländischen Dirigenten,
seinen ihm eng befreundeten Gast. Als sie aus dem Bahnhof
heraustraten, war der riesige Platz davor, so berichtet Walter in
seinen Memoiren, schwarz von Menschen. »Sie waren gekommen, um ihre Sympathie einem Musiker zu bezeugen, dessen
Name und Wirken in Holland bekannt war und der ein schwe-
res Unrecht erlitten hatte; sie wollten auf diese Weise gegen das
Unrecht und gegen die Gesinnung, die es begangen, demon-
strieren. Und plötzlich begannen sie zu singen; es war ein altes
niederländisches Freiheitslied, das sie anstimmten, und der
schöne, feierliche Klang, der über den weiten Platz und das
Wasser in die Abenddämmerung hinausdrang, verklärte die
Antinazi-Demonstration der Amsterdamer Sozialdemokraten –
sie waren es, wie ich nachher erfuhr – zu einer Bekundung
menschlicher Verbundenheit.« Ähnlich die Reaktion in Wien,
wo er Mahlers Achte, die sogenannte »Symphonie der Tausend« dirigierte. Dort gab es bei Beginn und am Ende demonstrativen Beifall in einem solchen Ausmaß, daß Walter schließlich einige Worte an das Publikum richten mußte, sich aber
jeder politischen Anspielung enthielt, »es hätte«, wie er
schreibt, »schlecht zur Botschaft Mahlers und Goethes gepaßt,
die soeben verklungen war.« Aber Walter nahm nun bei anderen Gelegenheiten, so bei Banketten, die ihm zu Ehren in
London und Paris gegeben wurden, das Wort, um diejenigen
anzuprangern, die Schmach und Schande über Deutschland
gebracht hatten. Jahre später eine großzügige, Walter berüh-
rende Geste der französischen Regierung: Als man in Paris
nach dem »Anschluß« Österreichs hörte, daß Walter keinen
gültigen Paß mehr besaß, wurde ihm die französische Staatsangehörigkeit angetragen, die er dankbar annahm.

126

Der Mann, dessen Ächtung weltweites Echo hervorrief, hatte noch 1929 bei seiner Ernennung zum »Gewandhauskapellmeister« in Leipzig gehofft, »eine würdige Aufgabe für den Rest meines Lebens« gefunden zu haben. Fühlte er doch schon als Gast eine Art »Wahlverwandtschaft« mit diesem ältesten, angesehensten deutschen Konzertinstitut, an dem einst Felix Mendelssohn, Ferdinand Hiller, Carl Reinecke, später Arthur Nikisch und zuletzt Wilhelm Furtwängler gewirkt hatten. Vergeblich. Noch vor dem Berliner »Eclat« verboten die Nazis das für die zweite Märzhälfte 1933 vorgesehene Auftreten Walters. Das gleiche, Jahre darauf, in Wien, wo Walters Tätigkeit als künstlerischer Leiter der Staatsoper ein abruptes Ende fand. Nach dem Einmarsch der Deutschen wurde seine gesamte Habe beschlagnahmt, seine Tochter für kurze Zeit ins Gefängnis gebracht, er selbst und seine Frau entgingen einer Verhaftung nur, da er gerade in Holland gastierte. Nicht einmal sein für ihn unschätzbares Notenmaterial wurde wieder herausgegeben, so daß sich Walter in monatelanger Arbeit neue Orchesterstimmen einrichten mußte. In Lugano, seinem nächsten Wohnsitz, stand er jeden Morgen um sechs Uhr auf, um die für kommende Konzerte notwendigen Vorbereitungen zu treffen.

Gleich nach der Angliederung Österreichs erhielt Walter vom Präsidenten der Philharmonischen Gesellschaft in New York, Henry F. Flagler, eine Anfrage, ob und wie man ihm, auch finanziell, helfen könne. Noch einmal dirigierte er als Gast in den Vereinigten Staaten. Nach dem Ausbruch des Krieges aber wanderte er dann endgültig ein, suchte in Amerika eine neue Heimat, eine neue Staatsangehörigkeit, seine vierte und letzte. Dabei dachte er nicht im geringsten daran, sich musikalisch anzupassen. Von Toscanini eingeladen, als Gast dessen New Yorker NBC-Orchester zu dirigieren, scheute er sich nicht, Bruckners »Romantische« zu programmieren, ein »schwerer Brocken«, da Bruckner-Symphonien Anfang der vierziger Jahre in den Staaten, ähnlich wie in weiten Teilen Europas, kaum gespielt wurden. Als dann Walter während der Spielzeit 1940/41 wieder vor den New Yorker Philharmonikern stand und vom Orchester als alter Freund begrüßt wurde, bestand sein »Dankesgruß« aus der Achten von Bruckner, die schon wegen ihrer außerordentlichen Dimensionen kaum Begeisterung hervorzurufen vermochte. Zum Beginn des Programms (eine Pause war wegen eines Vertrages mit dem Pächter des kleinen Restaurationsbetriebes obligatorisch) ein nicht zum Repertoire gehörendes »Concerto Grosso« von Händel, das als kammermusikalisches Werk besondere Anforderungen an die Orchestermitglieder stellte. Beide Kompositionen keineswegs publikumswirksam; ungewohnt schon die nach kaum zwanzig Minuten eintretende Pause, noch ungewohnter eine Symphonie, deren erste drei Sätze über eine Stunde dauerten.

Kein Wunder, daß nach dem dritten, dem fast halbstündigen »Adagio«, ein betrüblicher Exodus, vornehmlich von Alt-Abonnenten einsetzte, daß auch die Presse zum Teil negativ reagierte. Vor allem der allmächtige Kritiker der »New York Times«, Olin Downes, ein geschworener Feind der Musik von Bruckner und Mahler, äußerte sich überaus kritisch. Walters Mut zeigte sich erneut bei seinem zweiten Programm: er dirigierte Mahlers »Lied von der Erde« und mußte wiederum einen ablehnenden Bericht in der »Times« lesen.

1942 hielt er Einzug in der »Metropolitan Opera« mit »Fidelio« (Titelrolle: Kirsten Flagstad), und seine Aufführung besaß Signalwirkung. Endlich – dies war der Widerhall bei Presse und Publikum – stand wieder ein großer Musiker am Pult, der Bühne und Orchester zu einer künstlerischen Einheit schmiedete, Sänger und Sängerinnen zu einem zuvor nicht gekannten Leistungsgrad emporführte, seinen Stempel dem Gesamtgeschehen aufdrückte. Obwohl Walter, wie alle Dirigenten an der Met, nur als Gast auftrat (erst seit einigen Jahren hat die Oper einen die künstlerische Gesamtverantwortung tragenden Generalmusikdirektor), sprach man vom Beginn einer neuen Ära. Noch in der gleichen Spielzeit dirigierte Walter »Don Giovanni« mit der Idealbesetzung Ezio Pinza in der Titelpartie sowie Smetanas »Verkaufte Braut«, die von Jarmila Novotna hinreißend gesungen und gespielt wurde. Der General Manager der Oper, Edward Johnson, gratulierte und wunderte sich zugleich, daß sein neuer Gastdirigent auch auf der Bühne eingriff, Regie-Einzelheiten, Szenerie, selbst Kostüme besprach und beeinflußte.

Weitere Opern, die Walter an der Met leitete: »Figaros Hochzeit«, »Die Zauberflöte«, diese sowohl in englischer wie in deutscher Sprache. Auch »Fidelio« (Titelrolle: Regina Resnik) wurde unter Walter einmal in englischer Übersetzung gegeben. Wenig später machten zwei Verdi-Aufführungen Furore: »Ein Maskenball« und »Die Macht des Schicksals«. Dann sollte er noch einmal den »Tristan« dirigieren, hatte bereits mit den Orchesterproben begonnen, als ihn eine schwere Grippe zur Absage zwang. »Tristan und Isolde«, *das* umstürzende Erlebnis des Dreizehnjährigen, der, in einer anti-wagnerischen Umgebung aufgewachsen und erzogen, nach einer heimlich besuchten Aufführung am nächsten Morgen wußte, daß sich sein musikalisches Leben verändert, eine neue Epoche begonnen habe. »Wagner war mein Gott und ich wollte sein Prophet werden«, so heißt es in den Erinnerungen Walters, dessen Liebe zu Wagner nie nachließ. Wer »Tristan«-Aufführungen unter Walter gehört hat, wird sie nicht vergessen. Unvergeßlich auch seine Wiedergaben des »Vorspiel und Liebestod« in der Carnegie Hall; wie großartig vermochte er die Musik des »Liebestod« zu steigern, aus dem über sich selbst hinauswachsenden Orche-

128

ster ein Höchstmaß an gesanglicher Schönheit herauszuholen.

Mit seinen keineswegs einfachen, reichlich »hartgesottenen« Musikern verstand sich Walter von Anbeginn. Ein prachtvolles Ensemble, vor allem die New Yorker Philharmoniker der vierziger und fünfziger Jahre, die glänzend und grundmusikalisch spielen konnten, wenn sie richtig geführt wurden; hervorragende Solisten sowohl bei den Hölzern wie bei den Blechbläsern, ein brillanter Pauker, ausgezeichnete Streicher und Konzertmeister, auch wenn Walter oft genug »more espressivo« oder »sing more« zurufen mußte. »Man setzt sich an einen reich gedeckten Tisch«, pflegte er zu sagen, wenn er im Verlauf von mehr als fünfzehn Jahren das Orchester in jeder Spielzeit für eine oder mehrere kurze Perioden übernahm. Für alle Hauptwerke brachte Walter sein eigenes Material mit Bogenstrichen, die den Geigern oft nicht zusagten, auf deren Einhaltung er jedoch genau achtete. Unbarmherzig, unter erheblichem Zeitaufwand, korrigierte er rhythmische Ungenauigkeiten, monierte unrichtige oder mangelnde Phrasierungen, sang den Musikern einzelne Phrasen vor und bestand auf dem jeweils gebotenen Ausdruck – nach der technischen Beherrschung der Partitur für ihn vornehmste, wichtigste Aufgabe des Dirigenten. Er beseelte die Musik, vor allem in langsamen Sätzen, rief den Musikern »Feuer« zu, wenn es ihrem Spiel an Temperament zu fehlen schien, er vermittelte, wie in der großen C-Dur-Symphonie von Schubert oder in Schumanns Vierter, den solistischen Posaunen das Gefühl jenseitiger Ferne. Immer verliefen Walters Proben ohne Mißklang. Die Worte »Gentlemen, I am not happy« bedeuteten bereits ein Zeichen erheblicher Unzufriedenheit.

Ein einziges Mal war Walter zumindestens über den anfänglichen Verlauf einer Probe alles andere als glücklich. Februar 1947: die Fünfte von Mahler steht auf dem Programm. Das Werk beginnt mit einem Trauerzug (»Wie ein Kondukt«). Im Orchester herrschen Unruhe, Nervosität, die Einsätze, das Trompetensolo klappen nicht, dem Geigenton fehlt es an klanglicher Schönheit. Beim Beginn der Probenpause zeigt sich Walter verstört, beklagt sich über mangelnde Konzentration im Orchester. »Was ist nur los?« fragt er, besorgt um Mahlers Musik. Ein Freund entgegnet ihm: »Aber Sie haben doch die Zeitung gelesen; Rodzinski [Chef des New Yorker Philharmonischen Orchesters] ist zurückgetreten, das Orchester freut sich über diese völlig unerwartete Nachricht, und Sie probieren einen Trauermarsch!« Walters stets präsenter Humor brach sofort durch, er verstand, und der zweite Teil der Probe verlief weitaus besser.

Was war geschehen? Artur Rodzinski hatte plötzlich dem »Board« der »Philharmonic Society« seinen Rücktritt erklärt und in der Öffentlichkeit heftige Angriffe allgemeiner Art gegen Arthur Judson in seiner Doppelfunktion beim Orchester und als Präsident der Columbia-Concert-Corporation gerichtet. Große Schlagzeilen der New Yorker Zeitungen, die dem Dirigenten ihre Spalten öffnen, sich eine Sensation erhoffen. Doch diese bleibt aus, denn als man Rodzinski bittet, seine Vorwürfe zu konkretisieren, hat er nichts Schwerwiegendes vorzubringen. Schnell verlautet, daß der verärgerte, angeblich impulsiv handelnde Dirigent längst einen Vertrag nach Chicago abgeschlossen hat (von wo er übrigens nach ganz kurzer Zeit ebenfalls mit großem Krach abgeht). Nachdem die Scherben weggefegt sind, steht eins fest: das New Yorker Philharmonische Orchester hat ab sofort keinen Musical Director mehr, muß sich auf die Suche begeben, die sehr lange dauern kann, zumal die meisten prominenten Kandidaten durch langfristige Verträge an andere Orchester gebunden sind. Eine Notsituation, von Rodzinski absichtlich herbeigeführt, der fairerweise den New Yorker Board weit früher hätte unterrichten müssen. Diesmal erscheinen Judson und Zirato nicht im »amtlichen« Gewand, sie bitten Walter am Ende einer Mahler-Probe, dem befreundeten Orchester helfend zur Seite zu stehen. Walter lehnt es erneut ab, Musical Director zu werden, er steht im zweiundsiebzigsten Jahr, hat seine Verpflichtungen begrenzt und will keine neuen mehr übernehmen. Aber die unverschuldete Notlage des Orchesters, dem er schließlich seit fast einem Vierteljahrhundert verbunden ist, gebietet die Suche nach einem Ausweg, nach einer Übergangslösung, für die er sich zur Verfügung stellt. Walter erklärt seine Bereitschaft, die kommende Spielzeit künstlerisch zu gestalten, sechs Wochen der nunmehr achtundzwanzig Wochen dauernden Spielzeit selber zu dirigieren, für die anderen vertrauenswürdige Gastdirigenten zu verpflichten, deren Programme zu koordinieren, also für eine kurze Zeit Verantwortung und Aufgaben eines Musical Directors zu übernehmen, ein Angebot, das sogleich akzeptiert und veröffentlicht wird. Aber dieser Titel gebührt ihm nicht; so schlägt er vor, daß er als Musical Adviser (Ratgeber) fungiert, womit alle Beteiligten einverstanden sind.

Der neue »Adviser« verbringt nun Stunden im Philharmonischen Büro; der letzte Brief, den er vor Beginn seiner Sommerreise diktiert, enthält seine Rücktrittsankündigung, damit man sich so schnell wie möglich nach einem jüngeren Hauptdirigenten für die übernächste Spielzeit umsehen könne. Doch noch einmal wird er gebeten, während einer zweiten Saison als Adviser zu amtieren und eine etwas größere Zahl von Konzerten zu leiten. »Ich habe doch gar kein Repertoire für so viele Konzerte«, gibt er zur Antwort, der nicht mehr Allerweltsprogramme dirigieren, sondern sich auf wenige, ihm besonders am Herzen liegenden Werke beschränken möchte. Zirato lächelt: »Warum dirigieren Sie nicht einen sechswöchigen Beethoven-Zyklus, übernehmen zwei weitere Wochen, und die übrigen Konzerte gehen an Gastdirigenten, die sich bewährt haben.« Walter gibt nach; einen Beethoven-Zyklus, wie er ihn schon einmal in München geleitet hatte, konnte und wollte er nicht ausschlagen. Nach feierlicher Versicherung, man werde ihn mit Ablauf der Spielzeit 1948/49 endgültig aus seiner Ratgeber-Verantwortung entlassen, unterschreibt er noch einmal den Vertrag.

Er hat die Unterschrift nicht bereut. Der Beethoven-Zyklus erwies sich als Höhepunkt der Spielzeit, ausverkaufte Häuser, nach der Neunten, mit der sich Walter als Adviser verabschiedete, zahlreiche Ehrungen. Ein Rückblick sei erlaubt. Fünf Jahre zuvor, als der Weltkrieg noch im Gange war, wurde Walter im gleichen Saal nach einer Aufführung des gleichen Werkes geehrt. Anlaß war sein fünfzigjähriges Dirigentenjubiläum. Alle in Amerika lebenden Dirigenten, an ihrer Spitze Toscanini, hatten damals Walter eine gemeinschaftliche Glückwunschadresse übersandt, Toscanini überdies sein Bild mit einer besonders freundschaftlichen Widmung. Vom Podium der Carnegie Hall hielt der »Chairman« des Board der Philharmonischen Gesellschaft eine Ansprache; Walter antwortete mit einer Dankesrede, in der er die moralischen Kräfte der Musik pries, eine ihm immer wieder mit Lebensmut erfüllende Stütze während eines halben Jahrhunderts.

In Erinnerung steht auch ein Brahms-Zyklus, den Walter Anfang der fünfziger Jahre leitete. Walter war, wie Furtwängler, ein geborener Brahms-Dirigent, der neben den Symphonien weniger populäre Werke wie das »Schicksalslied«, die »Alt-Rhapsodie«, die »Tragische Ouvertüre« in New York aufführte. Besonders liebte er die in Aufschwung und Verklärung gleich große Dritte; ihre Wiedergabe in Carnegie Hall – eine

wahre »Sternstunde«. Eine andere Sternstunde: die Aufführung der damals in New York wenig bekannten »Frühlingssym-
phonie« von Robert Schumann. Die Zuhörer, unter ihnen zahlreiche Musiker, waren hingerissen von diesem, den Geist der
deutschen Romantik zutiefst widerspiegelnden Werk, wie auch
von seinem Interpreten, einem »deutschen« Dirigenten, wie
sich Walter selber einmal in einem Gespräch mit Furtwängler
bezeichnete, das während der Nazizeit in einem neutralen
Land stattfand. Wie Furtwängler war auch Walter ein kongenia-
ler Interpret der großen Schubert C-Dur-Symphonie, die er
weniger heroisch, dafür musikantisch-österreichischer auffaßte,
ohne der himmelstürmenden Großartigkeit der Ecksätze das
Geringste schuldig zu bleiben. Ein anderes interessantes Wal-
ter-Programm: die Schubert-Symphonie (ausnahmsweise im
ersten Programmteil), Wagners »Wesendonk-Lieder« mit Kirsten Flagstad, Bruno Walter am Klavier und die Schlußszene
aus der »Götterdämmerung« mit der berühmten Wagnersängerin als Solistin.

Unmöglich, in diesem Rahmen alle Werke zu nennen,
die Walter trotz seines zunehmenden Alters dirigierte. Nach
wie vor führte er – teilweise unter Protest einiger Emigranten –
auch während des Zweiten Weltkrieges – Richard Strauss auf,
nicht nur die drei berühmten symphonischen Dichtungen
»Don Juan«, »Tod und Verklärung«, »Till Eulenspiegel«, sondern daneben »Don Quixote« und die »Sinfonia domestica«.
Weiterhin programmierte er Berlioz’ »Phantastische«, Debussys »La Mer« und »L’Après-midi d’un Faune«, Kompositionen
von Ernest Bloch und Erich Wolfgang Korngold, Werke amerikanischer Komponisten, von den älteren Carpenter, Mason,
den (damals) jüngeren Barber, dello Joio, Douglas Moore. Er
brachte Schönbergs »Verklärte Nacht«, Bartóks »Deux Images«
und als New Yorker Erstaufführung 1949 Hindemiths »Sinfonia
Serena«. Damals fühlte sich Walter als Musical Adviser besonders verpflichtet, einige zeitgenössische Werke zu dirigieren,
fand große Freude an der einzigen Hindemith-Komposition,
die er jemals in seinem Leben aufführte. Walter benutzte keine
Partitur, hatte zuvor dem in Yale lehrenden Komponisten sein
Werk am Klavier vorgespielt, wie er es stets bei neuen Stücken
tat, um seine Auffassung mit der des Komponisten abzustim-
men. Hindemith, heute zu Unrecht vernachlässigt, erschien zu
der Sonntags-Nachmittagsaufführung, wurde in der Carnegie
Hall lebhaft gefeiert und bedankte sich für die mit größter Sorg-
falt vorbereitete Wiedergabe, sicherlich verwundert über diese
einmalige Begegnung mit dem zweiundsiebzigjährigen Bruno
Walter, der von ihm so lange nichts hatte wissen wollen.

Wenn Bruno Walter eine Mahler-Symphonie ansetzte –
dank der Philharmonic Society, die ihm stets für seine Programme freie Hand ließ –, so durfte man von einem Höhe-

punkt der jeweiligen Philharmonischen Spielzeit sprechen. Walters innige Beziehung zu Mahler und Mahlers Schaffen, nunmehr Teil der Musikgeschichte, hat kaum jemals unvoreingenommene Konzertbesucher unberührt gelassen, ob es sich nun um die großen Abschiedswerke, das »Lied von der Erde« und die Neunte (ihre erschütternde Wiedergabe vor einem Vierteljahrhundert bleibt im Gedächtnis) oder die in jüngeren Jahren geschriebene Erste (»Der Titan«) und die darauffolgende »Auferstehungssymphonie« handelte. Anläßlich einer Aufführung der ersten Symphonie Mitte der fünfziger Jahre streckte sogar Olin Downes die Waffen und schrieb dem Sinne nach: »Ich bin zwar nach wie vor gegen Mahler, aber wenn er so aufgeführt wird, wie durch Walter, dann bleibt gar nichts anderes übrig, als zuzustimmen.« Die Dritte dirigierte Walter in New York nicht; er erinnerte an eine Aufführung in Berlin während der zwanziger Jahre, die ihn so stark mitnahm, daß er das ungeheuere Werk seither nicht mehr ansetzte. Hingegen leitete er mehrfach die heiter endende, von »himmlischen Leben« erzählende Vierte, die er übrigens auch in Boston, Chicago und Detroit dirigierte. Außerordentlich der Eindruck der Fünften, fast eine »Novität« in Carnegie Hall. Die Symphonien sechs bis acht hat Walter in Amerika nicht dirigiert. Für die »Symphonie der Tausend« war das Podium der Carnegie Hall sowieso zu klein, die Siebente hat Walter in Europa nur ganz selten angesetzt, die Sechste, heute die am meisten gespielte Symphonie, nie aufgeführt. Nicht etwa wegen ihres düsteren Endes, ihrer Katastrophenstimmung, »des Kampfes aller gegen alle«, wie Walter das grandios-finstere Finale nannte. Nach dem wahren Grund erkundigte sich übrigens Mahler selber während eines der vielen nächtlichen Spaziergänge, die er mit seinem jüngeren Freund und Schüler unternahm. Walter antwortete mit der gebotenen Offenheit, ihm erscheine das Seitenthema des ersten Satzes - Mahler schrieb es in Gedanken an seine Frau Alma nieder – nicht stark genug, zu sentimental, abfallend im Vergleich zu dem grimmig-starken Beginn. Mahlers Reaktion: er schwieg und beide setzten ihre Wanderung im Dunkeln fort.

Bruckner-Aufführungen unter Walter galten ebenfalls als Höhepunkte in der Carnegie Hall. Walter erzählt in seinen Erinnerungen, daß er schon in jungen Jahren Bruckners Themen liebte, aber nicht wußte, wie man die Riesenblöcke einer Bruckner-Symphonie zusammenzuhalten und zu gestalten vermöchte. Nach einer längeren Erkrankung, noch ruhebedürftig, studierte er wiederum Bruckner-Partituren, befand sich plötzlich in der richtigen Seelenstimmung, um diese in Gott ruhende, einem gewaltigen Epos vergleichbare Musik neu in sich aufzunehmen, ihre monumentale Architektur zu begreifen, sich in der Welt, der Weltenferne des Meisters von St. Flo-

Von 1933 bis 1938 gehörte Bruno
Walter dem Direktorium der
Salzburger Festspiele an. Unten:
Walter mit seiner Familie nach
einer Festspielprobe. Das Bild
oben zeigt Walter wahrscheinlich
mit Franz Lehár.

1925 wurde Bruno Walter
Generalmusikdirektor an der
Städtischen Oper in Berlin. »Wir
nahmen eine Wohnung am
Kaiserdamm in Charlottenburg
und übersiedelten damit definitiv nach Berlin – oder wenigstens schien es so.« – Walter mit
Frau und Töchtern in der Berliner Wohnung.

Eben zwölf Jahre alt, hatte
Bruno Walter als Pianist debütiert. Später, in seinen Dirigen-
tenjahren, spielte er gelegentlich
den Klavierpart auf Liederaben-
den.

Probe zu einem Mozart-Konzert,
1930. Für Bruno Walter war
Mozart der »Genius«, »dem als
Musiker zu dienen ich mein gan-
zes Leben hindurch bemüht
gewesen bin.« »Mozart gibt der
Welt die Wahrheit gehüllt in den
Schleier der Schönheit.«

rian zu beheimaten. Sehr bald empfand er als Lebensaufgabe, wie er schreibt, »die Quellen der Erhebung zu erschließen, die aus Bruckners Musik entspringen«, folgte diesem inneren Ruf mit geradezu heiliger Inbrunst, »predigte« Bruckner, dessen Musik, ihm, dem älter Werdenden, immer »gemäßer« wurde. Unendlich schwer, Bruckner der amerikanischen Zuhörerschaft, insbesondere in dem hektisch-unruhigen New York näherzubringen. Aber Amerika war nun Walters zweite, wahre Heimat geworden, hier fühlte er sich geradezu herausgefordert, die Größe des so lange verkannten, umkämpften Meisters von St. Florian auch anfänglich tauben Ohren zu verkünden. Neben den bereits erwähnten Symphonien, der vierten und achten, dirigierte er mehrfach die siebente, sicherlich Bruckners eingängigste Symphonie, sowie die »sub specie mortis« geschriebene unvollendete neunte, die ihn besonders anzog. Ihr langsamer (dritter) Satz endet nicht in Verklärung, sondern im Triumph. Die in den letzten Takten des Adagio-Schlusses aufsteigenden Hörner sollen nach Bruckners Vorschrift crescendieren, nicht verklingen, das Dunkel ist überwunden, der Himmel erreicht.

Könnte man Bruno Walter selber nach dem Höhepunkt seiner Konzerte in der Carnegie Hall fragen, er würde vermutlich die insgesamt zwölf ungekürzten Aufführungen der »Matthäus-Passion« von Bach benennen, die ihn – so seine Erinnerungen – »in meinem langen Leben am reinsten beglückt haben«. Fast ein Jahr bereitete er sich vor, las die gesamte Aufführungsliteratur, stand mit dem Übersetzer Henry Drinker aus Philadelphia in einem umfangreichen Briefwechsel, bei dem es um jedes englische Wort ging, das Walter im Hinblick auf den deutschen Wortsinn nicht oder nicht ganz befriedigte. Drinker, ein überaus sensitiver, beide Sprachen beherrschender Bewunderer Bachs, ging verständnisvoll auf alle Wünsche und Anregungen seines dirigierenden Mitarbeiters ein. Es hat wohl kaum eine Aufführung gegeben, der Walter so entgegenfieberte. Zum ersten Male die ungekürzte Passion und damit, wie er schrieb, Wiedergutmachung seiner »Sünden« in München, wo er sich an die traditionellen Kürzungen gehalten hatte. Die großzügige »Philharmonic Society of New York« machte es ihm möglich, beide Teile der »Passion« an einem Abend (Beginn: 6 Uhr nachmittags), getrennt durch eine einstündige Pause, zu dirigieren. Seit Wochen hatte Walter mit allen Solisten geprobt, ihre Anwesenheit in New York zur Bedingung gemacht, einen neuen Orgel-und Cembalo-Part selbst geschrieben, beide mit den Spielern eingehend durchgenommen, das gesamte Notenmaterial eingerichtet. Alle Einzelheiten, wie die Aufstellung des Doppelorchesters und der Chöre, waren im voraus von ihm geregelt, so daß die Probenzeit voll genutzt werden konnte. Wer die jeweils in der Osterwoche stattfindenden Aufführungen (1943 bis 1946) gehört hat, wird sie nicht nur im Gedächtnis bewahren, sondern auch alle späteren Wiedergaben an ihrem Maßstab messen. Ihre nicht einfach zu beschreibende Größe: vor allem der einheitlich streng-herbe Stil – fast möchte man von erhabener Sachlichkeit sprechen – keine noch so geringfügigen Verschiebungen des einmal angeschlagenen Zeitmaßes, keine Ritardandi, nicht einmal am Ende der Passion, das dramatische Geschehen stets präsent, doch nicht ins Opernhafte abgleitend, die Gesangsstimme wie ein Instrument geführt, dennoch nie ohne Ausdruck, hervorragende, stilistisch sichere Gesangs- und Orchestersolisten, sich kammermusikalisch ergänzend, ein innerlich beteiligter Chor vom Westminster Choir College in Princeton mit durchweg jugendlichen Stimmen; dann das Entscheidende: es wurden nicht nur Noten gesungen oder gespielt, man spürte den Glauben an die von dem ewigen Werk verkündete christliche Botschaft, dies vor allem dank der Erleuchtung, die von Bruno Walter ausging. Schon in frühen Jahren hatte er sich zum Christentum, den Lehren der Bergpredigt bekannt, nun durchglühte sein Glaube die Musik, beseelte alle Teilnehmenden und verwandelte den Konzertsaal in eine Kirche, die Zuhörer in eine Gemeinde, die am Ende andächtig schweigend verweilte, bevor man sich entfernte. An vier aufeinanderfolgenden Jahren erklang die »Matthäus-Passion« ungekürzt. Mit dieser Wiedergabe errang sich Walter für seinen »Sündenfall« sowohl »Absolution« wie Segen zugleich.

Dieser offenbarte sich in der Osterwoche 1946. Nach monatelanger Bewußtlosigkeit starb Walters Frau Elsa, mit ihm fast vierundvierzig Jahre verbunden in Glück und Leid. Drei Tage nach ihrem Ableben sollte Walter zum vorletzten und letzten Male die »Matthäus-Passion« leiten. Es war fast wie ein Wunder. Die an einem Montag Gestorbene wurde am Mittwoch vormittag beigesetzt. Am Nachmittag einzige Probe für den gesamten ersten Teil. Alle Anwesenden erheben sich zum Zeichen ihres Mitgefühls, ein besonderer Ernst überschattet sie, auch die »Matthäus«-Musik, an manchen Stellen »fast unerträglich schön« (Walters Worte), bewirkt an jenem Nachmittag eher eine erdrückende, das Herz zerreißende Erschütterung. Walter – nie sah er so blaß aus – gibt das Zeichen zum Beginn. Viel zu proben vermag er nicht, es würde auch an Zeit fehlen, und so beschränkt er sich darauf, den ersten Teil fast ohne Unterbrechungen durchzugehen. Man sieht ihm an, wie ihn die Musik bisweilen quälend ergreift, dann doch wieder aufrichtet. Am nächsten Morgen folgt der zweite Teil, wiederum kaum als Probe zu werten. Schon wenige Stunden später das »Doppel-Konzert«, welches tags darauf am Mittag wiederholt wird ... Eine fast unmögliche physische und seelische Belastung für den bald Siebzigjährigen. Aber so ungeheuer ist die

Kraft dieser Gottesmusik, die Sprache des »Fünften Evangelisten«, so überwältigend Trauer und Gläubigkeit des Mannes, der am Pult waltet, daß die beiden, gleichsam aus dem Boden gestampften Aufführungen in ihrer Großartigkeit, ihrer religiösen Durchdringung denen aus früheren Jahren nicht nachstehen. An jenem späten Freitag nachmittag verläßt ein sehr müder, trotz allem mit neuem Lebensmut gestärkter Bruno Walter Carnegie Hall. Zuvor hatten ihm Mitglieder des Westminster Choir, die auf der sehr engen, zum Dirigentenzimmer führenden Treppe Aufstellung nahmen, ihre »Benediction«, den Segen, gesungen zu einem Dank, der sich in Worten nicht ausdrücken ließ.

Ähnlich die Wirkung, die von Walters Aufführung der »Missa Solemnis« von Beethoven ausging, jenes Werkes, das zu dem Sechzehnjährigen »wie mit einer Prophetenstimme« sprach, seine »Sanctissimum« auf Lebenszeit. Im Mittelpunkt von Walters Interpretation steht die grandiose Auseinandersetzung Beethovens mit seinem Schöpfer, ihre fast erdrückende Mächtigkeit, verbunden mit wundersamer visionärer Leuchtkraft, jene faszinierende teils andachtsvolle, teils aufbegehrende Subjektivität, mit der Beethoven erst demutsvoll und schließlich mit drohender Gebärde »um inneren und äußeren Frieden« bittet. Über die »Missa« hielt Walter in München und Wien einst einleitende Vorträge, in denen er auf die grundverschiedenen Elemente des in einem kirchlichen Text eingebetteten und doch den kirchlichen Rahmen sprengenden Werkes einging. Keine andere Komposition hat seine nachschöpferischen Kräfte so stark angeregt, zu einer wahrhaft kongenialen Wiedergabe entflammt. Nur einmal programmierte er die »Missa« in Carnegie Hall; wer um ihn zu jener Zeit war, spürte, wie dieser in der Geschichte der Musik einmalige Dialog mit Gott seine Gedanken völlig beherrschte, ihn physisch bis zur Erschöpfung mitnahm in seinem Bestreben, Beethovens kühnem Eindringen in unzugängliche Bezirke des Gott-Mensch-Verhältnisses zu folgen.

Das 1934 von H. J. Moser herausgegebene Musiklexikon nennt Bruno Walter »einen der hervorragendsten Dirigenten der Gegenwart«, erwähnt aber lediglich ein einziges Werk, für das er in der Tat in Europa besondere Berühmtheit erlangte: Verdis damals vielfach verkanntes, als »Kirchenoper« bezeichnetes »Requiem«. Auch in New York dirigierte Walter als Gast der Metropolitan Oper dieses Werk mehrfach. Der Zufall wollte, daß seiner ersten Aufführung Mitte der vierziger Jahre ein Konzert Toscaninis mit der gleichen Komposition voranging. Zu jener Zeit wurde der »Maestro« in den Staaten wie ein Gott verehrt, alles, was er tat, war wohlgetan und fand dankbare Anerkennung, dies durchaus zu Recht, wenn man sich an seine großartigen Verdienste um das Orchesterniveau, an seine beherrschende Persönlichkeit erinnert. Umso schwerer die Aufgabe anderer Dirigenten, die nicht, wie Toscanini, in der sonnigen Klarheit der Mittelmeerlandschaft, sondern in den zur Mystik neigenden deutschen Gefilden beheimatet waren. Toscanini gab dem Meisterwerk Verdis glanzvolle Pracht, dramatische Kraft. Höhepunkt: das mit explosiver Gewalt erklingende »Dies irae«. Walter faßte das Requiem hingegen als rein religiöses Werk auf, betonte seinen anbetungsvoll-kirchlichen Charakter, ohne die Tonsprache Verdis anzutasten, vertiefte, verklärte die Musik, erschütterte mit dieser erschütternden, dem Jenseitigen zugewandten Totenmesse so sehr, daß der bei Verdi hüben und drüben gewohnte Beifall viele unendlich lang scheinende Sekunden ausblieb. Ein kleines Pressewunder: in der »New York Times« erklärte Olin Downes, größter Verehrer Toscaninis, daß die Aufführung von Bruno Walter die des großen amerikanischen Idols übertroffen habe! – Noch zweimal kehrte Walter – nun schon über achtzig Jahre – aus seinem kalifornischen Ruhesitz nach New York zurück, um an der Met Verdis Requiem zu leiten. Jedes Mal erhoben sich die Zuhörer, wenn er vor das Orchester trat.

In Mosers Lexikon heißt es über Walter weiterhin: »*auch als Pianist feiner Mozartspieler*«, wohl ein indirekter Hinweis auf seinen Ruf als Mozart-Dirigent, der ihn späterhin fälschlicherweise zum Mozart-Spezialisten stempelt. Walter kommt von Wagner, großes, bleibendes Erlebnis ist Gustav Mahler, während seine Mozart-Affinität sich erst in München entwickelt, wo er als künstlerischer Leiter der Oper mit den großen Bühnenwerken von Wolfgang Amadeus in engste Berührung kommt. Dort lernt er den »Shakespeare der Oper« richtig kennen und bewundern, der die unterschiedlichsten Charaktere mit einfachen Mitteln genial zeichnet, sie lebendig macht, für jede menschliche Situation treffsicher eine Pointe findet, die Handlung mit dramatischer Wahrheit erfüllt, aber diese Wahrheit – für Walter entscheidende Erkenntnis – stets in den Dienst der Eigenschönheit der Musik stellt. Zu dem Mozart der oft unirdisch leichten Klänge, die menschliches Leid und Freud wie mit einem Schleier der Schönheit bedecken, bisweilen Obertöne einer »jenseitigen Konsonanz« verspüren lassen, fühlt sich Walter mehr und mehr hingezogen, bestätigt in seiner von Jugend an aufkeimenden Ahnung, »daß es mit der Musik noch eine andere Bewandtnis als nur die künstlerische haben muß«, wie er in seinem als »musikalisches Vermächtnis« gedachten Buch »Von Musik und Musizieren« schreibt. Diese andere Bewandtnis weist zu den Ursprüngen der Musik, der »Harmonie der Sphären«, wie sie Pythagoras lehrte und erlebt haben muß. »Tönend wird für Geisterohren schon der neue Tag geboren«; auch Goethe, der diese Worte im »Faust« von Ariel sprechen läßt, weiß von der Urmusik, deren wahrnehm-

»Der Orchestermusiker bedarf
eines warmen Klimas zur vollen
Entfaltung seiner künstlerischen
Fähigkeiten; unter der Kälte der
Unfreundlichkeit oder des
beißenden Spottes, unter der
Hitze der Ungeduld oder des
Zornes vom Dirigentenpult her
erfrieren oder verdorren sie.«
Bruno Walter in seinem Essay
»Der Dirigent«

Konzert in Wien, 1956. »Immer
erklang mir aus der Musik etwas
geheimnisvoll Jenseitiges, das
mir tief das Herz bewegte und
mit beredter Überzeugungskraft
auf einen transzendenten Inhalt
hinwies.«

1950 dirigierte Bruno Walter sein einziges Konzert nach dem Krieg in Berlin – Probenbesprechung mit einem Philharmoniker.

Bald nach dem Abschied von München, bei der Abreise zu seinem ersten Amerika-Gastspiel 1923, war Bruno Walter »erfüllt von einem seltsam nagenden Abschiedsgefühl … In der Tat bin ich von da an nur noch Gast und Wanderer gewesen…«

barer Klang, als Gottesgabe auf den Menschen überkommen, ihm zur höchsten Entwicklung anvertraut ist, Erde und Kosmos verbindend. Darum ist dem Komponisten ein Material gegeben, das bei aller freien Verfügung doch einen eigenen, auf seine Herkunft deutenden Laut mitschwingen läßt, den niemand abzustreifen vermag. Der Komponist – so Walter in einem Vortrag über die »Moralischen Kräfte der Musik« – mag sein lautestes »Nein« ertönen lassen, die Musik wird ein leises »Ja« mitsingen. Darum singt Sarastro tiefere, bedeutendere Musik als die Königin der Nacht. Das Genie Mozarts hat, wie wohl niemand vor oder nach ihm, diesen besonderen Laut der Musik mit »Geisterohren« so stark vernommen, ihn zum innigen, untrennbaren Bestandteil seiner Musik gemacht. Gibt es nicht Augenblicke, in denen man fast glauben möchte, ein höheres Wesen habe seine Feder geführt?

Mozart und Walter – verwandte Seelen: wie Walter Mozarts gesangvolle Leichtigkeit, Anmut und schwebende Süße gestaltet, zu gleicher Zeit aber auch die gesamte Skala menschlichen Ausdrucks, religiöse Tiefe, Dämonie, Liebe und Haß wiedergibt, der Musik niemals Energie und Vitalität vorenthält und sie doch stets in die höhere Sphäre der Schönheit erhebt, hat vielen seiner Mozart-Aufführungen das Signum »der Weisheit letzter Schluß« eingetragen. Dies gilt nicht nur von seinen Opernaufführungen, die letzten an der Metropolitan Opera, sondern auch von den zahlreichen Symphonien, die er mit dem gebotenen klanglichen »understatement«, vollendeter Natürlichkeit, als ob Mozart das Leichteste in der Welt sei, wiedergab. »Sie glauben gar nicht«, sagte er zu einem Freund, »wie mich diese (in ihrem Umfang) kleinen Werke, jedes ein glitzernder Diamant, beglücken.« Seine letzten Aufnahmen mit dem eigens für ihn gebildeten Columbia-Orchestra, das sich aus Musikern von der Westküste zusammensetzte, galten noch einmal den späten Mozart-Symphonien. Sie fanden nur wenige Monate vor seinem Tode statt – Bruno Walter starb im Februar 1962 in Beverly Hills, California – und stellen somit ein wahres Vermächtnis dar. Ein anderes Vermächtnis, das allerdings nur in der Erinnerung fortlebt, Walters Mozart-Abend bei den Salzburger Festspielen 1955 mit dem »Requiem« als Hauptwerk. Der damals Einundachtzigjährige, selbst nach Herzattacken nicht weit von der Berührung mit dem Todesschatten, entrückte, vom seraphischen Impuls beflügelt, die Musik in eine Sphäre zwischen Himmel und Erde im Einklang mit der Verheißung: »et lux perpetua luceat eis.«

Die Größe Walters liegt nicht allein in den vielen Sternstunden die mit seinem Namen verknüpft sind, sondern auch in der Charakterstärke, mit der es ihm, dem aufstrebenden Musiker, gelang, mit seinen inneren Problemen fertig zu werden. Walter besaß, was oft verkannt wird, Zeit seines Lebens

ein feuriges Temperament, eine dramatische Begabung von
außergewöhnlichem Ausmaß. Seine frühe Berühmtheit resul-
tierte keineswegs nur aus seiner inneren Verbundenheit mit der
deutschen Romantik, er schaffte in Wien den Durchbruch mit
Verdi, Bizets »Carmen«, sein Operndebut an der Kgl. Berliner
Staatsoper gehörte zu den erfolgreichsten Neuinszenierungen,
die er in der Spielzeit 1937/38 als künstlerischer Leiter der Wiener Staatssoper herausbrachte. Unvergeßlich die »Aida« in Berlin, wo er auch »Othello« (Inszenierung Karl-Heinz Martin)
dirigierte, eine von der gesamten Kritik als vollendet bezeichnete Aufführung. Ähnlich großartig die von ihm geleiteten
Tschaikowsky-Opern »Pique Dame« und »Eugen Onegin«.
Aber er begann nicht, wie viele junge Dirigenten, lediglich als
temperamentgeladener Dramatiker. Ihm war gleichzeitig eine
stark ausgeprägte Empfindungskraft zu eigen, eine fast beäng-
stigende Fülle von Gefühlen, die er noch nicht zu beherrschen
vermochte. Unvermeidlich daher die Versuchung, als Interpret
zu viel geben zu wollen, sich in tausend Einzelheiten zu verlieren – eine besonders große Gefahr für ein überragendes, ganz
in der Musik aufgehendes, sich in ihr verströmendes Dirigen-
tentalent, dem überdies alles Handwerkliche verführerisch
leicht wurde. »Gott, bewahre mir meine Verzweiflung«, schrieb
der Jüngling, der schwere innere Krisen durchstehen mußte, in
Breslau an Selbstmord denkt, als er sich gegen den Schlendrian
an der dortigen Oper nicht durchsetzt. Es mehren sich die
Stimmen, die ihm nicht zu Unrecht vorwerfen, er verzettele
sich in der Herausbringung lyrischer Schönheiten, verlangsame
dann das Zeitmaß, um sie voll auszukosten. Ein Zuviel an
nachschöpferischer Phantasie, der Wunsch ihr hemmungslos
nachzugeben, gegen den es ständig anzukämpfen gilt, Jahre,
sogar Jahrzehnte … Dann in Wien böse, bösartige Presseangrif-
fe, die eigentlich gegen seinen Mentor Gustav Mahler gerichtet
sind, an den man sich nicht heranwagt. Sie wirken in dem jungen »K. und K. Hofkapellmeister« so bedrückend nach, daß er
plötzlich den rechten Arm nicht mehr bewegen kann. Ärztliche
Hilfe fruchtet nicht, Freud rät vier Wochen Aufenthalt in Sizi-
lien, Besuch griechischer Stätten. Als Walter zurückkehrt, keine
Änderung. Freud: »Versuchen Sie zu dirigieren, ich übernehme
die Verantwortung«. Walter erkennt später als tiefere Ursache
für sein Armleiden, daß er in Gedanken seinen Beruf bereits
aufgegeben hatte.

Es gibt noch eine andere Krise, besser eine Diskrepanz,
an der er fast sein Leben lang leidet. Als Musiker zu keiner
Konzession bereit, unerbittlich hart in der Durchsetzung seiner
interpretativen Vorstellungen, schon mit vierundzwanzig Jahren gegenüber einem alt-ehrwürdigen Konzertmeister des Berliner Staatsopernorchesters sich jede Eigenmächtigkeit lautstark
während einer Aufführung verbittend, besitzt er im täglichen

Leben kein Kämpferherz, »Ellenbogen« kennt er nicht, bewirbt sich nicht um Positionen, sondern wartet, bis man sie ihm anträgt. Im Umgang mit Menschen ist er nur allzu schnell zu Kompromissen bereit, vermag sich zu leicht in die Lage des anderen zu versetzen, stellt infolgedessen seine eigenen Forderungen und Wünsche eher zurück, als daß er für sie kämpft. Seine ihm von der Natur gegebene Durchsetzungskraft reicht für die Musik, für das Leben bleibt nicht viel übrig. Die breite Öffentlichkeit neigt dazu, die Arbeit eines Menschen nach seinem äußerlichen Auftreten zu beurteilen. Der überaus konziliante, liebenswürdige Bruno Walter steht lange im Ruf eines weichen, wenn nicht weichlichen Musikers.

Das ist er nicht. Auf der anderen Seite liegt ihm die Attitüde des Diktators fern. Zum Napoleon der Musik, zum gekrönten Mittelpunkt allen Geschehens, fehlen ihm im Gegensatz zu Toscanini Persönlichkeit und Neigung. Er will durch sein Musikertum überzeugen, appelliert mit wachsendem Erfolg an das Gute im Menschen, lädt sozusagen das Orchester zu gemeinsamer Arbeit ein, ohne im geringsten an Autorität einzubüßen. Sein gesundes, sehr ausgeprägtes Ichgefühl, notwendiges Attribut eines jeden Künstlers, zielt weit mehr auf eine kritische Beurteilung seiner eigenen Leistung, vor allem auf die Frage, ob er dem Komponisten gerecht geworden ist, als auf eine rasche, in alle Städte führende Karriere, wie sie der junge Furtwängler anstrebte. Des Knaben Entschluß, Richard Wagners »Prophet« zu werden, ein erstaunlich prophetischer Entschluß, deutet bereits auf eine sich natürlich erst viel später anbahnende, für Walters Gesamtcharakter bezeichnende Entwicklung. Wie jeder hochbegabte junge Mensch, will der ungestüm-aufbrausende Bruno die Welt für sich erobern, früh träumt er vom Ruhm, vom Beifall, der ihn einst umbranden wird, aber der Jüngling, von der Woge der ersten leichten Erfolge getragen, beschließt sehr bald, »sich fest in die Hand zu nehmen«, nicht in oberflächliche, selbstbezogene Brillanz zu verfallen, zum Kern der Sache vorzustoßen. Dieser Kern ist und bleibt die Partitur des Komponisten, des »anderen«. Ihm gilt es in erster Linie zu dienen, nachdem Walter erkannt hat, daß die eigene schöpferische Kraft (er schrieb zwei Symphonien, zahlreiche Lieder und eine sehr schöne Violinsonate) nicht ausreicht. So konzentriert er sich frühzeitig, seiner dirigentischen Verantwortung bewußt, auf den anderen, wird für ihn die Welt erobern und dennoch dem Jugendtraum nahekommen.

Hierin liegt kein Widerspruch. Der nachschöpferische Künstler soll sicherlich dienen, getreulich ausführen, was in der Partitur vermerkt ist. Aber darin erschöpft sich die Aufgabe des Interpreten nicht. Einfaches Dienen, so lobenswert die ihm zugrunde liegende Gesinnung auch sein mag, genügt nicht zur

148

Offenbarung der Größe eines Meisterwerkes. Um Größe weiterzugeben, bedarf es eigener Größe, vor allem einer starken, ausgeprägten Eigenpersönlichkeit. Wie sollte der Interpret Beethovenschen Ecksätzen gerecht werden, wenn es ihm selber an echtem, sich mitteilenden Temperament fehlte? Ohne eigenes spürbar werdendes lyrisches Gefühl würde ein langsamer symphonischer Satz verblassen, Bruckner ohne tiefere Erkenntnis vom Wesen der Musik als Brücke zu Gott dem noch so bemühten Dirigenten ein Rätsel bleiben. Jede Komposition in ihrem vielfältigen Ausdruck, ihren strukturellen Gegebenheiten erfordert einen gleichgestimmten, auf gleicher geistiger Höhe befindlichen Interpreten. Er steht daher nicht hinter, sondern neben dem Komponisten, tritt an seine Stelle, eine Art Anwalt, der mit tausend Zungen redend, sich der Sache des »anderen«, wie seiner eigenen annimmt – nobelste Pflicht des nachschöpferischen Künstlers. Je mehr ihm dies gelingt, je mehr er sich mit dem anderen zu identifizieren vermag, umso größer die Leuchtkraft des empfangenen Lichts, umso heller sein alle berührender Schein.

Selten sind diese Voraussetzungen so herrlich vereint gewesen wie bei Bruno Walter, vor allem in seiner letzten großen Reifezeit. Ahnungsvolles Begreifen für alles, was hinter den Noten steht, die nach langem Ringen erworbene Fähigkeit, im natürlichen Dahinströmen der Musik Form und Ausdruck zu einem einheitlichen Ganzen zu verbinden, eine nahezu ideale Synthese von Herz, Seele und wachem Verstand, haben ihn zum ebenbürtigen Interpreten der großen Meister gemacht. Wie oft sagt man von einem Dirigenten, er sei ein erstklassiger Interpret zweitklassiger Musik und ein zweitklassiger Interpret erstklassiger Musik. Von Bruno Walter darf man sagen: je größer die Vision, der geistige und seelische Inhalt einer Komposition, umso größer seine Leistung, umso zwingender die Aussage-Kraft der von ihm dirigierten Musik. Wer ihn in der Oper oder auf dem Konzertpodium erlebt hat, fühlte sehr schnell, worum es ihm ging. Seine beschwörend-intensiven, stets kontrollierten Zeichen, die wunderbare Leuchtkraft seiner Augen, aus denen Liebe und Verklärtheit, aber auch stürmische Leidenschaft und Groll sprechen konnten, seine allen spürbare Versenkung in die Musik, deuteten auf eine Mission, die primär nicht dem eigenen Ruhm, sondern dem des anderen galt. Walters erwähnte Schwäche, sich im täglichen Leben zu sehr in Lage und Anschauung anderer Menschen zu versetzen, wurde ihm, dem Interpreten, zum Segen. Seine Hingabe, sein Werben für den Komponisten, drückten jedem seiner Konzerte einen besonderen Stempel auf: wenn Bruno Walter vor dem Orchester stand, blickte man nicht nur auf ihn, fühlte zugleich die magische Nähe des Komponisten, wurde Zeuge eines Sichverschmelzens zwischen dem schöpferischen Genie und seinem

kongenialen Künder. Stefan Zweig schrieb, in seinen größten
Momenten scheine Bruno Walter zu verschwinden und an
seine Stelle das Bild des Komponisten zu treten. Man ist versucht hinzuzufügen, er schien in solchen Augenblicken zum
Ebenbild der Musik zu werden.

Ihr hat er sein ganzes Leben gewidmet. Aus seinen
Memoiren und Schriften erklingt stets ein musikalischer Unter-
ton. Auch sein Handeln war vom Geist der Musik bestimmt.
Als man Bruno Walter nach Deutschland zurückrief, hat er die
ihm ausgestreckte Hand nicht ausgeschlagen. Manche haben
ihm dies verübelt. Er aber erklärte, er würde sich und seine
Auffassung von der Musik verleugnen, wollte er im Haß ver-
harren, zu dem er allen Grund hatte. Wie die Musik zur Harmonie streben, so müsse auch der Musiker die Bereitschaft zur
Versöhnung, zum harmonischen Miteinander, in sich tragen.
So dirigierte er nach angemessener Wartezeit auch zwei Konzerte in Berlin, seiner Heimatstadt, nannte sie in einem Brief
»einen Höhepunkt musikalischer Erfüllung und an Wärme
menschlicher Atmosphäre«. Schon von dem Achtjährigen sagte
der Direktor des Sternschen Konservatoriums: »An ihm ist
jeder Zoll Musik«. Den Achtzigjährigen nannten die Amerika-
ner »the conductor of humanity«, »the lovable Bruno Walter«,
»das Gewissen der Musik«. Die Musik hat es ihm gedankt.
Achtundsechzig Jahre durfte er ihr dienen. An die Stationen
seines Wirkens erinnert eine Plakette in dem zum New Yorker
»Lincoln-Center« gehörigen »Bruno-Walter-Auditorium«.

Die Freunde Bruno
Walter und Thomas Mann
in Kalifornien

Hans Heinz Stuckenschmidt
Wilhelm Furtwängler

Wilhelm Furtwängler war der Inbegriff für eine Wiedergabe musikalischer Kunstwerke, in der die ganze Persönlichkeit des Dirigenten sich spiegelt. Was leidenschaftliche, subjektive Empfindungen, tiefe Kenntnis der Partituren, Sinn für ihre kulturellen und metaphysischen Hintergründe und universelle Bildung in einen Klang zu projizieren vermögen, das hat die unvergleichliche Kunst dieses Mannes durch vier Jahrzehnte der Welt gezeigt.

Furtwängler kam als Sohn des berühmten Archäologen Adolf Furtwängler am 25. Januar 1886 in Berlin zur Welt. Zuerst ließen die Eltern ihm Privatunterricht erteilen, wobei zu seinen Lehrern der Archäologe Ludwig Curtius gehörte. Die entscheidenden Jahre seiner Entwicklung aber verbrachte er in München, wo Anton Beer-Walbrunn, Felix Mottl, Max von Schillings und Joseph Rheinberger seine musikalische Ausbildung übernahmen. Nach Beendigung seiner Studien ging Furtwängler 1906 an das Stadttheater in Breslau, von da als Chordirektor ans Zürcher Opernhaus. 1907 holte ihn sein Lehrer, der namhafte Dirigent Felix Mottl, an die Königliche Oper in München. 1909 wurde er dritter Kapellmeister am Straßburger Stadttheater, wo damals Hans Pfitzner Opernchef war. Immer schwankend zwischen schaffender und nachschaffender Tätigkeit hatte der auch als Komponist Frühreife sich erst für die Theaterlaufbahn entschieden, aber schon 1911 wurde er auch Konzertdirigent, als er in Lübeck die Leitung des Vereins der Musikfreunde übernahm. 1915 verpflichtete ihn das Hoftheater in Mannheim als Hofkapellmeister und Operndirektor. Hier wuchs er bis 1920 zu jenem großen Dirigenten heran, dem bald Europa offenstand. Berlin vertraute ihm Konzerte der Staatskapelle an, Frankfurt lud ihn zu den berühmten Museumskonzerten ein, Wien verpflichtete ihn für Konzerte der Gesellschaft der Musikfreunde.

Von Mannheim nach Heidelberg war ein Katzensprung. Zu seinem Freundeskreis gehörte Berta Geißmar, die in der Neckarstadt ihre Philosophie-Semester abgesessen und bei Wilhelm Windelband die Doktorarbeit geschrieben hatte, »Kunst und Wissenschaft als Mittel der Welterfassung«. Bald führte sie den jungen Hofkapellmeister Furtwängler in ihren Heidelberger Kreis ein. Man traf sich bei jenem Archäologen Ludwig Curtius, der als Assistent von Furtwänglers Vater auch Mentor des Sohnes gewesen war, dann bei Heinrich Rickert, bei Max Weber, der manchen Gedanken seiner »Soziologie der Musik« mit dem Dirigenten besprochen haben soll. Auch Friedrich

Gundolf, der Prophet Stefan Georges, Shakespeare-Übersetzer und Goethe-Biograph, befreundete sich mit Furtwängler. Für den jungen Musiker war diese intellektuelle Hochspannung nichts Ungewohntes. Er hatte den Vater auf manchen Forschungsreisen begleitet und kannte sich in der Kunst der Antike fast so gut aus wie in seinen Partituren. Das romantische »plus ultra« stand wie ein Motto über seiner Existenz. Er begriff instinktiv Musik als »Mittel der Welterfassung« wie in der Doktorthese seiner späteren Sekretärin Berta Geißmar.

Mannheim war für den Jüngling nur ein Sprungbrett. Von hier spannen sich Fäden nach Berlin und Frankfurt. Ohne größere Widerstände ging es vorwärts und aufwärts, eine der glänzendsten Karrieren des Jahrhunderts. Das Wort vom »Jupitermenschen Furtwängler« sprach sich herum; mit noch nicht vierzig war er eine künstlerische Großmacht. Bald gab es in Europa kein Land, keine große Stadt, wo Furtwängler nicht Ruhm fand.

Als 1922 Arthur Nikisch starb, gab es in Leipzig und in Berlin kaum noch Zweifel, wer der legitime Nachfolger sei. Der sechsunddreißigjährige Furtwängler wurde Leiter der Gewandhauskonzerte und zugleich des Berliner Philharmonischen Orchesters. Längst war sein Ruhm international geworden. 1925 holte ihn New York als Gastdirigenten, doch schlug er eine feste Bindung an die Philharmonic Society aus. Dagegen übernahm er 1927 zu seinen bisherigen Verpflichtungen noch die

Leitung der Wiener Philharmoniker, was seine Kräfte aber wohl doch überspannte; ein Jahr später gab er das Leipziger Gewandhaus auf. Zusammen mit Arturo Toscanini leitete er aber 1931 die Bayreuther Festspiele, deren Hauptdirigent er 1936 wurde.

Obwohl Furtwängler geistig ganz in der deutschen Symphonik, vor allem bei Beethoven, Brahms und Bruckner beheimatet war, gehörte seine große Liebe der Oper. So war er nicht nur der gefeierte Gastdirigent unvergessener Aufführungen des »Fidelio«, des »Freischütz« und zahlreicher Werke von Wagner und Mozart. 1933 wurde er offiziell Staatskapellmeister an der Berliner Staatsoper, der er kurze Zeit auch als Direktor vorstand.

Während der ersten Jahre des Hitler-Regimes stand Furtwängler zeitweise in heftiger Opposition zu der herrschenden Kulturpolitik; das Eingreifen in den Streit um Paul Hindemith führte am 4. Dezember 1934 zu seinem Rücktritt von allen Ämtern. Das waren: die Direktion der Berliner Staatsoper, die Vizepräsidentschaft der Reichsmusikkammer und die nominelle Funktion als Preußischer Staatsrat. Heute, nach fast einem halben Jahrhundert, ist die kulturpolitische Atmosphäre in den Anfängen des Dritten Reiches von den Nachgeborenen schwer zu verstehen. Einen kleinen Begriff von der Situation vermittelt vielleicht die Kritik, die ich unter dem Titel »Triumph der jungen Musik« am 13. März 1934 in der alten »B. Z. am Mittag« erscheinen ließ:

»Der gestrige Abend in der Philharmonie hat historische Bedeutung. Durch den unbestrittenen Sieg, den die Hindemith-Uraufführung unter Furtwängler gegen alle theoretischen Bedenken erringen konnte, ist die Position der jungen Musik und der jungen Kunst im neuen Deutschland unendlich gestärkt worden. Der einstimmige, jubelnde, durch keine Protestrufe getrübte Erfolg des Abends und auch schon der öffentlichen Voraufführung am Sonntag hat wenigstens einen Einwand widerlegt: daß diese moderne Musik volksfremd sei, daß sie kein Publikum habe. So wenig das nun ein Argument für den Wert eines Kunstwerkes hergibt, so wenig darf es übersehen werden in einer Zeit, die dem unmittelbaren, gefühlsbedingten Effekt höhere Bedeutung beimißt als der eigentlich wertbestimmenden Faktur.

›Mathis, der Maler‹ heißt die Partitur, die Hindemith als Sinfonie bezeichnet… Bei Hindemith ein Novum… die Chromatik, die… in die Region der …Zwölftönemusik drängt.

Furtwängler verdient uneingeschränkten Dank für den Mut, mit dem er die Novität durchgesetzt …hat.«

Im April 1935 nahm der tief verletzte, aber doch immer dem Dienst an der Musik Verpflichtete seine Tätigkeit als Dirigent wieder auf, vor allem in Wien, dessen Philharmoniker ihm

neben den Berlinern am nächsten standen.

1936 mußte er wegen einer Erkrankung der immer emp-
findlichen Lungen nach Ägypten. Nach der Rückkehr nahm er
seinen Wohnsitz in der Potsdamer Fasanerie, wo die getreue
Helene Matschenz ihn in seiner Drei-Zimmer-Wohnung ver-
sorgte. Kurz vor dem Zusammenbruch des Dritten Reiches
übersiedelte er nach Clarens in die vom Krieg unberührte
Schweiz. Hier führte er bis 1947 ein zurückgezogenes Leben. Es
war eine erzwungene Ruhe, da die Gesetze der Besatzungs-
mächte in Deutschland seine »Entnazifizierung« verlangten.
Sie fand in Berlin vor der Spruchkammer für Geistesschaffende
statt. Als wichtigste Zeugen kämpften der Regisseur Boleslaw
Barlog und der junge Sergiu Celibidache, der inzwischen Leiter
des Philharmonischen Orchesters war, hartnäckig für seine
Rehabilitierung.

1952 wählte ihn das Berliner Philharmonische Orchester
wieder zu seinem künstlerischen Leiter. Für das Jahr 1955
wurde er mit den Philharmonikern zu einer Tournee in die Vereinigten Staaten eingeladen. Eine fiebrige Bronchitis, die ihn

154

im November 1954 befiel, zwang ihn, das Sanatorium Ebersteinburg in Baden-Baden aufzusuchen. Am 12. November schrieb er an Emil Preetorius, den Bühnenbildner, seinen letzten Brief. Der Tod kam am 30. November.

Furtwänglers Haltung in kulturpolitischen Fragen hatte immer Kontroversen hervorgerufen. Am 7. Juni 1932 hielt ich in der Heidelberger Universität einen Vortrag »Der Musikkritiker als Interpret der Gegenwart«. Damals sagte ich:

»Wenn heute Deutschlands führender Dirigent Wilhelm Furtwängler eine vielbeachtete Rede gegen den internationalen Modernismus hält und eigentlich nur noch die deutsche klassische Symphonik gelten läßt, so steht dahinter ein nationalistischer Gedanke, der den neuen Entwicklungszügen in der deutschen Politik durchaus entspricht.«

Worauf ich anspielte, war eine Rede »Die Klassiker in der Musikkrise«, die Furtwängler kurz zuvor beim Jubiläum der Berliner Philharmoniker gehalten hatte, und die ich auch in der von Heinrich Strobel herausgegebenen Zeitschrift »Melos« unter dem Titel »Furtwängler äußert sich« attackiert hatte. Er hatte nämlich von der modernen Musik, sehr wenige Werke ausgenommen, als Anregungsmittel und nicht wirklich nährender Speise gesprochen. Man werfe ihm vor, zu wenig Zeitgenössisches aufzuführen. Das stimme nicht, und wenn man genau zusehe, werde man finden, »daß es nicht viele bedeutende Werke des modernen Konzertsaales gibt, die nicht durch meine Hände gegangen sind«. Doch habe er der Moderne innerhalb des Ganzen seiner Programme den Platz angewiesen, der ihr seiner Meinung nach zukomme.

Arnold Schönberg, der die Rede gehört hatte, nannte ihn daraufhin »Furtwängler, der Platzanweiser«, obwohl Furtwängler drei Jahre zuvor, am 3. Dezember 1928, Schönbergs Variationen für Orchester op. 31 uraufgeführt hatte, wobei er beim Publikum und dem größten Teil der Presse auf wenig Verständnis gestoßen war. Auch war Furtwängler einer der ersten Präsidenten der deutschen Sektion in der Internationalen Gesellschaft für Neue Musik und hatte schließlich auch Werke von Theodor Berger, Arthur Honegger, Hans Pfitzner und Karol Rathaus zur Uraufführung gebracht. Aber im Grunde fühlte er sich als Vertreter deutscher Traditionen und spätklassischer wie romantischer Formen, wie sie auch seine Domänen als Dirigent waren. So war es nur logisch, daß bei den Berliner Gedenkfeiern für Furtwängler Werke von Brahms, Beethoven und Bruckner sein musikalisches Bild vermittelten. Die erste Feier fand am 9. Dezember 1954, wenige Tage nach seinem Tod, im Steglitzer Titaniapalast statt. Dietrich Fischer-Dieskau sang die vier ernsten Gesänge von Brahms, Arthur Rother dirigierte Brahms »Tragische Ouvertüre« und Beethovens 3. Symphonie, die »Eroica«. Bei der Feier im Schillertheater spielten einleitend die Philharmoniker das »Air« aus der D-Dur-Suite von J. S. Bach. Auf dem Programm stand dann die Brahmssche Altrhapsodie (aus der »Harzreise im Winter«), gesungen von Sieglinde Wagner und dem Männerchor der St. Hedwig-Kathedrale. Dann gab es das Andante aus Furtwänglers 2. Symphonie e-Moll und schließlich das Adagio aus Bruckners 7. Symphonie E-Dur. Das Leben Furtwänglers klang mit jener Musik aus, der seine Leidenschaft und seine Meisterschaft gegolten hatte.

Seine Laufbahn, an Erfolgen und Ehren überreich, war nicht ohne dramatische Zwischenfälle verlaufen. Eifernd und leidenschaftlich, mit dem tiefen Ernst und dem jupiterhaften Temperament, das ihm eignete, hat er an der Zeit immer wieder gelitten, hat er sich oft für eine gute Sache begeistert, gegen eine schlechte empört. Auch die Reife langer Erfahrung hat ihm die Neigung zu streitbaren Stellungnahmen nicht genommen, wobei das Sympathische war, daß seine geistige Freiheit ihn wandelbar machte. Hatte er eben noch gegen die Vorherrschaft der Moderne gestritten, so kämpfte er in gewandelter Zeit gegen deren Unterdrückung. Leicht hat er es sich und anderen nie gemacht.

Neue Zeit, Berlin

Die Entnazifizierung Wilhelm Furtwänglers

Der zweite Verhandlungstag vor der Magistratskommission

Ähnlich wie Franz Liszt und Ferruccio Busoni stand Furtwängler allezeit im Zwiespalt schöpferischer und nachschöpferischer Neigungen. Von seinen Kompositionen ist die 1944/45 entstandene 2. Symphonie in e-Moll wohl die wichtigste. Er dirigierte die Uraufführung am 24. Februar 1948 im Admiralspalast, dem Behelfshaus der bombenzerstörten Staatsoper, also im Ostteil des damals noch nicht geteilten Berlin. Ungewöhnlich schon in ihren Dimensionen, dauert sie eine Stunde und zwanzig Minuten. Sie kommt also Maßen nahe, wie sie Schubert, Bruckner und Gustav Mahler, in neuerer Zeit Dimitrij Schostakowitsch zur symphonischen Regel gemacht haben.

In den vier Sätzen der Symphonie stehen gewaltige Durchführungen voll ausführlicher thematischer Arbeit, stehen kontrapunktische Massive und orchestrale Steigerungen von rauschhafter Intensität. Das Gesetz des Werkes ist vom Auf und Ab eines immer wieder neu ansetzenden Crescendos diktiert. In der emotionalen Dramatik liegt die stilistische Eigenart der Partitur. Aber auch sie konnte nur auf dem Boden der deutschen Symphonie gedeihen. Bekenntnishaft, erfüllt von dem dionysischen Temperament ihres Schöpfers, ist dieses durchaus moderne Werk mit seiner Himmelstürmerei, seinem »Stirb und werde«-Charakter ein Dokument des romantischen Idealismus.

Das thematische Gewebe dieser Symphonie zeigt Gedanken von echt symphonischer Plastizität. Sie stehen Brahms nahe, tragen aber immer Furtwänglers Prägung. Ruhepunkt des Werkes ist im ersten Teil das Andante semplice, ein liedhafter Einfall von großer Zartheit, der über den lebhafteren Mittelteil in das große Presto überleitet. Mit dem klassischen Scherzo hat dieser dritte Satz wenig gemein. Es ist ein ernster, nur selten von tänzerischen Lichtern überglänzter, in unerwarteten Stimmungswellen fluktuierender Versuch, die Tradition zu erweitern und auch diesen wichtigen Abschnitt der Gesamt-Architektur symphonisch zu gliedern.

Die Komposition wird getragen von einem üppig klingenden, romantisch aufwühlenden Orchestersatz. Solistische Bläser treten häufig hervor, Blech-Chöre dröhnen brucknerisch in choralhaften Episoden, Posaunensignale krönen die Steigerungen der Ecksätze, Tremoli der Streicher fördern die dramatischen Spannungen. Harmonisch bleibt über alle Eigenwilligkeit der Modulationen hinweg das Bild der Tonart stets unangetastet, und die Spannungen und Verstrebungen von Dominanten und Nebendreiklängen sind noch einmal legitime Träger symphonischer Form.

Furtwänglers Musik ist nicht avantgardistisch im Sinne Schönbergs, Bartóks oder auch nur Hindemiths, wie sie auch nicht an der kühl wägenden Neoklassik des mittleren Strawinsky teilhat. Sie mehrt das Erbe der Klassiker und Romantiker, sie gibt in Richard Wagners Geist dem allgegenwärtigen, in Diskant, Mittellage und Baß wirkenden Melos eine individuelle, stark profilierte Ausweitung. So sehr sich Furtwängler theoretisch gegen den Subjektivismus wendet, liegt doch die Wirkung und Besonderheit seiner Musik, vom ersten Fagottsolo des Beginns bis zum Beckenschlag des Schlusses, gerade in dem unbedingten, hemmungslosen, subjektiven Bekenntnis. Aus ihm resultiert die Einheit von struktureller Form und gedanklichem Inhalt.

»Bemerkungen eines Komponisten« heißt der kleine Aufsatz, den Furtwängler zur Uraufführung seiner 2. Symphonie schrieb. Er endet mit der persönlichen Äußerung: »Musik wendet sich an den Menschen, an ein ›Publikum‹, nicht an eine Gruppe sogenannter Kenner oder Fachleute. Es ist mir – mit aller Bescheidenheit sei das bemerkt – als Künstler unmöglich, auf das zu verzichten, was in meinen Augen das Entscheidende überhaupt ist: die Allgemeingültigkeit der Aussage. Mir will scheinen, daß erst da, wo diese prinzipiell aufgegeben wird, jener ›Individualismus‹ beginnt, der heute allenthalben als Totengräber unserer Kunst am Werke ist.«

Die Einzigartigkeit von Furtwänglers Wirkung als Dirigent ist in ihren Ursachen schwer zu definieren. Wer noch seinen Vorgänger Arthur Nikisch gehört hat, diesen blendenden Virtuosen des Taktstockes und unerreichten Interpreten slawischer Symphonik, vorzugsweise Tschaikowskys, doch daneben auch Anton Bruckners, wurde gefesselt durch die Reserve in allen Dingen der orchestralen Farbigkeit und des spielerischen Glanzes. Er setzte ihnen eine gewisse Strenge entgegen, ein ganz eigentümliches Aufsparen der Steigerung für die allmählich vordisponierten Höhepunkte. Auch darin bewährte sich seine angeborene Neigung zu breiten Formabläufen.

Sicher hat Harold C. Schonberg, der große New Yorker Musikschriftsteller und Kritiker, recht, wenn er sagt, Nikisch habe auf Furtwänglers Dirigierstil den größten Einfluß ausgeübt. Und doch waren die beiden extreme Gegensätze, ja Antipoden. Furtwängler hielt nicht viel von mathematisch genauer Fixierung eines interpretativen Vorgangs. Er hat oft auf die schöpferischen Kräfte der Improvisation hingewiesen. So, wenn er in den Gesprächen mit Walter Abendroth über die musikalischen Formen sagt: »Sie waren zuerst nämlich keineswegs in dem Sinne als fester Begriff vorhanden wie für uns Heutige. Sie wurden allmählich, Schritt für Schritt, langsam entdeckt. Ja, es lag in ihrem Wesen, in jedem einzelnen Falle gleichsam neu und individuell gefunden werden zu müssen. Sie sind *geworden,* sie sind nur aus ihrem eigenen Wesen heraus zu verstehen und tragen, wo sie wirklich lebendig sind, stets die Spuren dieses Werdeprozesses in sich. Sie sind … der natürliche Niederschlag eines improvisatorischen Vorganges. Sie sind selber Improvisation«.

Wer ihn noch am Pult erlebt hat, der weiß, wie genau die eigene Deutung auf seine Art dirigierender Improvisation zutrifft. Es gab niemals auch nur einen Augenblick des Voraussehbaren. Allzeit mußte man auf die Überraschungen des Genieblitzes gefaßt sein. Damit trat in den Gestaltungsvorgang ein Moment von Unruhe, die sich mitunter bis zur qualvollen Erwartung steigern konnte, um dann desto beseligender in die ersehnte Lösung einzumünden. In diesem Sinne war jede Leistung Furtwänglers am Pult ein sublimierter Liebesakt, etwas völlig Intimes, das dennoch die Kommunikation mit einer großen Menge mitempfindender Menschen brauchte.

Oft hatte man den Eindruck, diesmal sei es noch geistdurchdrungener gewesen, höher könne er als Interpret nicht steigen. Ich erinnere mich eines Berliner Philharmonischen Konzerts am 2. Oktober 1934. Das überragende künstlerische Ereignis war die Darstellung der 3. Bruckner-Symphonie. Hier bewies er alle seine architektonischen Kräfte, und es war, als sei ihm bei auffallender Zügelung der Bewegungen und des dynamischen Zusammenhanges eine noch hellere Glut der Eingebung gelungen. Man mochte hie und da von Eigenwilligkeiten frappiert sein, über ein Crescendo oder eine überdehnte Fer-

mate staunen. Doch der Gesamteindruck war von überreden-
der Kraft.

Improvisation und mechanische Aufzeichung sind
Feinde. Darum ist Furtwängler, anders als sein Zeitgenosse
und Antipode Arturo Toscanini, kein innerlich überzeugter
und fruchtbarer Schallplattendirigent gewesen. Die meisten
Aufzeichnungen seiner Interpretationen bleiben an künstlerischer Wirkung weit hinter dem lebendigen Eindruck zurück.
Nur mitunter bricht durch die Fixierung eines Werkes das
Eigentliche, das hinreißend Lebendige durch, so in Schumanns
d-Moll-Symphonie, deren himmlischen Schwung keiner so
mitempfunden hat wie Furtwängler. In diesem Sinne hat sein
musikalisches Nachschaffen und seine Orchesterführung eine
Epoche beendet. Hier konnte auf ihn nur etwas Neues, gänzlich Anderes folgen. Sein Orchester und die Musikwelt hatten
das Glück, daß dies Neue und Andere in der Gestalt von Herbert von Karajan bereitstand.

Über wenige darstellende Musiker der Epoche seit 1900 haben
mehr bedeutende Zeitgenossen so viel gesprochen und
geschrieben wie über Furtwängler.

In den Tagebüchern von Thomas Mann erscheint der
Name zuerst am 13. April 1933 mit der Bemerkung: »Furcht-
wänglers höchst angepaßter, aber immerhin warnender Kultur-
Brief an Goebbels und die Antwort des Narren darauf«. Dann
wieder, am 29. November 1934, als er Furtwänglers Artikel über
Hindemith gelesen hatte: »Furtwängler findet energische
Worte ... und betont H's Meistertum und die Ehre, die er dem
Lande erwirke«. Bald danach: »Nachricht von der Entlassung
Furtwänglers aus allen seinen Ämtern, – sehr eindrucksvoll, da
es ein Beweis ist, daß mit diesen Menschen kein irgendwie
besser Gearteter zusammenarbeiten kann«. Und etwas später:
»Furtwängler angeblich unter Polizeiüberwachung, ohne Paß.
Heutige Nachrichten besagen, daß er sich habe verpflichten
müssen, ein Jahr nicht im Ausland zu dirigieren und eine Loya-
litätserklärung für die Regierung unterschrieben habe. Ich
bedaure ihn weder noch bewundere ich ihn, der neben tollen
Hunden wie Streicher im Staatsrat des Henkers Göring sitzen
konnte«. Über seine Kunst hat sich Thomas Mann öffentlich
nicht geäußert.

Oskar Kokoschka hatte 1954 in Salzburg seine Kurse, die
er »Schule des Sehens« nannte. Furtwängler lud ihn zu seinen
Proben ein, Kokoschka wiederum ließ Furtwängler an seinen
Kursen teilnehmen. Als Kokoschka vor dem still Zusehenden
den Verräter Ephialtes auf den »Thermopylae« entwarf, war
Furtwängler entsetzt: »...der Schweigsame fand plötzlich seine
Stimme, mühsam, als ob er Kiesel im Munde hätte wie einst
Demosthenes am stürmischen Meer. In immer deutlicher wer-

Furtwängler 1922, als er in
Leipzig und Berlin Nachfolger
von Arthur Nikisch wurde.

Gegen Ende des 2. Weltkrieges
zog sich Furtwängler in die
Schweiz zurück und lebte bis zu
seinem Tod in Clarens am
Genfer See.

Dr. Furtwängler

1950

Furtwängler 1931 in Bayreuth,
wo er »Tristan und Isolde« diri-
gierte; 1936 und 1937 folgten
»Lohengrin«, »Parsifal« und
»Der Ring des Nibelungen«.
Nochmals dirigierte Furtwängler
1951 und 1954 in Bayreuth:
Beethovens 9. Symphonie.

»Der einzige Dirigent, der überhaupt nichts Verkrampftes an
sich hatte, war Nikisch, dessen
Schüler ich mich in diesem
Punkt zu sein bemühe. Sehr
merkwürdig ist ja, daß alle
Muskelkontraktionen und
Krämpfe des Dirigenten sich im
Klang des Orchesters wie auf
einer photographischen Platte
abspiegeln. Der wirklich schöne,
lockere und präzise Zusammen-
klang eines Orchestervortrages
wird nur durch vollkommen
lockere Bewegungen erzielt.«

»Was unserem Freund besonders eigen war, ist die unsägliche Lauterkeit, mit der er musizierte, eine Lauterkeit Brucknerscher Art. Selbst seine Kritiker und Neider wußten, daß im Augenblick, wo er den Taktstock hob, nur noch die Seele der Musik auf uns wirkte – durch ihn, ihr Medium, durch das sie in überzeugendster Form selbst zu dem sprach, der sich ein Tempo, eine Ausdrucksbewegung, einen strukturellen Ablauf anders vorgestellt hatte.« Gedenkworte Paul Hindemiths für Furtwängler.

Nach einem Gastspiel des
London Philharmonic Orchestra
unter der Leitung von Thomas
Beecham im November 1936
gaben die Berliner Philharmoniker einen »Kameradschafts-
abend«. Furtwängler begrüßt
Beecham. Am Tisch: der Dirigent Carl Schuricht (ganz links),
Beecham, Furtwängler, Hans
von Benda, damals Intendant
der Philharmoniker (ganz
rechts).

Während der ersten Jahre des
Hitler-Regimes stand Furtwäng-
ler zeitweise in heftiger Opposi-
tion zu der herrschenden Kultur-
politik; das Eingreifen in den
Streit um Paul Hindemith führte
am 4. Dezember 1934 zu seinem
Rücktritt von allen Ämtern.
Hier der erste Auftritt nach dem
»Fall Hindemith«.

Die Philharmonie in der Bernburger
Straße wurde Anfang 1944 bei
einem Bombenangriff zerstört. Die
Konzerte der Philharmoniker
fanden bis Kriegsende im Beethovensaal, in der Staatsoper, im
Dom und im Admiralspalast statt.

Probe für ein Nachkriegs-
Konzert im Gemeindehaus in
Berlin-Dahlem.

Am 28. September 1947 trat
Yehudi Menuhin zum erstenmal
seit 1932 wieder in Berlin auf
und spielte Beethovens Violinkonzert.

denden Sätzen redete er mir zu Herzen, als ob er selber einer
derer wäre, die für die geistige Freiheit auf dem Thermopylen-
paß gefallen sind. Damals hat er mir auch angetragen, für ihn
die ›Zauberflöte‹ auszustatten, die er im folgenden Sommer in
Salzburg dirigieren sollte… Ich behalte noch heute die leere
Leinwand, auf der ich ihn porträtieren wollte… Furtwängler
hatte die Gabe, einem im Inneren während des Hörens der großen Musik das Geistige zu erwecken.« So Kokoschka, der noch
Gustav Mahler hatte dirigieren hören, in seinem Erinnerungsbuch »Mein Leben«.

In seinen Gesprächen mit Furtwängler erzählt der Kritiker Walter Abendroth, daß der Meister zu den Unterhaltungen
mit ihm immer gut vorbereitet gekommen sei. Die Unterhaltungen fanden 1936 in Furtwänglers Gartenhaus der Potsdamer
Fasanerie statt. Seine Sekretärin, Frau von Rechenberg, steno-
graphierte die Gespräche, die zu dem Lebendigsten zählten,
was es von authentischen Äußerungen Furtwänglers gibt.
Hübsch ein Vers Furtwänglers, den Abendroth darin überliefert:

Erst sagt man herdamit,
dann sagt man hindamit,
dann geht der Quängler furt,
dann will der Kleiber wech.
Was bleibt nun schließlich übrig? Blech!

Die böseste, unversöhnlichste und ungerechteste Äußerung
kam von Hanns Eisler. 1934, vor Furtwänglers Gastspiel an der
Pariser Oper, verfaßte er ein Flugblatt mit dem Wortlaut:

»Eine furchtbare Nachricht für alle Menschen, die Musik
lieben: Beethoven – einer der größten Komponisten der Musikgeschichte – mißbraucht von Mördern. Wir klagen Herrn
Staatsrat Dr. Furtwängler der Begünstigung an wie: Mord –
Brandstiftung – Raub – Diebstahl – Betrug – Folterung von
Wehrlosen und vor allem: Verschweigung der Wahrheit. Staatsrat Dr. Wilhelm Furtwängler hat durch Taten und Worte
bewiesen, daß er das blutbefleckte Henkerregime Hitlers mit
seiner Kunst und unter gleichzeitigem Mißbrauch der großen
Werke der Klassiker ›verschönern‹ und ›decken‹ will. Er ist
Staatsrat von Gnaden Görings und Goebbels! Staatsrat Furtwängler hat, ohne Protest zu erheben, zugelassen, daß die
besten deutschen Künstler wie: Otto Klemperer, Bruno Walter,
Arthur Schnabel, Arnold Schönberg aus ihrer Heimat Deutschland herausgetrieben wurden. Staatsrat Furtwängler hat nie
protestiert gegen die Folterungen der sozialistischen Arbeiter
und gegen deren Hinrichtung. Staatsrat Furtwängler hat alles
verziehen und alles verstanden. Das heißt: Er hat sich gegen die
Wahrheit auf Seite der Mörder gestellt. Staatsrat Furtwängler
ist unwürdig, wahrheitssuchenden, freiheitsliebenden Menschen noch ferner große Musik vorzuführen«.

Wieviel gerechter, menschlicher und weiter ist da Yehudi Menuhin in seinen Erinnerungen »Unvollendete Reise«: »Als mich viele Kollegen angriffen, weil ich Furtwängler gegen den Vorwurf des Nazismus verteidigte, hat Bruno Walter, obwohl Jude und Furtwänglers größter Konkurrent, abgelehnt, etwas gegen Furtwängler und mich zu unterschreiben.« Nach dem gewonnenen Frankreich-Feldzug hatte sich Furtwängler geweigert, Berlins Philharmoniker auf ihren Konzertreisen durch das besetzte Land zu dirigieren.

Friedelind Wagner, die Tochter Siegfrieds und der Hitler verfallenen Winifried, gibt eines der wichtigsten Zeugnisse über die Stellung Furtwänglers zum Regime aus eigenem Erleben: »Ich erinnere mich, daß Hitler sich Furtwängler zuwandte und sagte, er müsse sich gefallen lassen, von der Partei zu Propaganda eingesetzt zu werden, und daß Furtwängler ablehnte. Hitler sagte, in diesem Fall käme er in ein Konzentrationslager. Furtwängler darauf: ›Herr Reichskanzler, dann werde ich in guter Gesellschaft sein‹.« Die überraschende Äußerung wird durch ein Wort von Goebbels aus dem Jahre 1934 belegt: »Es gibt überhaupt keinen dreckigen Juden mehr in Deutschland, für den sich Herr Furtwängler nicht eingesetzt hätte.«

Über den jungen, als Leiter des Gewandhausorchesters designierten Dirigenten schrieb 1922 der Thomaskantor Karl Straube an den Verleger Anton Kippenberg: »Furtwängler muß hier einen Kreis von hochgebildeten Menschen kennenlernen mit dem Ziel eines geistigen Austausches, ist hochgebildet mit weit reichenden geistigen Interessen. Die Leipziger Kritik ist die einzige auf der Welt, die es nicht für der Mühe wert hält, sich mit seiner Persönlichkeit und Beethoven-Wiedergabe auseinanderzusetzen. Wird als landläufiger, nicht unbegabter junger Dirigent behandelt.« Fünfzehn Jahre später berichtet er seiner Frau Hertha in einem Brief vom 19. Juli 1937 über die »Götterdämmerung« aus Bayreuth: »Wie Furtwängler das Ganze gestaltet, gehört zu den größten Kunsteindrücken, die ich je gehabt. Er dirigiert diese großen Werke Wagners als Symphonien. Nichts von breiter Breiigkeit. In jedem Takt und jeder Phase gestaltete Form. Beim Proben von äußerster Genauigkeit, nie erlahmender Geduld. Das ganze Orchester voll Verehrung und Bewunderung. Furtwängler heiter und in sich zufrieden wie selten. Dabei will er das letztemal in Bayreuth dirigieren, wolle Zeit haben für eigenes Schaffen.« Schließlich am 16. November 1944 über Beethovens Neunte: »Der letzte Satz wird unter Furtwängler die Gipfelung des ganzen Werkes. In Leipzig die ganze Zuhörerschaft vom Taumel der Begeisterung hingerissen. Ein sehr guter Musiker sagte, der liebe Gott hat Furtwängler auf die Welt gesandt, um uns zu offenbaren, was die 9. Symphonie eigentlich sei.«

Voller Bewunderung erzählt auch Leo Kestenberg in seiner Autobiographie »Bewegte Zeiten« über Furtwängler. Der Liszt-Spieler aus der Schule Ferruccio Busonis war 1918 Referent für Musik im preußischen Kultusministerium geworden und hatte dienstlich viel mit Furtwängler zu tun gehabt. Vier Jahrzehnte später erinnerte er sich in Tel Aviv: »Meine Beziehungen zu Furtwängler waren stets gute, ja freundschaftliche, und wir verkehrten auch privat miteinander. Ich war immer von Neuem von seiner hohen Geistigkeit und seiner unvergleichlich großen Dirigentenbegabung eingenommen; man kann wohl sagen, daß ein ganz besonderer Glanz von ihm ausstrahlte, sobald er nur das Podium betrat.«

Durch Furtwängler lernte Otto Klemperer den Philosophen Max Scheler kennen, der mit seiner Schwester verheiratet war. Ihm selber lag Philosophie weniger als dem Kollegen. »Ich sah Furtwängler häufig in München vor dem ersten Weltkrieg«, erzählte er in seinen Gesprächen mit dem englischen Musikschriftsteller und Kritiker Peter Heyworth. »Er kam immer nach München in seinen Ferien und wir gingen oft zusammen spazieren. Eines Tages spielte er mir seine Tempi für eine Beethoven-Symphonie vor. Sie waren sehr gut und ich fühlte, hier war ein geborener Musiker.«

Furtwängler war auch einer der meist porträtierten Männer seiner Zeit. Der lange schmale Kopf mit der mächtigen Stirn und der Narbe am Mundwinkel ist in Deutschland so etwas wie ein Symbol für den Begriff Musik gewesen. Wilhelm Furtwänglers Antlitz hatte repräsentative, stellvertretende Macht, nicht nur in Deutschland, wo es als etwas national Vertrautes und Verehrungswürdiges galt – in der sonderbaren Nachbarschaft der Gesichter von Albert Einstein, Albert Schweitzer und Paul von Hindenburg –, sondern überall in Europa. So beispiellose Volkstümlichkeit selbst bei Menschen, denen Musik sonst nicht viel sagte, ist mit den Erfolgen eines Pultstars allein nicht ausreichend erklärt. Die Zeitspanne von 1886 bis 1954, in der Furtwängler wachsen, sich entwickeln und reifen konnte, war an großen Kapellmeistern nicht arm. Männer wie Arthur Nikisch, Leopold Stokowski und Bruno Walter haben ihm an musikalischer Zaubermacht wenig nachgegeben. Sein größter, ja einziger Rivale in späteren Jahrzehnten, Arturo Toscanini, der den um neunzehn Jahre Jüngeren überlebte, war ihm an internationalem Marktwert sogar erheblich voraus. Aber sie alle sind nicht Mythen, ihre Antlitze nicht Inbegriffe geworden.

Da ist 1897 das sacht lächelnde Kindergesicht mit den durchwühlten Haaren, das er einem Brief an seine Großmutter Christiane beilegt: »Hier schicke ich Euch mein letztes Werk, das D-Dur Rondo...« Als er schon berühmt war, in den zwanziger Jahren, schuf der russische Bildhauer Alexander Archipenko die Bronzebüste, die heute in der Berliner Philharmonie steht. Der lebensgroße Kopf zeigt den barock stilisierten Realismus, der damals bei Archipenko die expressionistische Periode abgelöst hatte. Der Raum, das Südfoyer von Hans Scharouns genialem Konzertsaal, ist ein kleines Museum von Erinnerungen des Berliner Philharmonischen Orchesters, wo neben anderen auch Büsten Hans von Bülows und Arthur Nikischs stehen.

Eine Epoche war mit Furtwängler zu Ende gegangen. In Thomas Manns »Zauberberg« sagt der italienische Humanist Settembrini einmal den auffallenden Satz: »Ich hege eine politische Abneigung gegen die Musik.« Nicht zufällig sagt er ihn zu den jungen deutschen Freunden, zu der »gefährdeten Jugend« der Zeit vor 1914. In keiner früheren Zeit wäre die Formulierung sinnvoll, keinem Engländer, Franzosen oder Italiener gegenüber wäre sie nötig gewesen. Musik hatte sich tatsächlich im 19. und 20. Jahrhundert zu einem deutschen Politikum entwickelt. Darüber kann auch ihre eigentümliche Sinn-Wendigkeit nicht hinwegtäuschen, diese Proteus- und Chamäleon-Eigenschaft, die holde Charakterlosigkeit, die ihr ermöglicht, nach Bedarf einem geistlichen oder weltlichen Zweck zu dienen, ja, mit demselben schmerzlichen Lächeln abwechselnd einen heiteren oder traurigen Text zu illustrieren. Trotz solcher politischen Unzuverlässigkeit, ja, vielleicht durch sie, ist Musik im deutschen Nationalbewußtsein eine ganz unvergleichliche Geistes- und Seelenmacht geworden, etwas, das weit über sich selbst hinausreicht, etwas Übermusikalisches gleichsam. Der Repräsentant dieser Macht wird in einem bestimmten historischen Moment der Kapellmeister, der Präzeptor des Orchesters, der Befehlshaber einer Hundertschaft von Musikern, die zu Kündern von Metaphysik verzaubert werden. Als Sinnbild seiner Befehlsgewalt trägt der Dirigent den zu Anfang des 19. Jahrhunderts durch Carl Maria von Weber eingeführten Taktstock. Wir haben den Höhepunkt dieser Epoche miterleben dürfen. Vielleicht sind wir auch Zeugen ihres Endes. Was kommen wird, ist Nachhall, Abenddämmerung, virtuose Kopie.

Furtwängler brachte eine besondere Aura mit sich. Er war ein Parsifal und ein homme à femmes, Philosoph und leidenschaftlicher Skiläufer, Asket und Sinnenmensch, theaterfroh und Mann der Studierstube. Und gerade dieses Antithetische und Antinomische in seiner Persönlichkeit sollte sich immer stärker, immer auffälliger entwickeln. In der Widersprüchlichkeit der geistigen Existenz lag die Besonderheit seiner Wirkung, seiner Kunst, seines Erfolges.

Seit 1921 war Berlin nicht nur sein Wohnsitz, sondern auch der geographisch-geistige Ort, dessen Schwerkraft ihn anzog. Er empfand die Weltweite der Stadt, die zwischen 1920 und 1933 Europas Metropole war in Dingen der darstellenden Kunst und in manchen der Kunstschöpfung. Das war ein Dualismus, den Furtwängler nicht anerkannte. Wo ist bei ihm selber die Grenze zwischen Interpretation und Schaffen? Er fühlte sich ganz und gar als schöpferischer Musiker. So war es der Wermutstropfen in seinem Leben, daß er als Komponist im Schatten seines Ruhmes als Dirigent stand. Er selber meinte ebenbürtig in der schöpferischen Tradition zu stehen, als deren Mittler am Pult er von der ganzen Welt vergöttert wurde.

Friedrich Nietzsche hat einmal gesagt, an Wagner sei ihm verdächtig, daß er mehr sein wolle als nur Musiker: so fühle kein Musiker. Aber Wagners Gedanke vom Mehr-als-Musiker-sein-Wollen hat einen Machtbereich im Territorium des Geistes erschlossen. Auch Hans von Bülow wollte als Dirigent ein Mehr-als-Musiker sein, ein Vorbild an Geist, Kenntnis und universeller Bildung für seine Epoche. Er trieb das »plus ultra« so weit, in Konzerten vom Pult aus Reden zu halten und dabei in politischen Dingen Partei zu nehmen: der Kapellmeister als Instanz auch in außermusikalischen Fragen, als Praeceptor Germaniae. Musik wurde so im öffentlichen Bewußtsein und Unterbewußtsein zur Konkurrentin der Politik, eine deutsche Meinungsmacht wie in Frankreich die Literatur.

Furtwängler lebte in einer beständigen Opposition gegen Elemente seines eigenen Wesens. Gefühl und Verstand waren so stark in ihm, daß beide immer um die Hegemonie rangen. Den Aposteln dumpfer Triebhaftigkeit galt er als Intellektueller, doch unter Intellektuellen verteidigte er die Rechte des Gefühls. Sein Kampf gegen den Intellektualismus, vor 1933 und nach 1945 oft mißverständlich geführt, war psychologisch ein Aufbegehren gegen die dominierende Gestalt des lebenslang bewunderten Vaters, dessen Geistigkeit er liebte, der er sich aber nicht untergeordnet wissen mochte. Unter den vielen Gesprächen, die Furtwängler zur Veröffentlichung freigegeben hat, ist das mit Karla Höcker über »das intellektuelle Leitbild« besonders kennzeichnend. Es kreist um zwei Leitideen: Historismus und Intellektualismus. Furtwängler spricht von dem Historiker als dem ewigen Zuschauer, und er gibt zu verstehen, historisches Sehen mindere die »tiefere Kunsterkenntnis«. Es ist für ihn identisch mit »Freudlosigkeit« und »lieblosem Besserwissen«. Dann wirft er so etwas wie eine Schuldfrage für den vermuteten Verfall der Musikkultur auf. Der Gewichtsverlust unseres Musiklebens sei durch eine kühl referierende, historisch abwägende Berichterstattung gefördert worden.

Merkwürdig, daß ein Kenner der Antike, ein Sohn aus Archäologenhaus solche unversöhnlichen Töne gegen die Historiker anschlägt. Der Konflikt in seinem Inneren muß schwer gewesen sein. Denn es ist nichts anderes als dieser Konflikt, der ihn immer wieder aufstachelt, sein ungelöstes Problem hinauszurufen in die Welt, die ihm huldigt. In diesem Sinne war sein Musizieren die Erfüllung dessen, was das neunzehnte Jahrhundert gewollt hatte: nicht nur Mittel der Welterfassung, sondern auch Mittel, den ganzen Menschen zu erfassen, zu hypnotisieren, ihn passiv zu machen. Es ist ein wagnerischer Prozeß, und zu Wagner führt jede Betrachtung Furtwänglers zurück. Aber keiner ist den Weg einer totalen Unterwerfung des Hörers mit soviel Geistigkeit und magischer Künstlerkraft gegangen wie er. Es ist, als hätte sich die Epoche in ihm verkörpert und erschöpft.

Als Furtwängler im Dezember 1952, nach einer schweren Erkrankung bei der Vorbereitung der Salzburger Festspiele, wieder in Berlin die Philharmoniker dirigierte, waren Nachwirkungen des Leidens in Gesicht und Gang zu sehen. Das Programm brachte die »Freischütz«-Ouvertüre, Beethovens »Eroica« und Hindemiths »Kepler«-Symphonie »Die Harmonie der Welt«. Seither ging man in jedes seiner Konzerte mit dem Gefühl, es könne das letzte sein. Aber der starke Wille und die Konstitution hielten noch zwei Jahre durch.

Der Sommer 1954 brachte jedoch neue Erschütterungen: das Ohr ließ nach. Im September kam Furtwängler noch zu den Berliner Festwochen. Das Programm enthielt seine eigene e-Moll-Symphonie. Der Titaniapalast war nicht wie üblich ausverkauft; aber man feierte den Mann, das Werk und die Aufführung. Noch einmal sah ich ihn kurz in der neuen Schöneberger Sporthalle, wo ein volkstümliches Konzert, eigentlich hauptsächlich zur Prüfung der Saal-Akustik, geprobt wurde. Sein Gang war jetzt unsicher, etwas schwankend, aber der Gesichtsausdruck heiter mit einem Anflug unterdrückten Schmerzes. »Darf man hier sitzen oder ist das nur für Kritiker?« fragte er mich ironisch. Die Hand war immer am Florettgriff, wenn er Intellektuellen begegnete.

Als er am 30. November in Baden-Baden starb, wußte man: eine Epoche war zu Ende. Es würde auch in Zukunft große Dirigenten, brillante Musiker, Pultstars geben. Aber die Sprache der Musik als ein Mittel der Welterfassung würde mit ihm dahin sein. Das Zeitalter, in dem ein Kapellmeister zum Symbol der Musik werden und über die künstlerische Leistung hinaus Führung im geistigen Leben der Nation beanspruchen würde, war abgeschlossen.

Joachim Kaiser
Herbert von Karajan

Hilfreich und unheimlich hat der technische Fortschritt alle
Interpretations-Erörterungen verändert: Wir brauchen uns jetzt
nicht mehr nur auf unser Gedächtnis, unsere einstige oder
gegenwärtige Beeindruckbarkeit oder Kritikfähigkeit zu verlassen, wenn wir die Lebensleistung eines Künstlers überschauen
wollen. Seit wir über Schallplatten, Mitschnitte, Filme und
Video-Kassetten verfügen können, ist es möglich geworden,
einen Künstler auch mit den verschiedenen Phasen und Her-
vorbringungen seiner selbst zu konfrontieren – so wie in Peter
Ustinovs Konversationsstück »Endspurt« der gleiche Mensch
als Jüngling, Mann, Greis auf der Bühne steht – und heftig mit
sich selbst ins Gericht geht.

Die Existenz von Tondokumenten kommt der Neigung
vieler Essayisten und Biographen, im Leben ihrer Helden alle
möglichen Phasen und gar »Brüche« nachzuweisen, bedenklich
zugute. So also hat Karajan als junger Mann Beethoven dirigiert, so in den fünfziger Jahren unseres Jahrhunderts, wieder
anders in den sechziger Jahren, noch einmal neu in den achtziger Jahren. Das läßt sich jetzt durch ein paar Vergleiche, not-
falls mit Hilfe der Stoppuhr, ohne weiteres »belegen«. Gewiß
ahnt man, hinter alledem müsse sich doch die Einheit eines
Menschen, einer Kunstvorstellung, eines Willens verbergen
und auffinden lassen. Doch die Konkretisierung einer solchen,
»spekulativen« Ahnung ist eigentlich gar nicht mehr nötig. Mit-
hin ersetzen, seit es Schallplatten gibt, mittlerweile allzu viele
leicht zugängliche Fakten und Informationen das Nachdenken
über die Einheit der Künstler-Person und ihre *Idee*. Natürlich
können wir uns heute unvergleichlich viel »richtigere«, fakten-
treuere Bilder machen von der Entwicklung eines Karajan,
eines Furtwängler, eines Bernstein, eines Böhm, eines Kleiber
oder eines Klemperer, als das noch im 19. Jahrhundert möglich
gewesen wäre. Und doch läßt sich bezweifeln, ob unsere Abbil-
der, diese Additionen von konkreten Einzelheiten, stets auch
so »wahr« sind wie das, was wir aufgrund betroffener und vollkommen unnachkontrollierbarer Berichte zu wissen glauben
über Hans von Bülows Dirigieren oder Franz Liszts Spiel.

Aber steckt denn überhaupt eine *Vision,* eine alles in
allem doch zusammenhängende *Idee* vom Wahren hinter der
Lebensleistung großer Interpreten – könnten nun die Skeptiker
zurückfragen? Idealistische Antwort: Ohne den prägenden
Drang einer solchen Vision wären die Großen wahrscheinlich
gar keine Großen geworden. Das Publikum, im einzelnen
irrend und im gesamten doch richtig, wenn auch orakelhaft

reagierend, spürt nämlich, ob ein Künstler von einem solchen »Willen«, einer solchen »Vorstellung« beseelt ist (welche er vielleicht selber gar nicht zu erkennen, zu formulieren vermag), oder ob da jemand nur krampf- und kampflos sein musikalisches Tagewerk verrichtet.

Wie hat sich das Musizieren und Dirigieren Karajans im Laufe der Jahrzehnte verändert? Als junger Mann ist er ein Besessener gewesen, ein Ekstatiker, der den (vermeintlich) nüchtern-wurschtigen Richard Strauss, als er in den späten dreißiger Jahren dessen »Elektra« dirigierte, tief zu erregen, ja zu verstören vermochte. In seinen Mannesjahren war Karajan ein kraftvoller, schlanker, das schneidende Brio beherrschender, dabei an große italienische Dirigiervorbilder gemahnender Künstler. Er war, zwischen 1945 und 1965, ein – verglichen mit Furtwängler – durchaus *moderner* Interpret, der aber keineswegs stets sich selbst oder sein Bild von der Partitur diktatorisch zu verwirklichen strebte, sondern den die Orchestermusiker als eminent sachkundigen Probierer *verehrten,* und den die großen Opernsänger unserer Zeit als unvergleichlich sensibel mitgehenden, Schwächen auffangenden, hilfreichen Begleiter nicht bloß verehrten, sondern *liebten.* Karajan, von Ahnungslosen als Diktator, als Allmächtiger, als Beherrscher des Orchesters und seines Musikimperiums entweder gläubig angebetet oder trotzig getadelt, ist nämlich – und wie paßt das zu diesem Diktator-Bilde? – ein ungemein anpassungsfähiger, zarter Begleiter von empfindsamen Solisten und Sängern.

Natürlich folgte der Jünglings-Phase der Ekstase und dem Mannesalter der Modernität nun auch so etwas wie ein *Spätstil.* Karajan, seit 1965 etwa: der Ästhet, der Feinsinnige, der Klangmagier, der Anti-Schroffe. Doch dieser Spätstil, der immerhin Wunder produziert hat wie die empfindsame Deutung von Schönbergs symphonischer Dichtung »Pelléas und Melisande«, wie den atmenden Rubato-Stil Karajans bei Verdi, wie Karajans niemals klangdicke, stets aber reiche Beschwörung Brucknerscher Andachts- und Weltfülle – dieser Spätstil ist nicht umschrieben mit jenen meist keineswegs reinlich lobend gemeinten Beiwörtern wie »seidig« oder »schönheitsselig«. Die Kunst-*Sache* liegt schwieriger. Wer dem späten Karajan gerecht werden will, muß begreifen, daß der reife Künstler die Dramatik, die Kontrastfülle großer Partituren nun gleichsam transponiert vom Drama in den Klang. Im Klang-Ganzen finden sich nämlich jene einst noch so offenbaren schroffen, unmittelbaren Gegensätze durchaus wieder. Nur eben vermittelt diesmal. Aufgehoben in einer schönen, gefährlich schönen Aura. Aber untreu geworden ist Karajan bei alledem weder seinen Anfängen noch seinen Möglichkeiten. Nach wie vor verbindet die Einheit seiner Künstlerpersönlichkeit auch diese miteinander scheinbar kaum zusammenhängenden

Extreme. Auch »Alterswildheit« kommt neuerdings vor!

»Nicht Kaiser und nicht König, aber so dastehn und dirigieren –«. Diese, ein ganzes Dirigenten- und Komponistenleben prägende Kindheitserfahrung wurde dem jungen Richard Wagner zuteil, als er Carl Maria von Weber erlebte. Wenn man sich fragt, wann wohl in Karajan zum ersten Mal ganz entschieden die Idee aufgeblitzt sein mag, ein interpretatorisches Medien-Gesamtkunstwerk zu wollen, also über den normalen Repertoire-Betrieb hinauszudrängen zu seiner später verwirklichten Vorstellung vom vollkommen Perfekten, das mit erstklassigen Musikern nicht nur für ein Konzert, sondern sowohl für die leibhaftige Aufführung, aber auch fürs folgende Festspiel sowie für die Schallplatte und schließlich sogar für den Fernsehfilm disponiert war, – dann muß man zurückgehen bis zu jenen sensationellen Toscanini-Gastspielen Ende der zwanziger Jahre in Wien und Berlin, als der große »Maestro« mitsamt der Mailänder Scala die deutsche Musiköffentlichkeit begeisterte, und im Hinblick auf die Einschätzung großer italienischer Opernmusik folgenreich veränderte. Karajan erinnert sich, wie er damals zum ersten Mal das Ensemble der Mailänder Scala in Wien unter Toscanini erlebt hat, und was er später vom Maestro lernte.

»Vom ersten Takt an hat es mich wie ein Schlag getroffen, ich war völlig fassungslos über die hier erreichte Perfektion, speziell bei diesem ›Falstaff‹, wo man doch weiß, daß Toscanini immer an diesem ›Falstaff‹ herumgefeilt, herumprobiert und immer wieder einen anderen Sänger genommen hat. Diese Aufführung war damals vielleicht schon zehn oder zwölf Jahre alt, nicht im tatsächlichen Sinn ›alt‹, sondern ausgereift. Zum ersten Mal habe ich begriffen, was ›Regie‹ heißt. Toscanini hatte zwar einen Regisseur gehabt, aber im Grunde waren die wesentlichen Einfälle von ihm. Die Kongruenz von Musik und Bühnendarstellung war für uns etwas völlig Unfaßliches; anstatt dieses sinnlosen Herumstehens von Leuten hat hier alles seinen Platz und seinen Zweck gehabt. Ich glaube nicht einmal, daß die Wiener damals begriffen haben, wie groß das Verdienst der Scala gewesen war, nach Wien zu kommen und uns, den Jungen, einmal vorgespielt zu haben, was man, wenn alle Dinge richtig am Platz stehen, aus einer Interpretation machen kann...

Ich habe natürlich Toscanini noch öfter gehört. Er kam mit den New Yorker Philharmonikern für zwei Konzerte nach Wien, und dann begann ja seine Tätigkeit in Salzburg von 1934 an bis zu seinem Weggang beim sogenannten ›Anschluß‹ Österreichs. Da ich damals als Korrepetitor bei den Festspielen arbeitete, hatte ich die Möglichkeit, sämtlichen Proben beizuwohnen. Das war für mich die fruchtbarste Zeit, nicht nur in Salzburg, sondern auch in Bayreuth. Und die Geschichte ist

176

wirklich wahr: Ich bin mit dem Rad dahin gefahren, von Salzburg nach Bayreuth, um Toscaninis Aufführung des ›Tannhäuser‹ zu hören…

Das war für mich einer der wichtigsten Eindrücke. Von diesem Jahr an hat meine Entwicklung einen ganz anderen Weg genommen, weil ich nicht mehr sagte, ich muß das Orchester verbessern, sondern ich verlangte eine solche Vollkommenheit, die sich damit eben nicht erreichen ließ – aber ich wußte: es gibt nichts anderes, als sie zu fordern!«

Ob nicht diese Vision der Ganzheit, der »Kongruenz von Bühnen- und Musikdarstellung« weiterwirkt, wenn Karajan nun auch in nicht unbedenklicher Weise zum Allein-Herrschen und Allein-Machen drängt, also Dirigent, Solisten-Verpflichter, Regisseur, Kameramann, Tontechniker sein möchte? (Einzig als Bühnenbildner hat er sich noch nicht versucht.) Sein Glück, partiell mag es auch ein Unglück sein, ist bei alledem ja, daß er auf seinem Karriere-Weg gewiß immer wieder enthusiastisch gelobt, aber bei seinen Neuerungen stets gewarnt worden ist. So lernte er, davon überzeugt zu sein, daß diejenigen, die ihm von kühnen Organisations- und Dispositionsplänen so lebhaft abrieten, ihm ihrerseits ein paar Jahre später ohnehin recht geben würden (was sie meist auch taten). Darum läßt er sich kaum mehr warnen, sondern vertraut ganz seiner Vision, seinem Stern. Selbst wenn es ums Regieführen geht, was Karajan keineswegs eindeutig *nicht* kann (sehr eindringlich hat er in Salzburg das »Rheingold« inszeniert), was er nur eben längst nicht so beherrscht wie das musikalische Metier.

Es ist hier ein Wort gefallen, welches zumindest die jüngeren Leser, die in Karajan eher den altkonservativen Meister sehen dürften, überraschen könnte. Das Wort *Modernität*.

Wir müssen die letzten vierzig oder fünfzig Jahre zu überblicken versuchen, damit uns ganz klar vor Augen steht, was der Begriff »Modernität« hier meint. Die vielberedete Rivalität, wie sie – neben persönlicher Verbundenheit und Bewunderung – zwischen Furtwängler und Karajan geherrscht haben mag, hat ja ihren Grund auch nicht nur in irgendwelchen privaten Eifersüchteleien, sondern vielmehr im Gegensatz zweier Bekenntnisse. Furtwängler, auch Edwin Fischer, Elly Ney, vorher Artur Schnabel, vielleicht auch Arthur Nikisch: das waren doch die großen, heroisierenden und um jeden Preis expressiven deutschen Ausdrucksmusiker gewesen. Der »Eroica«-Dirigent Furtwängler hatte den Tragiker Beethoven frei und gewaltig darzustellen gewußt; jenen Helden, jenen Michelangelo der Töne, von dem Romain Rolland und Paul Bekker geschrieben und geschwärmt hatten. Dem stellte und stellt nun Herbert von Karajan eine schlankere – das heißt nicht: ausdruckslose oder bloß sachliche – Modernität entgegen. Er dirigiert die »Eroica«

»Das Wunder Karajan« nannte
die BZ am Mittag ihre Kritik
über Herbert von Karajans zwei-
tes Berliner Operngastspiel 1938.
»Nicht möglich, ihn in geläufige
Vorstellungen einzuordnen. Er
ist weder Rhythmiker noch auf
Klang spezialisiert, weder typi-
scher Operndirigent noch Sinfo-
niker: er ist alles in einem. Mehr
kann man über ein Genie nicht
sagen.« – Fotos 1939 aus der
Berliner Staatsoper; Karajan
übernahm 1941 die musikalische
Leitung des Hauses.

Generalmusikdirektor in
Aachen, 1935

»In unserem Beruf kann jemand
brillant sein und alles beherrschen, aber zuletzt zählt doch
einzig und allein die menschliche Qualität. Denn Musik ist
etwas, das von Menschen für
Menschen geschaffen wurde.
Wenn aber jemand nichts als
Noten darin sieht, dann ist das
vielleicht sehr interessant, aber
es kann einen nicht bereichern.
Und Musik sollte ja dazu dasein,
den Menschen zu bereichern
und ihm das zu geben, was er in
manchen Dingen verloren hat.«
Herbert von Karajan

Wer hätte nicht schon beobachtet, wie Karajan, wenn die Bewegung geschaffen, das atmende
Fortschreiten erreicht, die
Musiksache selbständig geworden ist, die Augen schloß und
sich auch von den tönenden
Wellen tragen ließ? Es muß ein
großes Glück für die angeblich
hellwachen Orchesterchefs und
Präzisionsfanatiker sein, wenn
sie die Augen schließen und
sich, ebenso aktiv wie passiv,
dem Tonstrom überlassen
dürfen.

zugleich federnd und gewaltig, aus dem Handgelenk und doch ernst. Das ist nicht mehr der Held des 19. Jahrhunderts, der Napoleon des Trauermarsches – sondern eher Techniker in Uniform, ja im Overall. Auch für den geht es wahrlich ums Leben – aber er hat nicht die dicken Muskeln einer Statue, sondern nervöse Gelassenheit: da entsteht ein gleichsam positivistischer Ernst, der unbestechlich und unromantisch vom Gegebenen, vom Notentext ausgeht. Karajan brachte so mit größter Autorität in die deutsch-österreichische Interpretationsgeschichte »ein«, was bereits ein Toscanini, ein Beecham, ein de Sabata anderswo schon angedeutet hatten.

Im ersten Satz von Beethovens 5. Symphonie in c-Moll op. 67 geht Karajan ohne jeden hier sinnlosen Noten-Positivismus gewaltig aufs Ganze. Denn bei Licht besehen (aber wie unnatürlich ist solch ein prüfender Blick!) besteht etwa der umwerfende Schluß des ersten Satzes der Fünften aus lauter gängigen, ja banalen Figuren, zum Beispiel aus treppenartig absteigenden Geigen-Achteln, die in jeder Sonatine vorkommen könnten. Doch vom Sturmwind des Zusammenhangs und von schonungslosem Forte durchgeschüttelt, entdecken die Achtel plötzlich in sich immense Energien. Beethoven betreibt Kernspaltung, das Simple zerfällt und wird gefährlich. Karajan geht dem nach, auch wenn er den gellenden Humor der Schlußgruppen-Läufe noch immer nicht genug tosen läßt, das keuchende Aus- und Einatmen der Durchführung glättet.

Eine Auseinandersetzung für sich wert wäre Karajans Interpretation von Beethovens 9. Symphonie in d-Moll op. 125. Im ersten Satz stellen sich klagende Ritardandi dem symphonischen Sturm, der immer wieder abbricht, entgegen – da muß die beinahe jenseits aller Musik stehende reine Logik des Anfangs und die wuchtige Größe der Entsagung, die sich hinter diesen Ritardando-Verhaltungen birgt, getroffen werden. Das Scherzo gehorcht einem einzigen Rhythmus; dennoch soll der Dirigent nicht nur die Einheit, sondern auch die Vielheit der Abwandlungen deutlich Klang werden lassen. Der Ton des Adagios ist mit bloßer passiver »Weihe« noch lange nicht erreicht. Der erste Satz wird Karajan nicht tragisch zur Gestalt. Schon Toscanini hatte Mühe damit. Gewiß: Größe, Macht und Majestät erscheinen. Aber bei Karajan geraten die Ritardandi blaß, und selbst das herrlich auskomponierte, untröstbare Zögern vor der Koda klingt eher zurückhaltend. Schon der Anfang ertönt nicht ohne Wucht, aber doch ohne – man kommt um solche Worte leider nicht herum – Geheimnis. Grandios und symphonisch, bewältigt und reich, gelingt das Finale. Nur wer die Unmöglichkeiten dieses Satzes ermißt, weiß, was das bedeutet.

Aber die Probleme der Karajanschen Beethoven-Deutungen hängen nicht mit irgendwelchen »Fehlern« zusammen. Da

spürt man – vorausgesetzt natürlich, daß immer höchste Ernst-
haftigkeit und Aufrichtigkeit und Anstrengung mit im Spiele
sind – die Grenzen eines Zeitalters. Den Mangel an Schiller-
Helden, an Wagner-Tenören, an jüngeren majestätischen Beet-
hoven-Interpreten nur mit Zufällen erklären zu wollen, wäre
armselig und ungerecht. Lösungen müssen gesucht werden -
manchmal gibt es vielleicht keine.

Karajan nahm auch Mozarts Rezitative ganz ernst – er
wäre nie auf die Idee gekommen, die manche seiner älteren
Kollegen durchaus hegen, Mozarts italienische Opern ohne
präzise Dialog- und Italienischkenntnis zu dirigieren. Daß
Karajan, der Orchesterfarben liebt, Debussy, Ravel, Richard
Strauss gleichwohl mit einem Ernst dirigiert, als ob es sich um
Beethovensche Partituren handele, daran haben wir uns
gewöhnt. Umgekehrt entdeckte er die Farben des Trios aus
dem Menuett von Beethovens Erster plötzlich als etwas tatsächlich und hörbar Impressionistisches, so wie er in Wagner
gleichfalls den sicherlich bedeutendsten Orchester-Koloristen
der deutschen Musik aufspürte. Vor wenigen Jahrzehnten
waren das Revolutionen – heute ist dergleichen fast selbstverständlich.

Modernist von unabsehbaren Folgen für die Musik ist
Karajan auch in anderer Weise geblieben, und man hat ihm
lange nicht geglaubt. Sein Verbundsystem angesichts der Allge-
genwart von Platte und Fernsehen, die kein mittleres Niveau
mehr zulassen, seine Koordination von Aufführung, Schallplat-
teneinspielung und Fernsehaufzeichnung, nicht etwa zur Zer-
störung des alten Ensemblegedankens, sondern um der konzentrierten Ausprägung spezieller Werkensembles willen: das
alles war in den frühen sechziger Jahren künstlerisches und
finanzielles Risiko, wurde belächelt, für unmöglich erklärt.
Heute bemühen sich die großen Opernhäuser und Dirigenten
und Regisseure der Welt um ähnliche Techniken.

Freilich hätten die interpretatorischen und organisatori-
schen Innovationen Karajans nie eine so große Wirkung haben
können, wenn sich Karajans eigensinnige Pläne und Vorstellungen nicht mit einer so konservativen Grundanschauung paar-
ten, wie nur Ärzte, Musiker und neuerdings Naturschützer sie
hegen – also Berufe, denen es darum geht, etwas Großes oder
Lebendiges zu erhalten. Die organisatorische Modernität, beispielsweise der Salzburger Osterfestspiele, entstand um authentischer, *konservativer*, Anti-Wielandscher Wagner-Aufführun-
gen willen! Für Karajan ist Mozart, ist Beethoven, ist Wagner
jeweils der »Chef«! Im 2. »Figaro«-Akt legte er im Terzett überraschend »Susanna«-Passagen der Gräfin in den Mund. Und
die Musikwissenschaft hat mittlerweile belegt, daß dies Mozarts
Wille war!

Charakteristisch für Karajan: wie sorgfältig erarbeitete

Handwerksgenauigkeit und unkonventionelle Modernität der Auffassung und Präsentation sich mischen, vom Gefühlsantrieb, ja vom Sentiment oder der Besessenheit gar nicht zu reden, die natürlich hinter allem Karajanschen Musizieren steckt.

Der Solo-Cellist der Berliner Philharmoniker, Ottomar Borwitzky, hat einmal geschildert, wie bis zur Sprachlosigkeit gerührt Karajan einem alten Orchestermitglied zur vierzigjährigen Mitgliedschaft gratulierte. Man soll sich doch vom äußeren Schein nicht täuschen lassen: hinter dem angeblichen Perfektionismus, der manchmal ja nur eine Flucht, eine Überkompensation ist, steckt bei Karajan ein gewaltiger, ein ästhetischer, altmodisch gläubiger Kunst-Ernst! Er ist vielleicht mehr, als seine Freunde und Gegner wissen, ein im hohen Sinn naiver Salzburger Musiker – und könnte man über jemanden aus dem Bezirk von Frau Musica etwas Ehrenderes, Mozart-Näheres sagen?

Aber wie verlief nun Karajans Lebens-Karriere, die eine so beispiellose Popularitäts-Höhe erreichte? Große Dirigenten stehen weit mehr als andere prominente Künstler im Mittelpunkt unaufhörlicher, ja lebenslänglicher öffentlicher Anteilnahme, öffentlicher Neugier, öffentlicher Klatschsucht, aber auch öffentlicher Verehrungsbereitschaft. Da beim Musizieren und Dirigieren keineswegs alles mit rechten, nur nüchternen, berechenbaren Dingen zugeht, da der Dirigent zugleich Handwerker ist und Zauberer, zugleich Technokrat und Magier, zugleich Allmächtiger und Ohnmächtiger – weil er nämlich zwar alles selber verantwortet, aber doch nichts schließlich Erklingendes selber hervorbringt – darum hat man ihm die Rolle sozusagen des Medizinmannes, eben des gehobenen Zauberkünstlers im Bereich der Musik zugespielt. Was immer auch ein bedeutender Dirigent als Orchestererzieher, als Interpret, als Urheber verbindlicher klingender Ereignisse leistet: der Schatten scheinbaren Schamanentums ist von seiner Leistung kaum abtrennbar. Freilich darf man bei solchen oft ironienahen Erwägungen nicht vergessen, daß ein teures und vielgestaltig durchorganisiertes Musikleben auf nichts so angewiesen ist wie auf große Werke und auf die persönliche, kraftvolle, unverwechselbare Leistung des verantwortlichen Interpreten in jener entscheidenden Sekunde, da der erste Einsatz gegeben, das Tempo fixiert, der Kontext entworfen werden muß! Was das sogenannte Faszinosum sei, läßt sich gewiß schwer umschreiben. Aber wenn es fehlt, dann merkt man, was es wert ist…

Karajan lebt seit knapp fünf Jahrzehnten nahezu ununterbrochen in der Öffentlichkeit. Die ihn betreffenden Unterlagen, die Berge von Zeitungsausschnitten, Kritiken, Interviews, Broschüren und Büchern sind vollkommen unübersehbar. Ich habe viel geblättert in bedrucktem Papier aus Österreich,

Deutschland, England, Amerika. Doch als ich dann zu dem einen Umfrageergebnis gelangte, demzufolge Karajan in seiner Heimat Österreich prominenter ist als alle anderen, prominenter als der Erzbischof von Wien, als Bundeskanzler und Olympiasieger und gar als der letzte Sohn des österreichischen Kaisers, Otto von Habsburg – da gab ich das Nachlesen auf.

Ein solcher Ruhm erschreckt. Er muß etwas besagen. Freilich, auch die meisten Kritiken erweisen sich, fragt man nach Karajans Besonderem, als nicht allzu ergiebig. Sie schweigen im Chor. Ein Dirigent verwirklicht sich ja nie allein durch sich selbst. Da ist ein Werk. Da ist ein Orchester. Gewiß wird das Orchester allmählich jene Tonvorstellung produzieren, die dem Dirigenten vorschwebt und die er mit nichts als seinen Händen, Augen und Ohren zu beschwören versucht.

Daß Karajan in Salzburg geboren wurde, am 5. April 1908, war gewiß nicht nur ein Vorteil für ihn. Denn wenn ein junger Mensch, hochbegabt, als Pianist und Dirigierstudent gleichermaßen erfolgreich, von vornherein mit dem Salzburger Kunst- und Interpretationsniveau konfrontiert wird, wenn er für selbstverständlich zu halten lernt, schon in jungen Jahren, was die dortigen Festspiele bieten, was Max Reinhardt kann, was die Wiener Philharmoniker produzieren – dann hat er es am Anfang gewiß besonders schwer. Er ist an ein selbstverständliches Niveau gewöhnt, besitzt aber zunächst weder die Kraft noch vor allem auch die Möglichkeiten, dieses Niveau selber zu produzieren. Er muß sich, wenn er dann – Karajan tat es in Ulm – in der Provinz beginnt, auf eine ganz andere Situation einlassen. Das heißt: er darf einerseits nicht vergessen, seine Träume und Visionen weiterzuträumen, ihnen nachzustreben – und er muß andererseits mit dem auskommen, was er zur Verfügung hat. Und wenn das nur die wenigen Musiker seines Provinzorchesters und eine mittelmäßige Sängerbesetzung für die »Meistersinger« sind. Aber Karajan, aus Salzburg verwöhnt, in Ulm oft nahe am Verzweifeln und gänzlich außerstande, in wirtschaftlich schwieriger Zeit sein inneres »Bild« von der Sache zu verwirklichen, hat durchgehalten. Und dann brach wohlverdienter Erfolg über den jungen Künstler herein.

Man kann sich kaum mehr vorstellen, von welcher umstürzlerischen Bedeutung Karajans Erscheinen ebenso wie sein kometenhafter Erfolg in den späten dreißiger und frühen vierziger Jahren gewesen ist. Denn gegenüber dem Tragiker Wilhelm Furtwängler, gegenüber der germanisch-expressiven Mozart-Beethoven-Brahms- und Bruckner-Interpretation, die damals das große und bedeutende Erbe einer ebenso großen und bedeutenden Musikgeschichte war, bedeutete die schlanke, feurig-vehemente, leidenschaftlich brillante Elastizität Karajans einen enormen und vitalen Kontrast. Dieser Kontrast wurde nun aber nicht geboten von einem jungen Musiker, der halt auf eine andere Karte setzte, der alles ganz anders und neu machen wollte, der gleichsam ein Stilprinzip in eine Erfolgsmasche verwandelte. Auch das »Bild«, das *Gegenbild* Karajans hing nämlich eng zusammen mit der großen Tradition verantwortungsbewußten deutschen Dirigierens. Er war vielleicht der letzte Hochbegabte, der (man muß es ein Glück nennen) nicht gleich entdeckt wurde, der nicht sofort – wie heute ein Lorin Maazel, ein Claudio Abbado und viele Hochtalentierte andere – in die Machtzentren des Musiklebens gehoben wurde. Karajan lernte nicht nur das Elend und die Demütigungen kennen, die ein junger, aufs Engagement wartender Provinzkapellmeister durchmachen muß, sondern er hatte, wiederum glücklicherweise, als Anfänger in Ulm und auch noch als junger Meister in Aachen, zwischen 1929 und 1938 Gelegenheit, mit sich selber und mit der Musikliteratur prägende, freie, noch nicht vom unbedingten Erfolg-haben-Müssen auf Weltniveau beengte Erfahrungen zu machen.

Doch seitdem, seit unzähligen Reisen zum Sich-Vorstellen, Vor-Dirigieren und Doch-nicht-genommen-Werden, seitdem haßt Karajan die Eisenbahn, die klammen Wartestunden im Bahnhofsrestaurant, die Nachtfahrten sitzend im Personenwagen (weil es für den Schlafwagen nicht reichte), den Kohlenstaub. Lieber fliegen oder Auto fahren, denkt er – und auch diesen Lebenswunsch erfüllt ihm seine Westberliner Existenz und seine Weltläufigkeit ja zur Genüge…

Als Karajan dann 1938 endlich in Berlin anfing, dreißig Jahre alt, da lag hinter ihm die so ungeheuer wichtige Provinz-Routine. An jedem Morgen sei Karajan, so erzählte mir ein alter Aachener Kulturpolitiker, der mittlerweile längst verstorben ist, um vier oder fünf Uhr aufgestanden, habe er mit verbissenem Eifer Partituren studiert, habe er sich vorbereitet auf das, was er, bei allem Ehrgeiz, damals gewiß nur ahnen konnte: nämlich auf die große Rolle, die er dereinst spielen würde. Seit 1955 ist Karajan zum Chefdirigenten auf Lebenszeit des Berliner Philharmonischen Orchesters berufen worden. Was diese seither in Berlin, aber auch auf zahlreichen Reise-Tourneen bewährte Zusammenarbeit fürs Berliner Kulturleben bedeutete, welche Maßstäbe die zahlreichen Konzerte und Schallplatten der Berliner Philharmoniker mittlerweile gesetzt haben: das wurde völlig zur Selbstverständlichkeit. Man nimmt dergleichen für gegeben und ärgert sich höchstens ein bißchen, falls ein Karajan-Konzert ein gar zu kurzes Programm vorführt oder nicht alles auf allerhöchstem Niveau gelingt. Walther Schmieding, der früh verstorbene Chef der Berliner Festwochen, sagte gern, daß es auch deshalb so schwer gewesen sei, irgendwelche Festwochen-Attraktionen nach Berlin zu bringen, weil das, was anderswo Sensation bedeute – nämlich ein Karajan-Konzert der Berliner Philharmoniker – von den Westberlinern als bare, altgewohnte Selbstverständlichkeit betrachtet wurde.

Hinterläßt die Lebensarbeit eines Dirigenten wirklich keine anderen Spuren als gewisse Eindrücke im Bewußtsein empfänglicher Zeitgenossen und gewisse Rillen in unzähligen Schallplatten? Flicht die Nachwelt dem Mimen und dem Musicus wirklich keinerlei Kränze? Auf diese rhetorische Frage kann man – erinnern wir uns an den Anfang dieser Karajan-Überlegungen – heute konkreter als nur mit einem erinnerungsseligen Achselzucken antworten. Ein Mann wie Karajan bedeutet etwas in der Geschichte von Musik-Interpretation. Er hat etwas erarbeitet und fixiert auch für die Zukunft, wofür es kein sympathischeres Wort gibt als den einigermaßen peinlichen Begriff »Errungenschaft«.

Welches sind nun die Errungenschaften Karajans, wenn wir an den Bezirk der traditionellen Musik denken?

Mit Johann Sebastian Bach errang der junge Dirigent Karajan wohl seinen ersten, über die Grenzen des Landes hinausreichenden Erfolg. Das war nun in einer Stadt wie Aachen, einer Grenzstadt, vielleicht gar nicht so schwer, so ungewöhnlich. Aber es verdient doch festgehalten zu werden, daß Karajan bereits im Jahr 1936 mit seinem Aachener Orchester und dem dortigen Chor sowohl Verdis »Requiem« als auch Bachs h-Moll-Messe so brillant einstudiert hatte, daß der Aachener Chor und das Aachener Orchester, Bach auf dem Programm, ein wenig sorgenbeschwert nach Belgien fahren konnten, um in Brüssel (es war im April 1936, die Leute erinnerten sich dort noch gut und ärgerlich an die Besetzung des entmilitarisierten

Rheinlandes durch die deutsche Wehrmacht) die Messe im Ausland aufzuführen.

Karajan beherrscht bei den großen Chorwerken Bachs, und das demonstrierten auch die später von ihm geleiteten Bach-Darbietungen, jeden Ton. Trotzdem stießen seine Bach-Interpretationen nach 1945 auf Kritik, und zwar auf heftige, grundsätzliche. Den Kritikern mißfielen nicht »falsche Töne«, die es nicht gab, sie tadelten manchmal den falschen Tonfall. Karajans Bach erklang nämlich, so mußte man meinen, im Geiste des »Cäcilianismus«. Verständlicher ausgedrückt: Karajans Bach versucht, jene Lehre von der »Reinheit der Tonkunst« klingend zu bestätigen, gegen die andere Dirigenten, denen es um einen sprechenden, erregten, nicht geglätteten Bach geht, in unserer Zeit so heftig aufbegehren! So wie Karajans »modernerer« Beethoven nicht nur ein Gegensatz, sondern ein generationsmäßiger Gegenpol war zu Furtwängler und Fischer, so hatte Karajans Bach gleichsam zeitgenössisch zu leiden unter der würzigen, aufregenden Frische dessen, was der jüngere Karl Richter als Bach-Interpret mit Erfolg versuchte. Übrigens war es Karajan, der einst, als viele Musiker auf einer Party herumstanden und niemand sich um den kleinen sächsischen Organisten kümmerte, auf Karl Richter zustrebte, ihm gratulierte und ihn allgemeiner Beachtung anempfahl. Damals wußte man noch nicht, daß Richters oder auch Rillings Bach zu Karajans Barock-Interpretationen jene Gegenposition einnehmen würden, die wieder anderthalb Jahrzehnte später Nikolaus Harnoncourts Experimente gegenüber Richter bedeuteten...

Was Mozart betrifft, so war und ist Karajan in dessen Idiom schlicht zu Hause. Wir haben, gewiß, während des vergangenen Jahrzehnts einige aufregende, alle Sanftheit oder Seidigkeit des Mozartschen Genius weit übersteigende, immer wieder die neuentdeckten »Nachtseiten« (welcher Vernünftige hätte sie eigentlich je geleugnet?) Mozarts betonende Interpretationen erlebt. Karajan hat keinerlei interessant machendes Auftrumpfen nötig, wenn es um Mozart geht. Es gibt zwei, drei Mozart-Deutungen von ihm, denen eine kleine oder größere Ewigkeit sicher sein müßte. So vor allem seine unvergleichlich differenzierte, von Halbschatten und Heimlichkeiten erfüllte Einspielung der »Così fan tutte«-Oper aus den frühen fünfziger Jahren, die bei allen Vergleichen und abwägenden Überlegungen ein zart-nervöses Wunder war (mit einer sinnlich-graziösen Elisabeth Schwarzkopf).

Als Karajan in Salzburg den »Figaro« während der siebziger Jahre immer wieder dirigierte, hatte er seine allerschönsten, sensibelsten und reinsten Augenblicke wiederum gerade bei den ganz leisen Stellen. Bei Pianissimo-Nuancen und Betroffenheitspausen folgte Karajan seinen Sängern nicht etwa als ein mächtiger Diktator, sondern wie jemand, der sich einem

188

Rausch des Leisen hingibt, der sich instinktiv in kaum mehr Vernehmbares hineinhört. Manchmal war da die Musik, allerdings gegen Mozarts bekannten Ausspruch: »Der Handlung gehorsame Tochter«.

Und wer erinnerte sich nicht an die großartig eindrucksvolle Plastizität, die Karajan erreicht, wenn er mit den Berliner Philharmonikern die abgründige »Prager« Symphonie (KV 504) oder die späte Es-Dur-Symphonie (KV 543) zugleich musizierte und als Ereignis beschwor? Gewiß, es gibt Kassetten, die alles das aufbewahren. Aber man muß sich auch selbst in die Empfänglichkeit bringen, muß beim »Ab«-Hören dem Moment gleichsam Unwiederholbarkeit unterstellen, wie es im Konzert selber ja der Fall ist - sonst wird man alle Tonkonserven immer ein wenig wie von oben herab, gleichsam tändelnd – »privat« anhören, also mit dem unausgesprochenen Vorbehalt, es kommt im Moment nicht so darauf an, man müsse sich nicht wirklich und streng konzentrieren, morgen sei auch noch ein Abhör-Tag…

Von Karajans Beethoven-Darstellungen war bereits die Rede. Aber noch nicht davon, was dieser große Dirigent aus Schumanns Symphonien an Feuer und kraftvoller Empfindsamkeit herauszuholen versteht! Der einzige ganz große Symphoniker, der Karajan (bezeichnenderweise) ein wenig fernzustehen scheint, ist nicht etwa Gustav Mahler, sondern Gustav Mahlers größerer Ahnherr: Franz Schubert. Dessen »Unvollendete« hat Karajan gewiß immer wieder schlank und finster und melodiös dirigiert. Aber die grandiose Seelenwanderung der großen C-Dur-Symphonie lag dem Dirigenten anscheinend immer ein wenig fern. Ich bin sicher, er meint, das Finale der C-Dur-Symphonie sei »eigentlich« unspielbar. Und man hört auch ein wenig, daß er Schuberts tönender Unendlichkeit nicht traut…

Das ist um so überraschender, als Karajan ohne jedes Forcieren für die riesigen Dimensionen Bruckners Takt und Ton findet. Er braucht Bruckner nicht zu domestizieren oder zu rationalisieren, er braucht ihn nicht auf eine unangemessene Entschlossenheit zu verknappen oder zum bloßen Finale-Komponisten opernhaft zu verfälschen. Der Symphoniker Bruckner entspricht dem Orchester-Magier Karajan von vornherein, wie vorherbestimmt, natürlich und übernatürlich. Es ist, als ob der Reichtum und Glanz von Bruckners Instrumentation Karajan den Weg ins tönende Herz dieses Genies so leicht mache wie keinem anderen Dirigenten unserer Gegenwart.

Daß die Entladungen Tschaikowskys dem Dirigenten und seinen Berliner Philharmonikern »liegen«, daß er da gar nicht zu übertreiben braucht, um doch Grandioses zu erreichen, daß die Vierte ein Triumph, die Fünfte ein Fest und die Sechste (die »Pathetique«) ein russisches Seelendrama wird unter Kara-

»Furtwänglers Erbe: Karajan«
hieß eine Zeitungsmeldung im
Februar 1955. Seitdem leitet
Herbert von Karajan als Chefdirigent auf Lebenszeit das
Berliner Philharmonische Orchester. »In dem Augenblick, da ich
die Philharmoniker übernommen habe, ist ganz allmählich
alles andere abgebaut worden.«

Silvester 1978 wurde erstmals
ein Symphoniekonzert live aus
der Philharmonie übertragen.
Karajan dirigierte Beethovens
Neunte.

1969 fuhren die Berliner Philharmoniker zu ihrem ersten Gastspiel in die UdSSR. Nach einem
Konzert bedankte sich Dmitrij
Schostakowitsch für eine Aufführung seiner 10. Symphonie.

Mit Wolfgang Stresemann, der
bis 1979 Intendant der Berliner
Philharmoniker war.

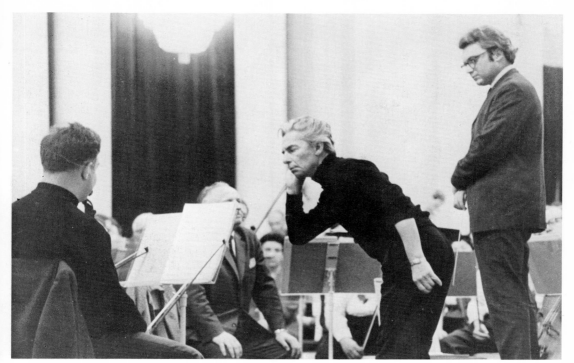

Während der Reise in die
UdSSR leitete Karajan im Juni
1969 in Leningrad einen
Dirigier-Kurs.

In Moskau, 1969

jans Händen: Musikpublikum und Schallplattenkäufer wissen es längst... Karajans Dirigier-Geheimnis: auch das vermeintlich Monumentale setzt sich zusammen aus Einzelheiten, Linien und Durchschaubarem. Er dirigiert nie, wie er es anderen berühmten Dirigenten vorwirft, bloß die ersten Violinen oder die schmetternde Blechbatterie. Wie Beethoven einmal von sich sagte, er sei mit dem »obligaten Accompagnement« zur Welt gekommen (also mit der motivisch durchgearbeiteten Begleitung), so scheint der Orchesterbeherrscher Karajan zur Welt gekommen mit einem untrüglichen Gefühl dafür, daß selbst ein Riesenapparat nie massiv klingen dürfe, immer durchsichtig bleiben müsse: selbst im Rausch der Ekstase, die ja dann noch niederschmetternder wirkt, wenn all ihre Bestandteile erlebbar werden und nicht nur ein mulmiger Endeffekt.

Bei Brahms interessiert Karajan nicht die Logik, sondern die Schönheit der Logik. Es ist klar, daß die philosophischen, spekulativen Formverläufe, wie sie in Brahms' vier (von einander grundverschiedenen) Symphonien niedergelegt sind, weit mehr darstellen als nur eine Aneinanderreihung von melodiösen Momenten. Infolgedessen ergibt sich bei Karajan eine aufregende Dialektik zwischen dem melodiösen Verweilen-Wollen einerseits und andererseits dem Moment-sein-Müssen im Rahmen der symphonischen Form. Als er, beim Gastspiel der Berliner Philharmoniker in New York, dort die Erste von Brahms großartig disponiert und strahlend zu Ende gebracht hatte, war nicht nur das Publikum, sondern auch ein Daniel Barenboim tief beeindruckt. Das müsse dem Karajan erst einmal jemand nachmachen... Und zur zweiten oder zur dritten Symphonie von Brahms hat Karajan, haben seine Berliner Philharmoniker ein genauso enges, produktives Verhältnis...

Wieder anders steht es um die Orchesterwerke von Richard Strauss und Karajans Liebe zu ihnen. Denn die Strauss'schen Tondichtungen sind auf dem Range, auf dem Beethovens »Waldstein«-Sonate oder Chopins »Préludes« Klaviervirtuosen-Musik darstellen, Kapellmeistermusik. Ein Kapellmeister, der sein Metier beherrscht, wird deshalb den virtuosen Orchestersatz genauso fündig zu machen wissen, wie ein Horowitz Chopin oder Liszt mit *deutender Virtuosität* in absolute Musik zu übersetzen vermag. Werke wie der »Don Juan«, der »Till Eulenspiegel«, »Tod und Verklärung«, »Also sprach Zarathustra« sind unter Karajans Händen zugleich zarte und todsichere Reißer. Doch wenn er dirigiert, dann ist sogar die als banal und überlang verschriene »Sinfonia domestica« ein entzückend spirituelles Meisterwerk. Und daß die Strauss'sche Opernwelt zwischen »Salome« und »Rosenkavalier« ihm nicht nur liegt, sondern Herzenssache ist, wissen alle Strauss-Bewunderer längst.

Damit aber wären wir bei dieser Bestandsaufnahme Karajanscher Errungenschaften auf einem Feld angelangt, wo er ganz unangefochten regiert. Nämlich bei der großen Oper.

Ist Karajan wirklich der größte Verdi-Dirigent der Gegenwart? Dergleichen läßt sich gewiß nicht nachmessen oder beweisen. Aber da der »Don Carlos« eine Zeitlang Festspiel-Hit gewesen ist zwischen Paris, München und Salzburg, und da alle großen Verdi-Dirigenten zwischen Abbado und Solti sich in den siebziger Jahren mit der »Don Carlos«-Partitur auseinandergesetzt haben, ist ein Vergleich doch möglich. Und da zeigt sich: Karajan artikuliert – für mein Gefühl – Verdi doch vielgestaltiger, lebendiger, freier und faszinierender als (gegenwärtig) alle anderen. Das fängt mit wunderschönen Selbstverständlichkeiten an, an die man sich rasch gewöhnt, obwohl sie leider ziemlich ungewöhnlich sind. Karajan dirigiert langsame Verdi-Kantilenen eben nicht als logische, melodische Entwicklungen, sondern als freie kantable Entfaltungen, die an ihrem Schluß jedesmal eine zugleich zarte und rhetorische Bestätigung erfahren. Niemand versteht es so wie er, Verdis melodischen Ausdruck auf einen Nenner zu bringen, jedesmal fällt vom Ende einer melodischen Phrase gleichsam rückwirkend Licht auf die ganze Gestalt.

Fügt Karajan dem tragisch-langsamen Verdi die Souveränität ausatmenden Verklingens hinzu, so verhält er sich bei den schnellen Nummern genau umgekehrt. Da wird er am Schluß ebenso unspürbar-spürbar rascher, elektrisierender, effektvoller. Aber alles dies ereignet sich nicht als bloße oder direkte Übertreibung, sondern innerhalb eines atmenden Gleichmaßes. So beschwört Karajan Verdis dunklen melodischen Fluß.

Der tatsächlich ziemlich überflüssige Streit des Richard Strauss'schen »Capriccio«-Konversationsstückes, was da noch wichtiger sei, Wort oder Ton, wird bei Verdi von Karajan folgendermaßen entschieden: in der Oper ist natürlich der Ton wichtiger! Beim »Don Carlos« (nicht nach Schiller, sondern nach Verdi) heißt das aber, die Orchesterbegleitung und der Chorklang sind eben nicht nur *Begleitung*, nicht nur *Kommentar*, sondern fast Antithese zum Sänger-Ausdruck und zur Textbedeutung. Wenn nicht sogar Hauptsache.

Damit setzt aber, wenn man diesen Sachverhalt bedenkt, bereits eine Karajansche Interpretation der Gesamtpartitur ein, und zwar eine entschlossen konservative. Denn Karajan zeigt sich (wie wohl auch Verdi selber es war) fasziniert von dem prächtigen, finsteren Schrecken, den die kämpfende und scheiterhaufenschichtende Kirche verbreitet! Bei Karajan fängt die Autodafé-Szene an wie der letzte »Carmen«-Akt – festlich und stierkampfbeschwingt. Viel Mitleid für die Opfer bringen weder Musik noch Dirigent auf. Und für die Verbrennenden mag es ein schwacher Trost sein, daß zum Schluß des Aktes eine Engelsstimme (»weit entfernt«) Begütigendes singt.

195

Nein, das bißchen Protestantismus des Marquis Posa, das knappe Sichaufbäumen des Don Carlos: dies alles bleibt private Nebensache. In Verdis blechtönender und blechdröhnender musikalischer Konzeption behält ein dunkler, schöner, tief katholischer Schreckenslaut das letzte Wort.

Und zwar ein schmetterndes Wort. Verdi war im »Don Carlos« wirklich nicht vornehm-verhalten oder rational-psychologisierend. Wenn die Königin beleidigt zu ihrem Gatten eilt, dann kommentiert das Orchester nicht nur, sondern es regt sich donnernd auf; wenn die Königin ihre Hofdame tröstet, dann weint das Orchester nicht nur, sondern die Holzbläser brillieren erinnerungsselig und entzückend; und der Posa stirbt, obzwar eine Kugel im Leib, mit einer allzu süßen Kantilene auf den Lippen…

Da ist nichts zu beschönigen oder zurückzunehmen. Karajan tut das auch nicht. Sondern frei und unverkrampft und unverschnörkelt, kräftig gesund bei der Sache, donnert oder flüstert er seinen Verdi hin.

Und Richard Wagner?

Als Herbert von Karajan im Jahre 1967 daran ging, sein Salzburger Anti-Bayreuth zu installieren – nämlich auf eigene Rechnung und Verantwortung in dem mit seiner Billigung und Förderung erbauten, für Mozart-Singspiele viel zu großen Salzburger Festspielhaus Wagners »Ring« zu produzieren: also Mammutaufführungen bis in letzte Einzelheiten der Besetzung zu disponieren, zu dirigieren und zu inszenieren, dazu sein Berliner Philharmoniker-Orchester heranzuziehen – da meinten viele professionelle Skeptiker, dieses hybride Riesenunternehmen leite gewissermaßen die Götterdämmerung des Karajanismus ein. Diese professionellen Skeptiker sahen und respektierten natürlich durchaus, wie fabelhaft da alles koordiniert war: den Salzburger Aufführungen gingen jeweils Schallplatteneinspielungen der betreffenden Werke voraus. Auf diese Weise war natürlich immer alles bestens einstudiert. Für finanziellen Rückhalt, als die Preise und Kosten noch nicht explodiert waren, schien Sorge getragen. Auch das Zusammenspiel mit dem Ausland und dem Fernsehen sollte sich als nützlich erweisen, und der Name Karajan sollte im Hinblick auf Rundfunkübertragungen gleichfalls als Gütemarke und ökonomische Garantie dienen. Aber gerade daran, daß so vieles mit der Kraft und dem Expansionsdrang eines einzigen Mannes verbunden war (wäre der »Ring des Nibelungen« nicht schon komponiert gewesen, Karajan hätt's bestimmt auch noch getan), stieß sich unsereins. Kann er denn gut inszenieren? fragte man sich. Wird er's durchhalten? Hat er eine Konzeption, die derjenigen des damals so mächtigen Wieland-Wagner-Bayreuth gewachsen ist?

Aber Karajan lachte nur, wenn er etwas von diesen Bedenken hörte. Musikkritiker, so fand er, brauchen immer etwas länger, um zu begreifen.

Zunächst: Daß Karajan so ungeheuer an Richard Wagner und nicht weniger fest an sich selber zu glauben vermochte, zahlte sich aus. Der Salzburger »Ring« war als Gesamt-Präsentation das, was er sein will und sein soll: Festspiel. Kein Donnerfestival, sondern: die Berliner Philharmoniker hatten die Kraft, Wagners Partitur so zu spielen, als handelte es sich um eine Symphonie. Sie machten nicht Opern-»Dienst«, sondern sie musizierten und hörten sich selber zu.

Die Folge davon war eine beinahe unvorstellbare Präzision des Leisen. Vor lauter ästhetischen Genüssen kamen manche Zuhörer gar nicht mehr dazu, dem dramatischen Ablauf mit der gebotenen Aufmerksamkeit zu folgen. Der Wagnersche Mischklang wurde endlich einmal realisiert, weil die Instrumente, vor allem die phänomenalen Holzbläser, ihre Einsätze so delikat, so kammermusikalisch abstuften, daß die Farbmischungs-Übergänge von einer Melodiephrase zur anderen nicht mehr mit plumper Bestimmtheit kamen, sondern fast impressionistisch sich anhörten. Wagners Polyphonie, seine, wenn man so sagen darf, nicht Viel-, sondern Allstimmigkeit, kam überwältigend heraus.

So wurde die »Walküre« zum Fest der kleinen Übergänge. Karajans Sensualismus führte zu einem Wagner für »Wagner-Verächter«. Denn leiser, musikalischer, sinnvoller und belebter, als hier die Kontrabässe auch die scheinbar unwichtigste Phrase musizierten, die Oboen sich aus dem Klangteppich lösten, so daß man kaum entscheiden konnte, wann ein Instrument die Führung übernahm und das andere sich wieder unterordnete, ist diese Partitur wahrscheinlich kaum je erklungen. In dieser »Walküre« wirkte die Inszenierung gewiß konventionell, ja fast unbeholfen. Das »Rheingold« schon bewies gehörigen Inszenierungs-Fortschritt, überzeugte. Und der »Siegfried« zeigte immerhin an, daß Karajan im »Ring« auf dem richtigen Regisseurs-Wege war: auch wenn der letzte Akt noch unfertig und uninspiriert wirkte, der Illusionismus des zweiten Drachen-Tötungs-Aktes nicht völlig gelang. Die »Götterdämmerung« hielt diese Versprechen allerdings nicht.

Auf Wagners Opern liegen Hypotheken: Wagner als

»Fidelio«-Probe mit José van Dam (oben) und Helga Dernesch (rechts), Salzburg, Ostern 1971.

1967 begann Karajan – als Dirigent, Regisseur, Organisator –
»seine« Salzburger Festspiele in
der Osterzeit. Die Berliner Philharmoniker sind seitdem das
Festspielorchester in den Opern-
und Konzertaufführungen um
Ostern.

Probe zum »Troubadour«,
Salzburger Festspiele, Sommer
1962.

»Tristan«-Probe mit Jon Vickers,
Salzburg, Ostern 1976.

»Präfaschist«. Und die andere Hypothek besteht in dem massiven Realismus butzenscheibenhafter Bühnenbilder und Uta-von-Naumburg-hafter, reinlich blonder Heroinnen.

Die Antwort, die Wieland Wagner gab, bestand in Verweigerung solcher Attribute. In Verdunkelung, in Abstraktion, in Anti-Realismus. Bestand in Segmenten, Scheiben, oratorienhafter Starrheit. In einer sich übrigens und Gott sei Dank vielfach wandelnden, oft überraschenden und genialen Inszenierung gegen den Strich. Und was tat Karajan?

Karajan ging den »Ring« von einer Seite her an, wo er unschlagbarer Fachmann ist und eine fast unerlaubt günstige Vorgabe mitbringt: nämlich von seiten der Partitur. Die Berliner Philharmoniker, hochintelligent, unabgenutzt vom Opernalltag, mit dem sie nichts zu tun haben, wohlvorbereitet durch Schallplatteneinspielungen der Wagnerschen Partituren, die ihnen immer noch hörbar Freude zu machen scheinen – diese Berliner Philharmoniker, die ihre Osterferien einer Riesenanstrengung opfern, sind die Seele des Salzburger Festes.

Natürlich liegt auch dem Dirigenten Karajan der späte Wagner besonders gut; noch besser als Mozarts anti-sentimentale Härte oder Beethovens transsubjektive Tragik oder Brahms' karg versponnener Archaismus. Wagners koloristische Genialität und Karajans Sensualismus entsprechen einander genauso, wie Wagners Lust am kleinsten Übergang dem karajanischen Pianissimo-Schwelgen und das ausinstrumentierte Pathos der chromatischen Entladungen dem präzisen Fachmannsfeuer des Orchester-Herrschers korrespondieren.

Aber der Dirigent hilft auch dem gleichnamigen, nicht ganz so begabten Regisseur. Karajan kann deutlich und unauffällig zwischen abgesetzt *kommentierendem* Orchester – wenn etwa das »Götterdämmerungs«-Motiv darauf hinweist, was für eine schwerwiegende Handlungsentscheidung soeben gefallen ist – und *mit-agierendem* Orchester unterscheiden. Wie kein musikferner Regisseur es könnte, bezieht Karajan die Partitur als Handlungspartner mit ein: Mime erschrickt vor dem »Siegfried«-Motiv nicht weniger als vor Siegfried selbst. Und der viel zu früh verstorbene Gerhard Stolze, der übrigens unter Karajan seine Rolle des Mime so perfektioniert hatte, daß die »Siegfried«-Oper eigentlich als »Mimes Tod« hätte angekündigt werden müssen, darf zwar einerseits viel und charakteristisch zischen, andererseits wird er auch zum ausdrucksvollen Instrument, wenn er die Naturschilderung des Orchesters mitsingt oder gar Sieglindes schlimmes Wälsungen-Schicksal berichtet. Dann siegt Musik. Und Wagner wird, wie Nietzsche ihn nannte, wirklich zum »Orpheus alles heimlichen Elends«.

Karajan will dem »Ring« als musikbesessener Technokrat beikommen. Er glaubt an die Partitur. Er vernachlässigt elegant alles Ideologische. Saubere Hörner, ein unbefangener Illusionismus, ein Schneider-Siemssenscher Spät-Expressionismus im Bühnenbild: das ist ihm da genug.

Als Jüngling Ekstatiker, als Mann faszinierender Brio-Musiker, im Alter, wo die Katastrophensehnsucht nachläßt, Klangzauberer, der die Spannungen von Musik in den Bezirk des Schönen transponiert, überdies Technokrat, Metier-Beherrscher, Entwickler neuer organisatorischer Dispositionsformen: wie mag wohl die Person beschaffen sein, die solche Talente vereint?

Karajan hat sein Talent nie ausgepowert. Fanatisch fleißig wußte er mit seinem Pfunde zu wuchern. Ich habe ihn einmal, halb im Scherz, gefragt, ob er – angenommen, er sei an einem großen Haus angestellt und müsse plötzlich eine Woche lang einspringen mit wildverschiedenen Werken zwischen »Entführung« und »Wozzeck«, Puccini und Strauss – dann zur Vorbereitung noch viel Zeit, Nächte gar, brauche. Er antwortete, auch keineswegs nur scherzhaft, bei dem Programm, das ich ihm vorgelegt hätte, käme er mit einer letzten Vorbereitungszeit von nicht einmal einer Stunde aus. Soviel hat er präsent, soviel kann er.

Aber – was ist er? Die Freude an der Musik, von der man so leichthin spricht, läßt sich, wenn überhaupt, nur mühsam definieren. Merkwürdigerweise hat sie etwas zu tun mit dem zugleich bewußten und unbewußten Hineintauchen in etwas Fremdes, in die Wahrheit einer herrlichen, nicht realistisch-trivial abgenützten (Kunst-)Sprache. Und ebenso merkwürdigerweise paßt auf Furtwängler wie auf Karajan dieses seltsame Verbum »hineintauchen«. Furtwängler, er hat es wörtlich so ausgedrückt, »schwamm« mit den Wogen des Orchesters. Und wer hätte nicht schon beobachtet, wie Karajan, wenn die Bewegung geschaffen, das atmende Fortschreiten erreicht, die Musiksache selbständig geworden ist, die Augen schloß und sich auch von den tönenden Wellen tragen ließ? Es muß ein großes Glück für die angeblich hellwachen Orchesterchefs und Präzisionsfanatiker sein, wenn sie die Augen schließen und sich, ebenso aktiv wie passiv, dem Tonstrom überlassen dürfen. Doch dieses Glück, dieses langsame und zarte Gleichgültigwerden gegenüber unendlich vielen Forderungen des Tages ist auch nur ein Moment beim Dirigieren und bestimmt nie der erste.

Anfangen heißt Kraft-Übertragen. Nur wer einmal unmittelbar hinter Karajan saß, bekam zu spüren, welche unwiderstehlich derben rhythmischen Impulse von ihm ausgehen. Das ist ebenso unglaublich wie irritierend. Wenn er ein impulsives, vitales Werk in Bewegung setzt, dann kann man, falls mit ihm in Tuchfühlung, buchstäblich nicht mehr ruhig oder gar schläfrig dasitzen! Muß vielmehr den ganzen Abend lang dagegen ankämpfen, seine rhythmischen Bewegungen nicht fußstampfend oder faustklopfend mitzumachen.

Was hat das Glück, wenn ein Dirigent sich in einem von ihm belebten Tonstrom verliert, zu schaffen mit jenem anderen, wenn ein Dirigent faszinierend Energien überträgt? Ein Widerspruch, sicherlich. Und was hat Karajans Freude daran, einen Verdi- oder einen Wagner-Kosmos heftig in Bewegung zu setzen, zu tun mit seiner Souveränität, seinem »Metier«, seinem blitzschnellen Erkennen der Fehlerquellen und Ausschalten der Fehler?

Diese Fragen werden hier nicht aufgeworfen, weil es *keine* Antwort gäbe, die sie alle mit einem klugen Begriff auszuräumen, befriedigend zu lösen vermöchte. Angedeutet werden soll vielmehr, daß ein Dirigent wie Karajan – von dem das Publikum immer nur die musikalische Herrscherseite wahrnimmt – indem er zugleich herrscht und sich überläßt, zugleich objektiv glücklich und subjektiv angespannt ist, während des Musikmomentes (aber wahrscheinlich auch beim Probieren und Disponieren) immer zugleich auf erstaunlich vielen Ebenen seines Bewußtseins, seiner Persönlichkeit, seiner Erfahrung und seines elementaren Vergnügens reagiert, reagieren können muß. Hätte so ein Künstler stets nur ein Ziel, eine Ausdrucksvorstellung, dann wäre er, günstigstenfalls, interessanter Manierist.

In Karajan, dem glücksfähigen, naiven Musiker, dem raffinierten Orchester-Beherrscher, dem weitblickenden Medien-Politiker stoßen grundverschiedene Impulse und Elemente widerspruchsvoll-produktiv zusammen. Seine Schlagtechnik hat ihm das Dirigentenleben leichtgemacht, seine Physis, während der späteren Jahre, die Existenz gewiß manchmal sehr schwer. In ihm ist ein Künstler zu bestaunen, der mehr ausfüllt und erfüllt, mehr riesige Veranstaltungen, Termine und Institutionen belebt und spannend macht als irgend jemand vor ihm. Falls dieser Mann sich einmal zurückzöge von der großen, ein wenig Carnaval-ähnlichen Weltbühne des Musizierens, Konzertierens und Dirigierens: Nicht nur seine Freunde trauerten über die Leere, die er hinterließe, seine Gegner würden dann erschreckt darüber belehrt, was Karajan ein Künstlerleben lang zu leisten vermochte.

Chronik

Aus der Geschichte
des Berliner Philharmonischen Orchesters

1882

1. Mai: 54 Musiker trennen sich von der Kapelle des Dirigenten Benjamin Bilse und gründen das Berliner Philharmonische Orchester. Als Konzertsaal dient eine ehemalige Rollschuhbahn in der Bernburger Straße. Das Orchester verwaltet sich in eigener Verantwortung; die künstlerische Beratung und organisatorische Betreuung übernimmt der Konzertagent Hermann Wolff.
Im Mai und im September macht das Orchester seine ersten Tourneen in deutsche Städte.
17. Oktober: Erstes populäres Konzert. Dirigent Ludwig von Brenner. Die populären Konzerte waren jahrzehntelang eine wichtige Einnahmequelle und wurden bis 1938 fortgesetzt. Dirigenten der Reihe waren unter anderem Gustav F. Kogel, Franz Mannstaedt, Josef Rebiček, Ernst Kunwald, Camillo Hildebrand, Richard Hagel und Julis Prüwer.
23. Oktober: Erster Abend einer Reihe von sechs Abonnementskonzerten, Dirigent Franz Wüllner.

1883

Joseph Joachim vermittelt dem Orchester für die Zeit von Mai bis September ein Engagement bei der Berliner Hygiene-Ausstellung.

1884

29. Januar: Johannes Brahms als Dirigent (3. Symphonie) und Solist (Klavierkonzert d-Moll) eigener Werke.
3./4. März: Hans von Bülow spielt das Klavierkonzert c-Moll von Joachim Raff (Dirigent Franz Wüllner) und dirigiert am Abend darauf – bei Bier und Kaffee – den zweiten Teil eines bunten Programms.

1885

Sommerkonzerte in Scheveningen – bis 1911 jedes Jahr.
Zwei Abonnementsserien zu je sechs Konzerten werden im Herbst aufgelegt, Dirigent Joseph Joachim und Karl Klindworth.

1887

21. Oktober: Hans von Bülow hat die Leitung der Philharmonischen Konzerte übernommen und dirigiert sein erstes Programm.

1888

23. Januar: Richard Strauss dirigiert sein erstes Konzert mit dem Orchester.
8. Februar: Peter Tschaikowsky leitet ein Konzert mit eigenen Werken: Fantasie-Ouvertüre »Romeo und Julia«, Klavierkonzert b-Moll, Introduktion und Fuge aus der Orchestersuite op. 43, Andante aus dem Streichquartett op. 11, Lieder, Ouvertüre »1812«.
5. Oktober: Die umgebaute Philharmonie wird mit einem Festkonzert eröffnet, Solist Hans von Bülow, Dirigent Gustav F. Kogel und Ernst Rudorff.

1889

21. Januar: In einem Konzert unter der Leitung Bülows dirigiert Edward Grieg eigene Werke.
26. Februar: Im Rahmen eines populären Konzerts dirigiert Peter

Tschaikowsky seine Streicherserenade op. 48 und »Francesca da Rimini«.
6. März: Beethovens 9. Symphonie wird, unter Hans von Bülows Leitung, an einem Abend zweimal aufgeführt. Bülow will auf diese Weise das Verständnis des Publikums für Beethoven fördern.
7. März: Johannes Brahms dirigiert ein Programm mit eigenen Werken.

1891

23. Februar: Im Rahmen eines Bülow-Konzerts dirigiert Richard Strauss die Erstaufführung von »Tod und Verklärung«.

1892

29. Februar: Richard Strauss dirigiert die Erstaufführung seines »Macbeth«.
Im Frühjahr legt Hans von Bülow die Leitung der Philharmonischen Konzerte nieder und zieht sich auf seinen Wohnsitz in Hamburg zurück. Hermann Wolff kann ihn nur noch für zwei weitere Konzerte gewinnen.

1893

10. April: Hans von Bülow dirigiert sein letztes Konzert – einen Beethoven-Abend – mit den Philharmonikern.
16. Oktober: Erstaufführung von Anton Bruckners 3. Symphonie, Dirigent Hermann Levi.

1894

12. Februar: Hans von Bülow stirbt in Kairo.
14. Februar: Trauerfeier für Hans von Bülow, Dirigent Franz Mannstaedt.
19. Februar: Bülow-Gedächtnis-Konzert, Dirigent Ernst von Schuch.

1894/95

Richard Strauss übernimmt die 10 Philharmonischen Konzerte der Saison.

1895

28. Januar: Ferrucio Busoni spielt zum erstenmal als Klaviersolist mit den Philharmonikern.
4. März: In einem Konzert unter der Leitung von Richard Strauss werden die ersten drei Sätze aus Gustav Mahlers 2. Symphonie uraufgeführt.
14. Oktober: Arthur Nikisch dirigiert sein erstes Philharmonisches Konzert, u.a. mit der Erstaufführung der 5. Symphonie von Tschaikowsky.
13. Dezember: Gustav Mahler leitet die Uraufführung seiner vollständigen 2. Symphonie.

1896

10. Januar: Johannes Brahms dirigiert seine beiden Klavierkonzerte, Solist Eugen d'Albert.
Sommer: Karl Muck leitet Konzerte der Philharmoniker in Moskau im Rahmen der Krönungsfeiern für Zar Nikolaus II.
9. November: Uraufführung des 2. Satzes (»Was mir die Blumen auf

der Wiese erzählten«) aus der 3. Symphonie von Gustav Mahler, Dirigent Arthur Nikisch.
30. November: Erstaufführung von Richard Strauss' »Also sprach Zarathustra«; das Werk steht bereits am 22. Februar 1897 »auf vielseitigen Wunsch« wieder im Programm. Beide Aufführungen leitet Arthur Nikisch.

1897

11. Januar: Pablo de Sarasate spielt sein »Viva Sevilla« für Violine und Orchester, Dirigent Arthur Nikisch.

1898

24. Oktober: Erstaufführung von Anton Bruckners 5. Symphonie unter Leitung von Arthur Nikisch.

1900

19. April: Richard Strauss und Hans Pfitzner dirigieren eigene Werke.

1902

19. März: Sonderkonzert mit Nellie Melba unter Mitwirkung von Joseph Joachim.

1903

26. Oktober: Erstaufführung von Anton Bruckners 9. Symphonie, Dirigent Arthur Nikisch.

1904

8. Februar: »Beethoven-Abend zum Andenken an den 10-jährigen Todestag Dr. Hans von Bülows«, Dirigent Arthur Nikisch.
12. Dezember: Richard Strauss dirigiert die Erstaufführung seiner Sinfonia domestica; Pauline Strauss-de Ahna singt vier Lieder ihres Mannes, Dirigent Arthur Nikisch.

1905

20. Februar: Arthur Nikisch dirigiert die Erstaufführung von Mahlers 5. Symphonie.

1906

29. Januar: Arthur Nikisch leitet ein Konzert zur Erinnerung an Mozarts 150. Geburtstag.
15. Oktober: Camille Saint-Saëns spielt den Solo-Part in seinem 5. Klavierkonzert sowie in seiner Fantasie für Klavier und Orchester »Afrika«, Dirigent ist Arthur Nikisch.
29. Oktober: Erstaufführung von Bruckners 8. Symphonie unter der Leitung von Arthur Nikisch.

1907

14. Januar: Gustav Mahler dirigiert die Erstaufführung seiner 3. Symphonie.
12. April: Edward Grieg dirigiert eigene Werke.
29./30. April: Zwei Festkonzerte zum 25jährigen Bestehen des Orchesters, Dirigenten Georg Schumann und Arthur Nikisch (u.a. mit Beethovens 9. Symphonie).

In der Saison 1907/08 findet der erste Konzertzyklus unter Leitung von Oscar Fried statt.

1908

Tournee durch Italien, Frankreich und Spanien, Dirigent Richard Strauss.

1911

30. Januar: Erstaufführung von Max Regers Klavierkonzert f-Moll, op. 114, Solistin Frieda Kwast-Hodapp, Dirigent Arthur Nikisch.
9. Oktober: Gedenkkonzert für Gustav Mahler († 18. 5. 1911), Arthur Nikisch dirigiert die »Kindertotenlieder« und die 2. Symphonie.
23. Oktober: Konzert »Zum Gedächtnis des 100jährigen Geburtstages von Franz Liszt«, Arthur Nikisch dirigiert »Festklänge«, »Totentanz« und »Eine Faust-Symphonie« von Liszt.
18. Dezember: Erstaufführung von Jean Sibelius' »Finlandia« unter Leitung von Arthur Nikisch.

1912

28. Oktober: Jascha Heifetz spielt als elfjähriges Wunderkind Tschaikowskys Violinkonzert D-Dur in einem Nikisch-Konzert.
Die Stadt Berlin zahlt dem Orchester erstmals eine Jahres-Subvention.

1913

4. Februar: Deutsche Erstaufführung von Gustav Mahlers 9. Symphonie, Dirigent Oscar Fried.

1914

9. Februar: Arthur Nikisch leitet die Erstaufführung von Erich Wolfgang Korngolds Sinfonietta.

1916

9. Oktober: Arthur Nikisch dirigiert die Erstaufführung von Max Regers Variationen und Fuge für Orchester über ein Thema von Mozart.
9. November: Max von Schillings dirigiert eigene Werke.
Felix von Weingartner leitet in der Saison 1916/17 u.ff. einen Konzertzyklus.

1917

14. Dezember: Erstes Konzert unter der Leitung von Wilhelm Furtwängler.
1917/18 u.ff.: Konzertzyklus unter Leitung von Selmar Meyrowitz.

1918

In der Saison 1918/19 leitet Wilhelm Furtwängler zum erstenmal einen Konzertzyklus.

1919

20. Januar: Bruno Walter vertritt den indisponierten Arthur Nikisch in einem Philharmonischen Konzert.

10. April: Fritz Busch dirigiert die Philharmoniker, Solist ist Adolf Busch.
15. September: Im Rahmen einer Max-Reger-Woche dirigiert Leo Blech ein Orchesterkonzert mit den Philharmonikern.

1920

9. Januar: In einem Konzert der Neuen Musikgesellschaft, Leitung Hermann Scherchen, wird u.a. Arnold Schönbergs »Pelleas und Melisande« aufgeführt.
1. März: Jubiläumskonzert – Arthur Nikisch ist seit 25 Jahren Leiter des Philharmonischen Orchesters, im Programm u.a. das 2. Klavierkonzert von Franz Liszt, Solist Mitja Nikisch.
4. Oktober: Franz Schreker dirigiert eigene Werke.

1921

Januar: An drei Abenden werden Werke von Ferrucio Busoni aufgeführt, dirigiert vom Komponisten und von Gustav Brecher.
19. März: Siegfried Wagner dirigiert ein Konzert.
16. April: Otto Klemperer dirigiert in seinem ersten Konzert mit den Philharmonikern Werke von Arnold Schönberg.
April: Gastspiel in Malmö, Leitung Bruno Walter.
26. Oktober: Ein Abend mit russischer Musik, Dirigent Sergej Kussewitzky.
In der Saison 1921/22 findet der erste Zyklus unter der Leitung von Bruno Walter statt. Vom Winter 1923/24 bis zur Emigration Walters 1933 werden die Bruno-Walter-Konzerte zu einer festen Einrichtung.

1922

9. Januar: Arthur Nikisch dirigiert sein letztes Konzert.
23. Januar: Arthur Nikisch †
27. Januar: Hans Pfitzners Kantate »Von deutscher Seele« wird unter Leitung von Selmar Meyrowitz uraufgeführt.
6. Februar: Gedenkkonzert für Arthur Nikisch, Dirigent Wilhelm Furtwängler.
22. März: Alexander Glasunow dirigiert eigene Werke.
24., 26. und 29. Mai: Brahms-Beethoven-Fest zum 40. Jubiläum des Philharmonischen Orchesters. Furtwängler dirigiert sein erstes Konzert in seiner neuen Funktion als künstlerischer Leiter des Orchesters, die beiden anderen Dirigenten sind Richard Hagel und Georg Schumann.
20. November: Ernest Ansermet leitet das erste Konzert der in diesem Jahr gegründeten Internationalen Gesellschaft für Neue Musik.
9. Dezember: Carl Nielsen dirigiert eigene Werke.

1923

11. März: Erich Wolfgang Korngold dirigiert eigene Werke.
2., 5. und 7. Juni: Im Rahmen einer Österreichischen Musikwoche wird Gustav Mahlers 8. Symphonie unter der Leitung von Paul Pella aufgeführt. Am zweiten Abend dirigieren Alban Berg, Arnold Schönberg, Anton von Webern und Alexander Zemlinsky eigene Werke.
Am dritten Abend findet die Erstaufführung von Schönbergs »Gurre-Lieder« statt, Dirigent Heinrich Jalowetz.
1923/24: Erster deutscher Mahler-Zyklus – 10 Abende unter der Leitung von Klaus Pringsheim.

1924

1. Februar: Erich Kleiber dirigiert sein erstes Konzert mit den Philharmonikern.

20. Oktober: Erstaufführung von Hans Pfitzners Violinkonzert op. 34, Solistin Alma Moodie, Dirigent Wilhelm Furtwängler.

8. Dezember: Igor Strawinsky spielt den Solo-Part in seinem Konzert für Klavier und Orchester, Dirigent Wilhelm Furtwängler.

29. Dezember: Otto Klemperer dirigiert die deutsche Erstaufführung der vollendeten Teile aus Gustav Mahlers 10. Symphonie.

In der Saison 1924/25 leitet Otto Klemperer einen Zyklus von vier Konzerten.

1925

26. Januar:Erstaufführung von Igor Strawinskys »Pulcinella«-Suite, Dirigent Otto Klemperer.

5. Oktober: Erstaufführung der »Tanzsuite« von Béla Bartók, Dirigent Wilhelm Furtwängler.

2. November: Richard Strauss, »Parergon zur Sinfonia domestica für Klavier (linke Hand) und Orchester«, Erstaufführung unter Wilhelm Furtwängler, Solist Paul Wittgenstein.

21. Dezember: Erstaufführung von Paul Hindemiths Orchesterkonzert op. 38, Dirigent Wilhelm Furtwängler.

1926

18. Januar: Béla Bartók spielt den Solo-Part in seiner Rhapsodie für Klavier und Orchester op. 1, Dirigent Bruno Walter.

24. September: Ottorino Respighi dirigiert eigene Werke.

11. Oktober: Arthur Honegger, »Chant de joie«, Erstaufführung unter Wilhelm Furtwängler.

13. Dezember: Erstaufführung der »Symphonie classique« von Sergej Prokofieff, Dirigent Bruno Walter.

1927

9. Oktober: Sergej Prokofieff, Suite aus dem Ballett »Le Chout«, Erstaufführung – Dirigent Wilhelm Furtwängler.

1928

27. Januar: Hermann Scherchen dirigiert einen Abend mit zeitgenössischer Musik von Heinrich Kaminski, Anton von Webern und Joseph Hauer.

6. Februar: Erstaufführung der 1. Symphonie von Dimitrj Schostakowitsch, Dirigent Bruno Walter.

29. Oktober: Paul Hindemith, Tänze aus »Nusch-Nuschi«, Erstaufführung unter Wilhelm Furtwängler.

3. Dezember: Uraufführung von Arnold Schönbergs Variationen für Orchester op. 31, Dirigent Wilhelm Furtwängler.

17. Dezember: Claude Debussy, »La Mer«-Erstaufführung unter Wilhelm Furtwängler.

1929

28. Januar: Erstaufführung von Leos Janáčeks »Taras Bulba« unter der Leitung von Bruno Walter.

31. Januar: Uraufführung der »Drei Stücke für Streichorchester« von Alban Berg unter der Leitung von Jascha Horenstein.

12. April: Das zwölfjährige Wunderkind Yehudi Menuhin konzertiert zum erstenmal mit den Philharmonikern, Dirigent ist Bruno Walter.
11. November: Bach/Schönberg, Präludium und Fuge Es-Dur, Uraufführung unter der Leitung von Wilhelm Furtwängler.
Die Stadt Berlin, der preußische Staat und das Reich kommen nach schwierigen Verhandlungen überein, das Orchester finanziell zu fördern.

1930

31. März: Paul Hindemith spielt das Solo in seinem Konzert für Bratsche und kleineres Kammerorchester, Dirigent ist Wilhelm Furtwängler.
20. Oktober: Paul Hindemith, Ouvertüre »Neues vom Tage«, Erstaufführung unter Wilhelm Furtwängler.
24. November: Erstaufführung – »Das dunkle Reich« von Hans Pfitzner, Dirigent Wilhelm Furtwängler.
8. Dezember: Sergej Rachmaninoff spielt den Solo-Part in der Erstaufführung seines 4. Klavierkonzerts, Dirigent ist Bruno Walter.

1931

15. Januar: Igor Strawinsky dirigiert eigene Werke.
26. Januar: Wilhelm Furtwängler dirigiert die Uraufführung von Zoltán Kodálys »Sommerabend«.
21. November: Uraufführung von Paul Hindemiths Oratorium »Das Unaufhörliche«, Dirigent ist Otto Klemperer.
7. Dezember: Erstaufführung von Igor Strawinskys Scherzo fantastique op. 3, Dirigent Wilhelm Furtwängler.
Als Folge der Welt-Wirtschaftskrise droht die Auflösung des Berliner Philharmonischen Orchesters im Jubiläumsjahr 1932; die Liquidierung kann nur mit großer Mühe abgewendet werden.

1932

5. März: Ein Konzert mit Musik aus Amerika und von den Antillen – Werke von Charles Ives, Henry Cowell, Carl Ruggles und Edgar Varèse, Dirigent Nicolas Slonimsky.
21. März: Im Rahmen eines Furtwängler-Konzerts dirigiert Maurice Ravel die Erstaufführung seines Klavierkonzerts G-Dur, Solistin Marguerite Long.
15. und 18. April: Festkonzerte zum 50. Jubiläum des Orchesters. Wilhelm Furtwängler dirigiert am ersten Abend u.a. eine Uraufführung – »Philharmonisches Konzert« von Paul Hindemith (gewidmet Wilhelm Furtwängler und dem Orchester), am zweiten Abend Beethovens 9. Symphonie.
31. Oktober: Furtwängler-Konzert – auf dem Programm Sergej Prokofieff, 5. Klavierkonzert (Uraufführung, der Komponist spielt den Solo-Part) und Hector Berlioz, »Harold in Italien« (Solist Paul Hindemith).
In der Saison 1932/33 leitet Eugen Jochum einen Konzert-Zyklus; ebenso übernimmt Erich Kleiber einen Zyklus, den er – bis zu seiner Emigration 1935 – fortsetzt.
Im Herbst 1932 wird das Blüthner-Orchester teilweise mit dem Philharmonischen Orchester fusioniert.

27. Februar: Gedenkkonzert zum 100. Geburtstag von Johannes Brahms, Dirigent Wilhelm Furtwängler.

20. März: Das Konzert unter der Leitung von Bruno Walter wird vom Reichspropagandaministerium verboten, für ihn springt nach einigem Hin und Her Richard Strauss ein. Walter emigriert noch in derselben Nacht nach Österreich.

27. März: Arthur Honeggers Mouvement symphonique Nr. 3 (den Philharmonikern gewidmet) wird unter der Leitung von Furtwängler uraufgeführt.

30. März: Hans Pfitzner dirigiert die Erstaufführung seiner Symphonie cis-Moll op. 36a.

Bald nach Beginn der Nazi-Herrschaft wird das Philharmonische Orchester vom Reich übernommen und dem Propagandaministerium unterstellt. Auf diese Weise wird Goebbels Schirmherr des Orchesters. Die Philharmoniker müssen in den folgenden Jahren bei repräsentativen Veranstaltungen spielen, etwa auf den Reichsparteitagen in Nürnberg, zu den Eröffnungen der Großen Deutschen Kunstausstellungen in München oder bei den Reichsmusiktagen in Düsseldorf.

1934

12. März: Wilhelm Furtwängler dirigiert die Uraufführung von Paul Hindemiths Symphonie »Mathis der Maler«.

4. Juni: Konzert zum 70. Geburtstag von Richard Strauss, Dirigent Hermann Abendroth.

25. November: In der Deutschen Allgemeinen Zeitung erscheint Wilhelm Furtwänglers Artikel »Der Fall Hindemith«. Die darauf folgenden Angriffe veranlassen ihn Anfang Dezember zum Rücktritt von allen Ämtern.

1935

3. März: Georges Georgescu dirigiert einen Abend mit Werken rumänischer Komponisten.

Im März übernimmt Wilhelm Furtwängler wieder die Leitung des Orchesters und dirigiert als erstes die Konzerte einer Tournee durch Deutschland und England.

In der Saison 1935/36 dirigiert Leo Borchard einen Konzertzyklus.

1937

2. November: Wilhelm Furtwängler dirigiert die Erstaufführung seines Symphonischen Konzerts für Klavier und Orchester, Solist Edwin Fischer.

26. November: Karl Böhm dirigiert die Uraufführung von Robert Schumanns Violinkonzert d-Moll, Solist Georg Kulenkampff.

6. Dezember: Boris Blachers »Concertante Musik« wird unter der Leitung von Carl Schuricht in einem Konzert mit zeitgenössischen Werken uraufgeführt.

1938

4. Januar: Erstaufführung von Igor Strawinskys »Jeu de cartes«, Dirigent Eugen Jochum.

31. Januar: Furtwängler dirigiert die Erstaufführung von Béla Bartóks »Musik für Saiteninstrumente, Schlagzeug und Celesta«.

9. Februar bis 13. April: Beethoven-Mozart-Zyklus, 8 Konzerte unter der Leitung von Carl Schuricht.

8. April: Herbert von Karajan dirigiert zum erstenmal die Philharmoniker.

13. Dezember: Wilhelm Furtwängler leitet die Erstaufführungen von Igor Strawinskys »Baiser de la fée« und Maurice Ravels Klavierkonzert für die linke Hand, Solist Alfred Cortot.

1939

24. März: Carl Schuricht dirigiert zeitgenössische Musik – Werke von Edmund Borck, Karl Höller, Hans Pfitzner und Joachim Schaeuble.

11. Juni: Festkonzert zum 75. Geburtstag von Richard Strauss, Dirigent Clemens Krauss, Solistin Viorica Ursuleac.

21. November: Wilhelm Furtwängler dirigiert die Uraufführung von Hans Pfitzners »Kleiner Symphonie« G-Dur op. 44.

1940

5. Juli: Konzert zum 100. Geburtstag von Tschaikowsky, Dirigent Willem Mengelberg.

28. Oktober: Uraufführung von Boris Blachers sinfonischer Dichtung »Hamlet«, Dirigent Carl Schuricht.

Im ersten Kriegsjahr finden drei Auslands-Tourneen statt: im Januar nach Holland (Leitung Wilhelm Furtwängler), im Mai nach Südost-Europa (Leitung Karl Böhm) und im September nach Schweden (Leitung Eugen Jochum). Auch in den drei folgenden Jahren absolvieren die Philharmoniker jeweils mehrere große Reisen in befreundete Länder (Italien, Spanien, Portugal), in besetzte Gebiete (Tschechoslowakei, Holland, Belgien, Dänemark, Frankreich und Balkanländer) sowie ins neutrale Ausland (Schweden, Schweiz).

1941

21. Oktober: Uraufführung von Karl Höllers 1. Cellokonzert, Solist Ludwig Hoelscher, Dirigent Wilhelm Furtwängler.

4. November: Uraufführung von Theodor Bergers »Ballade für großes Orchester« unter der Leitung von Wilhelm Furtwängler.

1942

8. März: Uraufführung von Wolfgang Fortners »Capriccio und Finale«, Dirigent Hermann Abendroth.

In der Saison 1942/43 dirigieren Carl Schuricht und Wilhelm Sieben einen Robert-Schumann-Zyklus.

1943

9. Dezember: Joseph Keilberth dirigiert zum erstenmal die Philharmoniker.

1944

26. Januar: Konzert zum 80. Geburtstag von Richard Strauss, Dirigent Karl Böhm.

29. Januar: Die Philharmonie in der Bernburger Straße wird bei einem Bombenangriff zerstört. Bis Kriegsende finden die Konzerte der Philharmoniker im Beethovensaal, in der Staatsoper, im Dom und im Admiralspalast statt.

Im April und Mai absolviert das Orchester sein letztes Auslands-Gastspiel vor Kriegsende, Hans Knappertsbusch dirigiert Konzerte in Frankreich, Spanien und Portugal.

1945

23. Januar: Wilhelm Furtwängler dirigiert im Admiralspalast sein letztes Konzert vor Kriegsende.
16. April: Im Beethovensaal dirigiert Robert Heger das letzte Konzert der Philharmoniker vor dem Ende des Zweiten Weltkriegs.
26. Mai: Im Titania-Palast findet das erste Konzert nach Kriegsende statt, Dirigent Leo Borchard.
23. August: Leo Borchard wird irrtümlich von einer Militärstreife erschossen.
29. August: Im Zehlendorfer Park am Waldsee dirigiert Sergiu Celibidache sein erstes Konzert mit den Philharmonikern und übernimmt bald darauf die Leitung des Orchesters.

1946

In den Monaten Mai und Juni kann das Orchester unter der Leitung von Sergiu Celibidache wieder Gastspiele unternehmen: in Leipzig, Celle, Bückeburg und Braunschweig.
15. September: Erstaufführung von Paul Hindemiths Symphonie in Es, Dirigent Artur Rother.
21. Dezember: Sergiu Celibidache dirigiert die deutsche Erstaufführung von Dimitrij Schostakowitschs 7. Symphonie.

1947

25. Mai: Wilhelm Furtwängler, der zuvor ein Entnazifizierungs-Verfahren durchmachen mußte, kann sein erstes Konzert mit den Philharmonikern nach Kriegsende dirigieren.
1. Juni: Hans Schmidt-Isserstedt dirigiert ein Konzert mit neuer englischer Musik.
30. September: Yehudi Menuhin tritt zum erstenmal nach dem Krieg wieder in Deutschland auf und spielt unter der Leitung von Wilhelm Furtwängler Beethovens Violinkonzert.
4. November: Gedenkkonzert zum 100. Todestag von Felix Mendelssohn-Bartholdy, Dirigent Sergiu Celibidache.

1948

23. Februar: Wilhelm Furtwängler dirigiert die Uraufführung seiner 2. Symphonie.
3. Mai: Otto Klemperer ist zum erstenmal nach dem Krieg wieder Gastdirigent der Philharmoniker.
Im November dirigieren Furtwängler und Celibidache die Philharmoniker in England auf ihrer ersten Auslandstournee nach dem Krieg.

1949

7. Februar: Paul Hindemith dirigiert.
5. Mai: Festkonzert zum 80. Geburtstag von Hans Pfitzner, Dirigent Joseph Keilberth.
18. September: Gedenk-Konzert für Richard Strauss († 8. September), Leitung Sergiu Celibidache.
6. November: Georg Solti debütiert als Dirigent und Pianist mit den Philharmonikern.

1950

4. April: Sergiu Celibidache leitet ein Konzert mit neuer amerikanischer Musik.
25. September: Erstes und einziges Konzert der Philharmoniker mit Bruno Walter seit seiner Emigration 1933.

1951

17. Januar: Joseph Keilberth dirigiert neue Musik von Giselher Klebe, Arnold Schönberg, Paul Hindemith und Everett Helm.
25. März: Tibor Varga spielt Alban Bergs Violinkonzert, Dirigent Sergiu Celibidache.
14. Oktober: Deutsche Erstaufführung von Zoltan Kodálys Konzert für Orchester unter der Leitung von Carl Schuricht.

1952

10. Februar: Zum 70. Jubiläum der Philharmoniker dirigiert Wilhelm Furtwängler ein Festkonzert.
18. Februar: Olivier Messiaen, »Trois petites liturgies de la présence divine« – Erstaufführung unter Günter Wand.
24.–26. Mai: Yehudi Menuhin spielt unter der Leitung von Wilhelm Furtwängler an drei Abenden jeweils ein Violinkonzert.
9. Dezember: Furtwängler dirigiert die Erstaufführung von Paul Hindemiths Symphonie »Die Harmonie der Welt«.

1953

12. Januar: Eugen Jochum leitet die Erstaufführung von Arthur Honeggers »Concerto da camera«.
28. September: Erstes Nachkriegskonzert der Philharmoniker mit Herbert von Karajan.
25. September: Arnold Schönberg, »Tanz um das goldene Kalb« – Erstaufführung, Dirigent Hans Rosbaud.

1954

27. Januar: Paul Hindemith dirigiert die Erstaufführung seiner »Kantate an die Hoffnung«.
Im April und Mai findet die letzte Tournee der Philharmoniker mit Wilhelm Furtwängler statt.
20. September: Furtwängler dirigiert sein letztes Konzert mit den Berliner Philharmonikern.
30. November: Wilhelm Furtwängler stirbt in Baden-Baden.
9. Dezember: Gedenk-Konzert für Wilhelm Furtwängler, Dirigent Artur Rother.

1955

23. Januar: Furtwängler-Gedenkfeier des Berliner Senats; die Philharmoniker spielen unter der Leitung von Wolfgang Sawallisch.
Von Ende Februar bis April leitet Herbert von Karajan die erste Nordamerika-Tournee des Orchesters, die noch mit Furtwängler geplant war.
5. April: Herbert von Karajan wird zum künstlerischen Leiter und Chefdirigenten des Berliner Philharmonischen Orchesters ernannt.
Von der Saison 1955/56 an werden jeden Winter vier Konzerte mit neuer Musik gespielt.

216

1956

26. Januar: Gedenk-Konzert zum 70. Geburtstag von Wilhelm Furtwängler – Joseph Keilberth leitet die Uraufführung von Furtwänglers
3. Symphonie.
26. Juni: Konzert zum 100. Todestag von Robert Schumann, Leitung
Eugen Jochum.

1957

25./26. April: Zum 75jährigen Bestehen der Philharmoniker dirigiert
Herbert von Karajan Beethovens 9. Symphonie.
Anfang Juni wird eine Woche amerikanischer Musik veranstaltet;
Thomas Scherman, Franz Allers und Paul Strauss dirigieren drei
Konzerte.
Im Oktober und November gastieren die Philharmoniker zum ersten-
mal in Japan, Herbert von Karajan dirigiert dort sechzehn Konzerte.

1958

9. Februar: Hans Rosbaud dirigiert die Erstaufführung der »Turan-
galîla-Symphonie« von Olivier Messiaen.

1959

3. Februar: Gedenk-Konzert zum 150. Geburtstag von Felix Mendelssohn-Bartholdy, Leitung Artur Rother.
2. März: Herbert von Karajan dirigiert die Erstaufführung von
Dimitrij Schostakowitschs 10. Symphonie.
11. Mai: Zwei Erstaufführungen unter Leitung von Otto Matzerath –
Sergej Prokofieffs 7. Symphonie und Benjamin Brittens Violinkonzert
(Solist Bronislav Gimpel).

1960

26. September: Boris Blacher, Requiem – Erstaufführung unter der
Leitung von Karl Forster.
12. und 16. Oktober: Paul Hindemith dirigiert.
Im Winter 1960/61 beginnt die Abonnementsreihe »Musik des
20. Jahrhunderts« mit 5 Konzerten pro Saison.

1961

14. Januar: Pierre Boulez leitet zum erstenmal die Berliner Philharmoniker und dirigiert unter anderem sein »Portrait de Mallarmé«.
23. März: Uraufführung von Aribert Reimanns Cellokonzert unter
der Leitung von Boris Blacher, Solist Eberhard Finke.
7. Mai: Hans Werner Henze dirigiert neue Musik.

1962

21. Januar: Uraufführung von Hans Werner Henzes »Antifone«, Dirigent Herbert von Karajan.
26. und 30. Januar: Paul Hindemith dirigiert zwei Programme.
5./6. Juni: Konzerte in Coventry zur Wiedereinweihung der im Zweiten Weltkrieg von Deutschen zerstörten Kathedrale, es dirigieren
Eugen Jochum und Sir John Barbirolli.
14. Juni: Zum 80. Geburtstag von Igor Strawinsky dirigiert Zubin
Mehta Werke des Komponisten.

26. Oktober: Hans Werner Henze dirigiert seine »Ode an den West-wind« und ein Klavierkonzert von Aribert Reimann, der den Solo-Part spielt.
19. November: Deutsche Erstaufführung von Benjamin Brittens »War Requiem«, Dirigent Colin Davis.
27. November: Gedenk-Konzert für Bruno Walter († 17. 2. 1962), Lei-tung Eugen Jochum.

1963

20. und 24. Januar: In seinen letzten Konzerten mit den Philharmoni-kern dirigiert Paul Hindemith unter anderem seine »Sinfonia serena« und die Erstaufführung seines »Mainzer Umzugs«.
30. Mai: Frank Martin dirigiert eigene Werke.
3. Oktober: Ein Konzert mit Werken von Darius Milhaud wird gelei-tet vom Komponisten und von Serge Baudo.
15. Oktober: Eröffnung der neuen Philharmonie mit Beethovens
9. Symphonie, es dirigiert Herbert von Karajan.

1964

19. Februar: Yehudi Menuhin tritt zum erstenmal als Dirigent und Solist mit den Philharmonikern auf.
9. und 12. April: Hans Werner Henze dirigiert eigene Werke, unter anderem seine fünf Symphonien.
22. September: Strawinsky-Abend mit dem Komponisten und Robert Craft am Pult.
30. November: Gedenk-Konzert zu Furtwänglers 10. Todestag, Joseph Keilberth dirigiert.

1965

8. und 13. Januar: Antonio Janigro leitet zwei Mozart-Abende; Robert, Gaby und Jean Casadesus spielen Konzerte für ein, zwei und drei Klaviere.
25. März: Erstaufführung von Hans Werner Henzes »Novae de Infi-nito Laudes« unter der Leitung des Komponisten.
3. Juli: In einem Konzert ohne Dirigenten stellen sich die Instru-menten-Gruppen des Orchesters vor. Gemeinsam spielen sie zum Schluß die Uraufführung der »Orchesterversammlung« von Werner Thärichen.
4. Oktober: Pierre Boulez dirigiert sein »Soleil des eaux«, Igor Stra-winskys »Variationen« und Luciano Berios »Alleluia II« (Erstauffüh-rungen).
16. November: Gedenk-Konzert zu Paul Hindemiths 70. Geburtstag, Dirigent Joseph Keilberth.

1966

18. Februar: Werner Egk dirigiert – unter anderem seine »Orchester-Sonate«.
12. Mai: Otto Klemperer dirigiert zum letzten Mal die Philharmoni-ker.
16. September: Gedenk-Konzert zu Bruno Walters 90. Geburtstag, es dirigiert Sir John Barbirolli.
3. Oktober: Michael Tippett dirigiert seine »Vision of St. Augustine«.
5. November: André Cluytens dirigiert zum letzten Mal die Philhar-moniker.

13. November: Luigi Dallapiccola dirigiert eigene Kompositionen und seine Bearbeitung von Claudio Monteverdis »Ritorno d'Ulisse in Patria«.

1967
28. Februar: Wolfgang Fortner leitet die Uraufführung von Aribert Reimanns Kantate »Verrà la morte«.
Im März finden die ersten Salzburger Osterfestspiele statt – eine Gründung Herbert von Karajans. Die Berliner Philharmoniker spielen in Opernaufführungen und Konzerten.

1968
18. Februar: Henryk Czyz dirigiert die Erstaufführung von Krzysztof Pendereckis »Lukas-Passion«.
5. und 8. März: Ernest Ansermet leitet zum letzten Mal die Philharmoniker.
Vom 25. September bis zum 1. Oktober dirigiert Herbert von Karajan einen Brahms-Zyklus.
17. November: Gedenk-Konzert für Joseph Keilberth († 20. September), Leitung Gerd Albrecht.

1969
15. Juni: Daniel Barenboim dirigiert zum erstenmal die Philharmoniker.

1970
12. Februar: Michael Gielen dirigiert »Die Jakobsleiter« von Arnold Schönberg.
16. und 21. Februar: Sir John Barbirolli leitet seine letzten Konzerte mit den Philharmonikern.
30. September: Aaron Copland dirigiert.
27. November: David Oistrach tritt zum erstenmal mit den Philharmonikern als Dirigent und Solist auf.

1971
12. Februar: Gedenk-Konzert für Sir John Barbirolli († 29. 7. 1970), es dirigiert Daniel Barenboim.
9. Juni: Zum 70. Geburtstag und unter Leitung des Komponisten »Columbus« von Werner Egk.
27. Oktober: Gedenk-Konzert für Bernd Alois Zimmermann († 10. 8. 1970), Dirigent Hans Zender.

1972
31. Mai: Karlheinz Stockhausen dirigiert seine »Hymnen«.
16. September: Uraufführung von György Ligetis Konzert für Flöte und Oboe, Dirigent Christoph von Dohnanyi, Solisten Karlheinz Zöller und Lothar Koch.
29. November: Bernhard Klee leitet die deutschen Erstaufführungen von zwei Henze-Werken – Violinkonzert Nr. 2 (Solist Ulf Hoelscher) und »Heliogabalus Imperator«.

1973
9.–11. Juni: Nach den Osterfestspielen finden erstmals – ebenfalls auf Initiative Herbert von Karajans und unter seiner Leitung – Pfingst-

konzerte mit den Berliner Philharmonikern in Salzburg statt.

4. Oktober: Uraufführung von Isang Yuns »Ouvertüre« für großes Orchester unter der Leitung von Hans Zender.

23. November: Herbert von Karajan wird zum Berliner Ehrenbürger ernannt.

29. Dezember – 2. Januar 1974: In einem Beethoven-Festival führt Herbert von Karajan die neun Symphonien auf.

1975

25. April: Withold Lutoslawski dirigiert eigene Werke.

14. September: Karlheinz Stockhausen leitet einen Abend mit eigenen Werken.

18. September: Zum 25. Jubiläum der Berliner Festwochen dirigiert Seji Ozawa Gustav Mahlers 8. Symphonie.

30. Dezember – 1. Januar 1976: Herbert von Karajan leitet drei Brahms-Abende.

1976

11. und 19. September: Hans Werner Henze dirigiert eigene Werke – »Tristan«, Konzert für Oboe und Harfe, »Being Beauteous«, »Laudes« und »Heliogabalus Imperator«.

14. September: Karl Böhm dirigiert im Gedenk-Konzert zu Bruno Walters 100. Geburtstag die letzten drei Symphonien von Mozart.

1977

3. Juni: Krzysztof Penderecki leitet sein »Magnificat«.

17. Dezember: Mstislav Rostropowitsch dirigiert zum erstenmal ein Konzert der Philharmoniker.

31. Dezember: Herbert von Karajan dirigiert Beethovens 9. Symphonie in der ersten Fernseh-Live-Sendung eines Philharmoniker-Konzerts.

1978

11. Februar: Die vierzehnjährige Geigerin Anne Sophie Mutter debütiert, unter Karajans Leitung, mit Mozarts Violinkonzert G-Dur, KV 216.

12. April: Withold Lutoslawski dirigiert eigene Werke.

1979

14. Februar: Giuseppe Sinopoli dirigiert erstmals die Philharmoniker und führt sein »Tombeau d'Armor II« auf.

5. Mai: Maurizio Pollini tritt in einem Mozart-Abend zum erstenmal als Dirigent und Solist mit den Philharmonikern auf.

4. Oktober: Leonard Bernstein leitet zum erstenmal die Berliner Philharmoniker und führt Gustav Mahlers 9. Symphonie auf.

Ende Oktober spielen die Philharmoniker unter Herbert von Karajan zum erstenmal in der Volksrepublik China.

15. November: Uraufführung der 3. Symphonie von Wolfgang Rihm, Dirigent Michael Gielen.

30. November: Furtwängler-Gedenkkonzert zum 25. Todestag, Lorin Maazel dirigiert Furtwänglers 3. Symphonie.

1980

17. Februar: 300. Konzert der Berliner Philharmoniker mit Herbert von Karajan.
15. November: Cristóbal Halffter dirigiert seine »Elegias a la muerte de tres poetas españoles«.

1981

21. Januar: Giuseppe Sinopoli leitet sein Cellokonzert »Tombeau d'Armor III«, Solist Siegfried Palm.
3. Februar: Zum erstenmal dirigiert ein Gast aus der Volksrepublik China die Philharmoniker – Huang Yijun, der zusammen mit seinem Landsmann Liu Teh-Hai u.a. das Konzert für Pipa (traditionelles chinesisches Saiteninstrument) und Orchester von Wu Tsu-Chiang aufführt.
28. Juni: Zum 150. Geburtstag von Joseph Joachim dirigiert Giuseppe Sinopoli Joachims Ouvertüre für großes Orchester op. 13.

Quellen

Gerassimos Avgerinos: Das Berliner Philharmonische Orchester – 70 Jahre Schicksal einer GmbH. Berlin o.J. (1972)
75 Jahre Berliner Philharmonisches Orchester – Programmheft zum Festkonzert am 25. und 26. April 1957, mit Beiträgen von Peter Wackernagel, Lothar Band u.a.
Friedrich Herzfeld (Hrsg.): Berliner Philharmonisches Orchester 1882–1942. Berlin o.J. (1942)
Werner Oehlmann: Das Berliner Philharmonische Orchester. Kassel 1974
Peter Wackernagel: Wilhelm Furtwängler – Die Programme der Konzerte mit dem Berliner Philharmonische Orchester 1922–1954. Wiesbaden 1958.
Adolf Weißmann: Arthur Nikisch und die Berliner Philharmonischen Konzerte 1895–1920. Berlin o.J. (1920)

Zusammenstellung der Chronik: Max Witthöft

Abbildungsnachweis

CIP-Kurztitelaufnahme der Deutschen Bibliothek

Große deutsche Dirigenten
100 Jahre Berliner Philharmoniker
Klaus Geitel ... – Berlin:
Severin und Siedler, 1981.
ISBN 3 88680 020 2
NE: Geitel, Klaus [Mitverf.]; Berliner Philharmonisches Orchester

© 1981 by Quadriga GmbH
Verlagsbuchhandlung KG, Berlin
Severin und Siedler
Alle Rechte, auch das der fotomechanischen
Wiedergabe, vorbehalten
Ausstattung: Otl Aicher, Rotis
Layout: Hildegard Morian
Satz: RB Gesellschaft, Berlin
Lithos: Faesser, Berlin
Druck und Buchbinder: May & Co, Darmstadt
Printed in Germany 1981
ISBN 3 88680 020 2